西南大学"双一流"建设（教育学）学术文库
A Library of Academic Works of Southwest University "Double First-Class" Project (Education)

职业教育专业群课程秩序研究

许丽丽　著

西南大学出版社
国家一级出版社　全国百佳图书出版单位

图书在版编目(CIP)数据

职业教育专业群课程秩序研究 / 许丽丽著. -- 重庆：西南大学出版社, 2024.10. -- ISBN 978-7-5697-2552-0

Ⅰ.G715

中国国家版本馆CIP数据核字第202407GU28号

职业教育专业群课程秩序研究
ZHIYE JIAOYU ZHUANYEQUN KECHENG ZHIXU YANJIU

许丽丽　著

责任编辑	尹清强
责任校对	曾　文
装帧设计	闰江文化　胡　月
排　　版	江礼群
出版发行	西南大学出版社(原西南师范大学出版社)
地　　址	重庆市北碚区天生路2号
邮　　编	400715
网　　址	http://www.xdcbs.com
市场营销部电话	023-68868624
经　　销	全国新华书店
印　　刷	重庆长虹印务有限公司
成品尺寸	170 mm×240 mm
印　　张	16.75
字　　数	265千字
版　　次	2024年10月　第1版
印　　次	2024年10月　第1次印刷
书　　号	ISBN 978-7-5697-2552-0
定　　价	68.00元

总序

　　西南大学教育学科源于1906年的川东师范学堂教育科。1950年10月,四川省立教育学院教育系、国立女子师范学院教育系合组为西南师范学院教育系。后四川大学教育系和教育专修科、重庆大学教育系、相辉学院教育系、川东教育学院教育系和公民训育系、昆明师范学院教育系、贵阳师范学院教育系、四川医学院营养保育系等高校的教育类专业又先后并入。1995年成立教育科学学院,2005年改名教育学院。2011年,学校将西南大学教育学院、教育科学研究所、基础教育研究中心、教育部西南基础教育课程研究中心、教师教育管理办公室、高等教育研究所和培训学院的教学科研人员合并组建为西南大学教育学部,成为西南大学重点建设的研究型学部。在教育学科的发展过程中,先后涌现出陈东原、张敷荣、高振业、任宝祥、秦仲实、刘克兰等一大批老一辈教育家,以及新一代教育学者。

　　西南大学教育学科于1981年获得硕士学位授予权,1984年获得博士学位授予权,现拥有"课程与教学论"国家重点学科、教育学一级学科博士学位授权点、博士后科研流动站,有教育部人文社科重点研究基地"西南民族教育与心理研究中心",教育学领域"职业教育融通与课程教学统整"全国高校黄大年式教师团队、高等学校学科创新引智计划(111计划)"西部儿童与青少年发展阻断贫困代际传递大数据决策系统"、教育部"成渝地区双城经济圈高校智能化教学改革"虚拟教研室、国家2011协同创新平台"中国基础教育质量监测协同创新中心西南大学分中心"、教育部"民族教育发展与高层次人才培养"重点研究基地等国家级、省部级平台与团队近20个。教育学、学前教育、教育技术学、特殊教育4个专业全部获批国家一流本科专业建设点,教育学专业为教育部和财政部联合确定的首批国家级特色专业,学前教育专业入选教育部首批"卓越幼儿园教师培养计划"。

自2022年入选国家"双一流"建设学科、重庆市一流学科(尖峰学科)以来,教育学科以服务国家教育强国战略和成渝地区双城经济圈教育协同发展战略为宗旨,找准国家重大战略需求、科学技术发展前沿、学科优势特色三者的结合点,确立了围绕"三个重大"(重大项目、重要奖项、重点平台)抓"关键性少数"、"三全治理"(全员、全方位、全过程)抓"系统性思维"、"三个一流"(团队、领域、平台)抓"可显性指标"的战略框架,坚持"做有组织的科研、出有领域的成果、建有追求的团队、留有记忆的符号、创有激情的文化、干有温度的事业、过有成就的日子"的七大原则,锚定"四大方向八个领域",组建了教育基本理论与意识(马克思主义教育理论中国化、民族文化与教育特色理论建构)、区域发展与教育(职业教育与区域经济社会发展、乡村振兴与教育阻隔代际贫困传递)、基础教育课程教学与教师教育(中国特色课程教学新发展、教师教育理论体系建构与政策发展)、未来教育与儿童发展(智慧教育和"未来学校"建设、儿童健康教育与脑发育机制)"跨学院"的核心研究团队,建设了"智慧教育与全人发展"首批重庆市哲学社会科学重点实验室(试点)、西部科学城(重庆)西南心理健康大数据中心,创办英文国际期刊 *Future in Educational Research* 和辑刊《未来教育研究》。

本学术文库是西南大学教育学"双一流"学科建设的重要成果,它着眼于教育科技人才一体化推进的国家重大战略,立足世界教育发展与学术研究的基本趋势,聚焦中国教育发展的现实问题,塑造区域教育发展新优势与新领域,通过"跨学科""跨理实""跨区域"的研究视角,质性研究与量化研究相结合的技术路线,扎根中国大地做原创性、系统性、引领性的教育研究,真正把教育研究从西方教育范式和话语体系中解放出来,构建具有中国特色的教育学学科体系、学术体系和话语体系,为加快推进教育现代化战略和建设教育强国战略贡献西南大学教育学科的学术力量。

(西南大学教育学一流学科建设"首席责任专家"、教育学部部长、教育部国家级高层次人才)

2024年6月18日

前言

在职业教育提质培优、增值赋能、以质图强的新时代,专业群建设正在成为强化职业院校内涵式发展的着力点、增强职业教育吸引力的驱动点和促进职业教育服务区域经济的支撑点。高水平专业群的建设需要资源的优化整合,治理体系的深度改革,但最为关键的是要重构课程体系,这是专业群聚焦与扩散效应得以发挥的前提。概言之,专业群建设的核心是课程建设,其实质是课程秩序的重构。

围绕"职业教育专业群课程秩序"这一主题,本书立足"双高"计划这一时代背景,基于职业教育自身发展的时代诉求和现实需要,围绕课程这一职业教育专业群建设的关键性抓手,尝试以秩序理论为分析框架,探讨职业教育专业群的课程建设问题。在分析思路上,本书依次从秩序的价值之维、结构之维、制度之维、主体之维、实践之维分析专业群课程建设问题。

第一板块建构了职业教育专业群课程秩序分析的理论框架。通过借鉴秩序理论、自组织理论和集群理论,结合对专业群、课程群的概念阐释,尤其是通过对秩序与课程这两大概念的解构与重构,本研究构建了专业群课程秩序的理论模型,具体包括价值秩序、结构秩序、制度秩序、主体秩序和实践秩序五大维度。

第二板块分析了职业教育专业群课程"价值秩序"。从原生性层面,课程表现为一种知识体系,知识是课程最直接的制约因素,知识是学生提高技术技能水平的前提;从内生性层面,应该从学生需要出发去安排课程,并以人的自由和全面发展为终极目的;从外生性层面,职业教育专业群的课程建设可视为对经济社会深度发展、推动产业转型升级需要的满足。职业教育专业群课程价值秩序遵循复杂系统的价值视角、多元协同的价值主体及科学创新的价值行动。专业群课程价值取向存在认知过程取向、社会责任取向、人文主义取向、技术理性取向、折中主义取向多个层面,理想的课程价值秩序是实效尺度的多元综合、个人尺度与社会尺度的有机融合、内在尺度与外在尺度的统一。

第三板块探讨了职业教育专业群课程"结构秩序"。结构即部分的秩序,协调的结构有利于秩序的生成,应然的课程结构应该包括宏观的课程体系结构、中观的课程类别结构和微观的课程单元结构。专业群课程结构秩序的形成要求职业院校通过专业群市场调研明确"专业群定位";以典型工作任务分析和理论前沿为依据确立"课程整体内容框架",实现对课程内容的纵向分层与横向分类;以国家文本规定和专业群共同素质要求为依据,建立"底层共享"的基础平台课程;以专业群各典型工作任务专项能力为依据,建立"中层分流"的专业方向课程模块;以复合型职业能力要求为依据建设"高层互选"的拓展课程模块。

第四板块确立了职业教育专业群课程"制度秩序"。有什么样的制度,就有什么样的秩序,制度存在多种类型且是由不同要素构成的,制度秩序的形成需要不同类别的制度及其不同要素的协同作用。从结构上,需要课程价值理念、权益分配、行为规则与表现载体的有机结合;从类别上,需要课程正式制度、非正式制度与制度实施的有机耦合;从时序上,专业群课程制度秩序的形成是一个可持续的过程。落实到行动层面,专业群课程制度秩序的形成需要以国家资历框架为指导,增加顶层设计的系统性与深层性;以国家专业教学标准为依据,促进培养内容的精细化与融通性;以课程标准为基础,促进课程设置的规范化与灵活性。

第五板块构建了职业教育专业群课程"主体秩序"。职业教育课程秩序的存在离不开主体的参与,专业群课程建设主体及彼此间的关系,必将引发其课程秩序的变化与更替。课程秩序是在不同主体的多元参与和胶着互动中得以维系的,专业群课程秩序的主体之维包括以政府顶层设计为核心的计划秩序、以多主体中层合作为核心的自发秩序和以职业院校自组织底层探索为核心的自然秩序。

第六板块探索了职业教育专业群课程"实践秩序"。关于课程秩序的认识,除了需要回答"建设什么样的秩序"和"谁来建设秩序"之外,还有必要回答

"什么样的秩序就是合理且良好的课程秩序"。对于专业群课程建设的成效评价,第一,要衡量专业群课程作为一个新兴事物形成基础的科学性和支撑性;第二,要关注专业群课程建设作为一个跨界跨主体形态的结构性与协同性;第三,要从学校课程制度建设和治理的高度层面考察其发展的贡献度。

第七板块提出了职业教育专业群课程秩序的实践生成。外部环境条件不仅影响课程改革,而且在一定意义上构成了课程改革的重要组成部分。分类发展的类型改革环境、信息技术驱动的课程改革、动态稳定的课程秩序和实践情境的落实是职业教育专业群课程秩序生成的前提条件。要重构高水平专业群课程秩序,必须构建基于价值秩序的理念导向机制、基于结构秩序的市场调研机制、基于制度秩序与计划秩序的制度保障机制、基于自发秩序的多维合作机制以及基于自然秩序的课程治理机制。

综上,本书认为高水平专业群建设的核心是高水平课程秩序的重构。课程秩序的建构离不开理念的引领、结构的重塑、制度的保障、主体的参与和评价标准的建立。这些维度各有侧重,分别从秩序的价值理念、结构安排、制度生成、多主体参与和实践标准勾勒了课程秩序的不同层面,同构共生,共同促进了课程秩序的生成。

目录

第一章
导论
第一节　问题缘起　/003
第二节　研究意义　/008
第三节　概念界定与概念逻辑　/009
第四节　已有研究述评　/016
第五节　研究设计　/023

第二章
职业教育专业群课程秩序的意涵与分析框架
第一节　职业教育专业群课程秩序的立论理据　/031
第二节　职业教育专业群课程秩序的内蕴阐释与分析框架　/035

第三章
职业教育专业群课程"价值秩序"
第一节　价值内涵：职业教育专业群课程价值秩序的逻辑条件　/051
第二节　价值证成：职业教育专业群课程价值秩序的过程性表征　/054
第三节　价值取向：职业教育专业群课程价值秩序的主体性表征　/058
第四节　价值评判：职业教育专业群课程价值秩序的评价问题　/066

第四章
职业教育专业群课程"结构秩序"
第一节　结构基础：职业教育专业群课程结构建构的逻辑理路　/073
第二节　结构表征：职业教育专业群课程结构秩序的应然构建　/080
第三节　结构生成：职业教育专业群课程结构秩序的质性研究　/088

第五章
职业教育专业群课程"制度秩序"

第一节　制度何以重要:职业教育专业群课程制度形成的逻辑前提　/111
第二节　制度结构:职业教育专业群课程制度秩序的应然图景　/120
第三节　制度路径:职业教育专业群课程制度秩序的行动框架　/133

第六章
职业教育专业群课程"主体秩序"

第一节　主体识别:专业群课程建设主体的理性选择　/147
第二节　主体样态:专业群课程建设的主体性与主体间性　/152
第三节　主体秩序:专业群课程建设的"主体之维"　/156

第七章
职业教育专业群课程"实践秩序"

第一节　一致性状态:以组群逻辑的科学性和组群资源的支撑性为抓手　/179
第二节　结构性状态:以客体结构的合理性和主体结构的协同性为依据　/190
第三节　约束性状态:以人才培养质量的提升和课程特色的凸显为标准　/194

第八章
职业教育专业群课程秩序的实践生成

第一节　职业教育专业群课程秩序的生成条件　/201
第二节　职业教育专业群课程秩序的生成机制　/207

结论　/227

附录　/235

参考文献　/237

后记　/253

第一章 导论

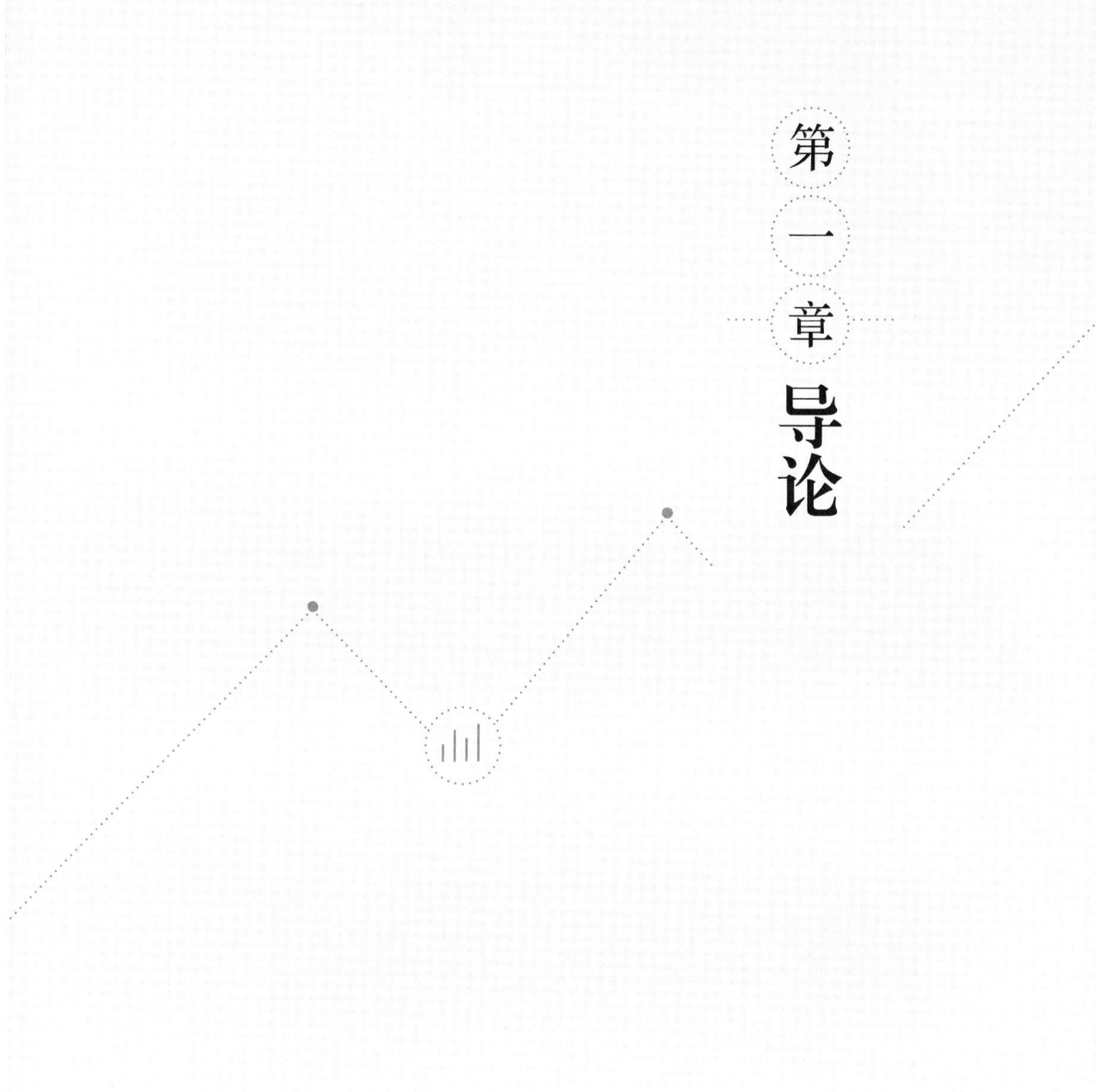

教育一直处在变革之中,这一特征从未改变过。教育是一个复杂的开放系统,深受政治、经济、文化等因素的影响,每一段教育改革史都是一部变革史。当前,我国经济已由高速增长转向高质量发展,产业转型升级和经济结构调整不断加快,各行各业对技术技能人才的需求越来越迫切。与此同时,职业教育正在从注重数量增长和外延扩展走向注重内涵的全面深化改革、提质培优、增值赋能、以质图存的新阶段。在新的经济业态下,产业集群成为区域经济发展的新方法和新模式。为应对外部环境的迅速改变,2019年1月,国务院印发了《国家职业教育改革实施方案》(简称"职教20条"),明确了职业教育与普通教育是两种不同的教育类型,具有同等重要地位。为进一步办好公平有质量、类型特色突出的职业教育,国家又相继出台了"双高计划"等一系列重大举措,大力推进高水平专业群和职业院校在中国大地的落地生根。为进一步谋求职业教育的长效发展,2020年9月,教育部等九部门联合印发《职业教育提质培优行动计划(2020—2023年)》,就如何办好公平有质量、类型特色突出的职业教育进行了系统设计,力求通过职业教育提质培优为经济社会增值赋能。面对迅速变革的市场环境和制度环境,职业院校亟须在专业结构上主动对接,在资源配置上共建共享,在治理体系上优化改革,关键是在课程结构上进行变革,其核心任务就是以"群"为口径,重构课程体系,而课程体系重构的本质是课程秩序的重建。

第一节 问题缘起

一、职业教育内涵式发展是产业转型升级和国家战略落地的支撑点

时下,建设教育强国,加快教育现代化,是中华民族伟大复兴的基础工程。然而,没有职业教育现代化就没有教育现代化。从微观层面来看,当前人民群众"有学上"的基础需求已经转化为"上好学"的更高诉求,但职业教育办学水平和人才培养质量参差不齐,难以满足人民群众"上好学"的诉求。如何将发

展的重心从"大规模"转向"高质量",满足人民群众"上好学"的教育诉求,成为职业教育发展的关键所在。高质量发展的核心是提高人才培养质量,提高人才培养质量的关键在于提升专业建设力量。唯有从人才培养类型定位、层次定位、专业定位等多个维度确立特色化、多样化培养目标和质量规格,实现专业有特色、学校有品牌、办学有质量,真正提升自身的内涵式发展能力,才能使职业教育成为人民群众的"优质选项"。从中观层面来看,作为与普通教育具有同等战略地位的教育类型,职业教育如何以自身的高质量发展助力产业转型升级成为当下职业教育发展的重点问题。产业发展不仅面临着转型升级和结构优化的挑战,还对我国技术技能人才尤其是高技能人才的数量和质量提出了更高的要求。职业教育始终坚持面向市场、服务产业的基本发展策略,在经济发展由高速增长转向高质量发展转型的时代背景下,亟须将职业教育打造成技术技能人才培养高地,培养高端产业需要的高素质技术技能人才,精准对接区域人才需求,提升职业教育服务产业转型升级的能力,为中国产业走向全球产业链中高端提供高素质技术技能人才支撑。从宏观层面来看,职业教育亦需回应国家重大战略发展的时代诉求,这构成了职业教育发展的难点问题。职业教育作为教育的重要组成部分,服务于乡村振兴、创新驱动发展、中国制造2025、"互联网+"、大众创业万众创新、"一带一路"建设等的落地。凡此种种,都要求职业教育牢固树立新发展理念,扎根中国、放眼世界、面向未来,强力推进产教融合、校企合作,聚焦高端产业和产业高端,服务国家战略、融入区域发展、促进产业升级,为建设教育强国和人才强国做出重要贡献。可以说,如何通过增强自身发展质量和提升自身服务能力,增强自身的内涵式发展能力,回应人民群众"上好学"的教育诉求,产业转型升级的市场需求和国家重大战略的时代需求,是当下职业教育亟须审视的核心问题。

二、高水平专业群建设是职业教育高质量内涵式发展的着力点

当前,我国经济已经步入高质量发展的新阶段,产业转型升级和经济结构调整不断加快。与此相适应,职业教育也正在从关注规模扩张的外延式发展

模式转向注重高质量的内涵式发展阶段。为应对内外部环境迅速变革的诉求,职业院校亟须在专业结构、资源配置、治理体系、办学特色等方面助力职业教育内涵式发展,而专业群可以显著促进专业结构、资源配置、治理体系等的变革。第一,专业群可以有效满足产业集群化发展对复合型技术技能人才的迫切需要。新一轮产业革命的到来,产业链不断沿纵向延伸并朝横向拓展,产业集群中岗位群聚现象愈发显著,各个工作岗位对技能的跨部门、跨行业要求逐渐凸显。岗位集群化背景下"工作过程去分工化、人才结构去分层化"[1]均对人们的素质提出了交叉复合和能力素养融合协作的新要求。产业转型升级正在把职业教育纳入经济发展链条,对区域产业发展和创新驱动发展战略起支撑引领作用。然而,职业院校单个专业无论实力强弱,都难以独立满足产业群发展需求,易造成职业院校人才培养与市场人才需求对接的结构化失衡,专业群呼之欲出。简言之,专业群能够面向多个职业岗位群或产业链,推动专业结构与产业需求的有效对接,实现从"一技之长"到"一人多岗,一岗多能"[2]的人才供给模式转变。同时,专业的集群化发展,通过专业间的协同互补可以显著增强专业建设对市场需求的适应能力和动态调整能力,激发专业发展的活力,延长专业可持续发展的生命周期。第二,专业群建设是专业发展资源实现优化配置的重要举措。专业群建设能够通过将多个专业进行整合、协同与提升,实现专业之间的共生共赢、共建共享与互动互助。专业群与传统专业建设最大的不同就在于"群"这种新型的专业建设模式,可有效打破传统的"单点式"专业建设模式和"单体式"资源开发与应用模式,避免资源稀释和资源利用效率的低下。专业群的建设意味着职业院校要对实训基地、教师团队、课程资源、教材等进行交叉使用、复合应用和集约式开发,有利于将关键资源进行充分集中与共享,可有效实现群内资源的优势互补并发挥资源利用的规模效应,克服单个专业在资源共建共享广度与深度上的局限性。第三,专业群建设是实现职业院校治理体系重构的重要方式。专业群作为一种全新的专业建设模式,有利于重构职业院校的治理结构,推动职业院校从"学校—学院—系—教研室"的管理层级转向"学校—专业群—专业"的治理机构,精简管理人员,实

---

[1] 徐国庆.智能化时代职业教育人才培养模式的根本转型[J].教育研究,2016(3):72-78.
[2] 覃川.1+X证书制度:促进类型教育内涵发展的重要保障[J].中国高教研究,2020(1):104-108.

现专业群建设资源的高效调配和利用,突破传统的科层制治理模式,走向扁平化、交互式、责权下移的治理模式,为深入地进行校企合作和产教融合提供体制机制可能。凡此种种,都可促进职业院校内涵式发展能力的提升,帮助职业院校实现高质量发展。因此,如何以新颖的理论视角和精准的着眼点来探究专业群,以便为职业教育专业群建设提供理论引领,为深化复合型技术技能人才培养模式提供一种新的思路和视角成为本书的基本立足点。

三、课程秩序混乱是阻碍职业院校高水平专业群深入践行的关键点

课程群建设是专业群建设的抓手。课程是专业的细胞,职业院校的专业建设理念、人才培养定位最终都是通过课程得以落实和体现的。专业群的改革不能仅仅停留在办学理念层面,关键要落实和贯彻到课程层面。课程群建设是专业群建设的核心环节,其核心任务就是以"群"为口径,重构课程体系。专业群内部资源组合方式的变化会带来运行效率的差异,所以人才培养质量很大程度上取决于专业群内的课程组合方式。在专业群集约化发展过程中,课程体系及其资源的优化配置成为专业群聚集与扩散效应得以充分发挥的前提。传统的职业院校课程一般以单一课程为主,但随着专业群建设的不断推进,职业院校逐渐转向以课程群的形式进行人才培养。事实上,职业教育课程群建设的基础是能力群,要求通过能力模块的构建支撑课程群的建设,而能力模块构建的本质依据是知识群和技能群。只有知识群、技能群对接岗位群,专业结构对接产业群,将教育链、人才链与产业链、创新链有机衔接,才能有力推进复合型技术技能人才供给侧与需求要素的全方位对接。可见,职业教育专业群建设遵循"产业群—岗位群—专业群—课程群—能力群—知识/技能群—创新链—产业升级"的解构与建构进路,而课程群在其中扮演着承上启下的枢纽功能。

课程秩序重构是课程群建设的本质。职业教育课程群建设的深层根源是如何合理地组织职业活动所需要的知识,知识组织的内在逻辑即课程秩序。且课程作为一种有目的、有计划、有影响的社会实践活动,理所当然是一种"秩

序的存在"。有研究者指出,课程运行中存在一种自我生长机制,按照不同的秩序来组织的课程内容,不仅意味着形成了课程内容间的不同联系模式,更重要的是确立了完全不同的课程生长机制。因此,要想在专业群建设过程中实现职业教育课程模式的突破,仅从课程内容的开发入手是不够的,必须突破原有课程的组织和安排,只有这样才能打破原有课程的生长机制,重构新的课程秩序。否则,职业院校的专业群建设只能是小打小闹。职业教育课程作为一个复杂的系统,如何从总体上安排基础理论知识、技术原理知识等理论知识与工作情景知识、工作方法知识等实践知识,如何合理组织专业群之下不同类型的知识,如何处理不同专业群的课程内容结构以科学对接岗位群对职业院校人才培养的需要,这都是产业群、岗位群、新工科发展的社会背景下职业教育专业群建设迫切需要回答和解决的问题,这些问题的本质即课程秩序问题。

课程秩序混乱是阻碍职业院校高水平专业群深入践行的现实阻隔,高水平专业群建设对新的课程秩序的建立提出了要求。当前,职业院校专业群建设对课程秩序产生了重大影响,传统的职业教育课程价值观念、课程治理体系、课程实践模式等秩序要素发生了重大的转变,打破了原来课程秩序的"有序"格局。其一,从课程理念层面来说,原有的培养"一技之长、单人单岗"的课程建设理念已经难以满足当前产业集群化发展的需要。产业集群化、链条式发展对人才的岗位迁移和岗位可持续发展能力提出了现实性的要求,这也就要求职业院校培养的学生要能够适应"一人多岗、一岗多能"的市场需要,原本定位于"一技之长、单人单岗"的传统课程建设目标导向模式已经难以适应时代发展的需要。如果在专业群建设的背景下依然秉持传统的课程建设理念,那必然会带来课程建设的失范。其二,从课程资源利用模式来说,传统的课程建设过程中,对课程资源的"单体式"利用模式,必然带来课程资源、教师队伍、实训资源、社会服务资源的浪费和利用效率的低下,这与高水平专业群建设背景下所倡导的集成式、集约化的资源开发与利用模式有着显著的冲突,必然带来课程建设主体的不知所措、无所适从和行为失序。职业院校迫切需要建立在"群"支持系统层面的资源集成利用模式。其三,从课程治理层面来说,职业院校原本存在的科层制课程治理模式已然成为阻碍专业群改革深入践行的关键因素,存在于院系之间、部门之间乃至专业之间的壁垒成为阻碍课程资源共享的现实绊脚石,在课程建设过程中如果依然按照这样的治理模式开展专业群建设,必然会因其管理层级重叠、运转效率低下和对接市场的滞后而大大降低专业群建设的效率。其四,从课程实践模式层面来说,在当前的专业群课程建设中,普遍存在着将不同课程生拉硬拽、随意拼凑、简单叠加来构建专业群课程体系的现象,这种现象不仅带来了课程秩序的混乱,而且导致了专业群课程建设缺乏科学依据和现实基础,造成了专业群建设的秩序困境,干扰乃至延缓了高水平专业群的建设进程。凡此种种,必将导致多元主体行为的失范和课程的失序,造成秩序困境,干扰乃至于延缓职业院校专业群建设的进程。专业群建设必然需要新的课程秩序做支撑,而课程秩序的建立已然成为当前提升职业院校专业群建设实践效应的关键抓手。因此,本书力求基于已有研究,将我国职业院校专业群课程建设这一实践问题抽象为专业群课程秩序这一理论问题,深入阐释职业教育专业群课程秩序缘何、是何、怎样、如何等核心问题,力求为进一步探寻职业教育专业群课程建设打开新的理论天窗。

第二节　研究意义

借鉴秩序理论、自组织理论、集群理论等相关理论,沿着秩序这一明线和课程这一暗线,致力于职业教育专业群课程秩序的理论与实证研究,本书可预见的研究意义如下:

扩展专业群研究视野,夯实专业群研究的理论积淀。专业群研究已有十几年的历史,始终备受学界关注。本书拟将经济学、社会学等领域的秩序概念引入专业群建设领域,并借鉴秩序的分析范式对专业群课程建设进行深入研究,以"关于什么的秩序""谁来构建秩序""建设什么样的秩序"等秩序因素作为明线,以"课程内容""课程主题""课程标准"等课程要素作为暗线,构建专业群课程秩序模型,深入探讨职业教育专业群课程秩序建构问题,丰富职业教育专业群研究的理论体系,进一步深化对职业教育专业群课程建设的认识和理解。

通过构建专业群课程秩序模型,为职业教育专业群课程秩序建构提供理论框架。当前,我国专业群建设的理论研究显然滞后于专业群建设的实践。本书力求基于已有的秩序理论,深入阐释职业教育专业群课程秩序缘何、是何、怎样、如何等核心问题,搭建职业教育专业群课程秩序模型,并从逻辑前提、应然图景和行动框架三个层面对专业群课程秩序进行系统研究,进而为我国未来进一步探寻职业教育专业群课程建设打开新的理论天窗,提供相应的理论积淀。

构建职业教育现代化背景下专业群课程秩序分析框架,为推进职业教育专业群建设提供实践和决策参考。当前绝大多数职业院校已开展专业群建设的探索,但事实上,大多数职业院校的专业群建设处于摸索阶段,对专业群应该如何建设、课程应如何设置等问题的理论与实践探索尚不成熟。本书尝试引入秩序理论,以课程建设为切入点,通过建构专业群课程秩序模型,抽象出具有普适性的专业群课程建设模式,探寻切实可行的专业群课程秩序建构机制,为职业院校开展专业群建设找到关键着力点和理论指导,为加快和健全国家专业群建设提供决策参考。

第三节 概念界定与概念逻辑

为明确本书相关概念的范畴和指向,有必要在具体的研究语境中对本书的核心概念进行界定,以便明晰其所表达和承载的内涵。根据本书的主题"职业教育专业群课程秩序研究",核心概念可分解为"职业教育""专业群""课程群""课程""秩序""课程秩序"。其中,"职业教育"是本书的范畴性概念,对职业教育的界定有助于我们凸显职业教育的类型特色,为专业群课程建构提供区别于高等教育、普通教育的范式依据;"专业群"是本书的逻辑起点,对专业群的界定有助于其与传统的专业以及高等教育领域的专业群做出区分,以凸显其作为助推职业教育内涵式高质量发展手段的特殊性,为课程秩序的建构提供背景性和前提性依据;"课程群"是本书的落脚点,本书的核心指向就在于通过对课程内容、课程结构等的合理安排实现课程群的科学组建;"课程秩序"是本书最为核心和关键的概念,是本书的目标指向。因此,本书在概念界定的同时,会通过与相近概念的比较进一步明确相关概念的内涵。本书核心概念的逻辑关系如图1-1所示:

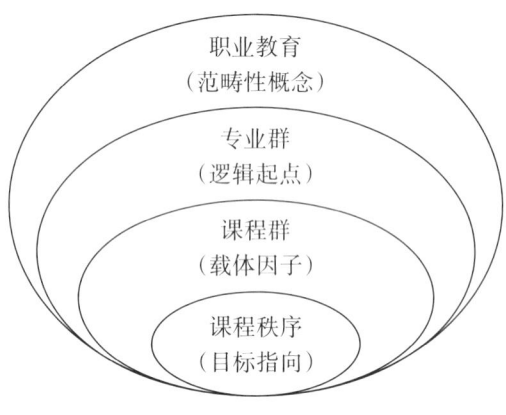

职业教育
(范畴性概念)

专业群
(逻辑起点)

课程群
(载体因子)

课程秩序
(目标指向)

图1-1　核心概念逻辑关系

一、职业教育

职业教育是本书的范畴性概念。作为与普通教育不同的教育类型,职业教育专指以培养数以亿计的生产、建设、管理、服务一线技术应用型人才和熟练劳动者为目的的教育类型。需要指明的是,本书所使用的"职业教育"与"技术与职业教育""职业技术教育"等词的内涵完全一致,这几个概念只是表述上有差异,为研究的方便,本书统一使用"职业教育"。此外,本书所使用的"职业教育"不仅包括中等职业教育,而且包含高等职业教育。尽管当前我国所提出的"专业群"主要指向高等职业院校,但事实上,为应对产业转型升级所带来的挑战,中等职业学校也在积极开展专业群建设活动,二者在专业群建设上不存在本质性的区别。以往关于职业教育的界定多存在广义和狭义、"大职教"与"小职教"的区别,本书所使用的"职业教育"是狭义层面的,不包含职业培训等其他的职业教育类型,特指学校职业教育。因此,本书主要探讨的是中、高职的专业群课程秩序建设。

二、专业群

专业群是在专业基础上为满足劳动力市场对复合型技术技能人才需要而建设的人才培养新单位。专业群的出现源自经济领域产业集群化、链条式发展以及职业岗位群集化发展的演进趋势,是从"一技之长、单人单岗"的传统培养模式向"一人多岗、一岗多能"培养模式转变的关键举措,亦是从"单点式"专业建设和"单体化"资源利用模式向"复合型"专业群建设和"群集化"资源整合模式转变的重要举措。

专业群这一概念的提出、拓展和深化大概有三个时间节点。第一个节点是1994年,宋奇成发表于《重庆工业管理学院学报》的文章《设立国际经贸专业(群)的思路和建议》提出,"形成以贸易、金融、投资三大块的国际经贸专业模块和专业群"。这是专业群首次在国内见诸文端。第二个节点是2006年,教育部开展的示范校建设正式提出了专业群的概念。至此,建设以重点专业为龙头、相关专业为支撑的专业群成为职业院校内涵式发展的重要方向。但是当时产业边界分明,导致当时无论是专业群的理论研究还是实践探索均未能取得实质性进展。第三个节点是2019年前后,专业群研究随着"职教20条""双高计划"等系列政策的颁布而掀起高潮。可以说,专业群的出现是实践的需要,但更多的是政策文件的引导。客观地说,尽管"专业群"这一概念提出的时间并不长,但职业院校以集群的模式来开展课程教学的实践却并非新生事物。特别是在发达地区的职业院校,集群化已经成为它们开展人才培养的基本范式。

专业群不是几个专业的简单相加,它与专业有着性质、形态尤其是范式上的不同。专业群是基于所服务区域产业集群上不同岗位群的相互关联而建构的能够实现跨界、协调、互通而又一贯的人才培养新载体,是通过相关专业之间的有机整合、协同、共享激发专业内部的原生发展活力,延长专业发展的生命周期,进而实现"1+1+1>3"的专业建设效益,从"群"的层面对职业院校传统专业建设的一种范式革命。

三、课程群

课程群的理论研究与实践探索主要集中于高等教育领域。此前,"课程体系—课程"这一架构是我国高校教学的基本模式。早在20世纪90年代,北京理工大学为实现教学的整体优化,率先提出了"课群"这一概念[1],就此拉开了国内课程群研究的序幕。"课群"是课程群这一概念的早期称谓。国外并无"课程群"这一说法,但国际上的课程改革也呈现出类似的综合性和整合性趋势,显现出课程之间或知识领域之间的统整"苗头"。代表性的如日本筑波大学建立的学群学类的课程体系。

课程群是与单门课程相对应的一种课程建设模式,是为完善学生的知识、能力、素质结构,依照"大课程"的布局对原有课程进行重新规划、设计与整合,采用跨专业、跨学科课程的组建来培养复合型人才。与传统课程建设不同,课程群建设具有集约性、开放性、团队化、连环互动性等特点。[2]

有关课程群的认识,要放到"课程体系—课程群—课程"的分析框架中才能获得明晰的认识。从课程体系到课程群再到课程是一个从宏观、中观到微观的过程。课程体系建设的关键是从对课程的构成与比例进行调整;课程建设的重心则是对课程实施手段和教学方法的改进;课程群建设主要是对相关课程内容进行整合优化,是对课程的再设计,是对课程体系建设目标的具体化。因此,课程群是若干单一课程的集合,是课程模块、课程体系的下位概念。

四、课程秩序

(一)何谓"课程"

关于课程秩序的理解应从对"课程"的界定入手。每一种课程定义都表达着研究者的某种哲学假设、教育信念和价值取向,体现着研究者关于课程的认识论基础和方法论依据。在中外教育文献中,研究者们基于自身的学术背景和不同的研究目的及习惯,给予了课程不同的界定。

---

[1] 王嘉才,杨式毅,霍雅玲,等.课群及其质量检查评估指标体系的研究[J].高等工程教育研究,1999(S1):71-75.
[2] 龙春阳.课程群建设:高校课程教学改革的路径选择[J].现代教育科学,2010(3):139-141.

在西方,英国教育家斯宾塞于1859年在其《什么知识最有价值?》中最早将"课程"作为一个教育科学专门术语来使用。课程所对应的英文为"curriculum",是从拉丁文"currere"派生而来的,原意为"跑道",后被引申为"学习的进程"[1],后又被发展为"有组织的知识体系"。在我国,"课程"一词多次出现在朱熹的《朱子全书·论学》中,如"宽着期限,紧着课程""小立课程,大作工夫"等。其中,"课程"一词主要指课业及其进程。可以说,传统的"课程"一词大抵包含两层含义:一是课程的内容或学习的内容,二是学习内容的排列顺序。[2]

潘懋元先生认为,课程这一系统可以解构为"目标的确立与表述""课程内容的选择与组织""课程实施与评价"三部分。结合职业教育的特征,石伟平等将职业教育课程分解为十个部分,即课程决策、课程目标、课程门类、课程结构、课程内容、课程内容组织、教学模式选择、课程实施环境、评价方法选择以及课堂层面的课程改造。[3]

随着课程理论研究的发展,人们对课程的理解变得越发多元和深刻,出现了课程即教学科目,课程即有计划的教学活动,课程即预期的学习结果,课程即学习经验,课程即社会文化的再生产,课程即社会改造等界定,课程表现出横向、纵向和动态上的扩展。事实上,我们并无意去建立一个全新的课程概念,但课程绝不仅仅是学习的内容及顺序,这些仅构成了课程的一小部分,课程的内涵应更广泛。我们需要去提问课程还应该包括什么,可能包含什么。

本书认为,第一,对课程的理解仅仅停留在教学内容方面是远远不够的,尤其对于职业教育课程而言更是如此,职业教育课程内容按照什么样的方式组织,我们希望通过课程达到什么样的课程目标,如何评价学生的学习成果,以及职业教育课程在现代职业教育体系中占有什么样的位置等都应属于课程的范畴。第二,职业教育课程内容按照什么样的方式组织,我们希望通过课程达到什么样的课程目标,如何评价学生的学习成果就是我们通常所说的课程的目标、内容、组织和评价,即著名的泰勒原理之四要素,而职业教育课程在现代职业教育体系中占有什么样的位置则指向课程的制度方面。对职业教育课

---

[1] 施良方.课程理论:课程的基础、原理与问题[M].北京:教育科学出版社,1996:3.
[2] 石伟平,徐国庆.职业教育课程开发技术[M].上海:上海教育出版社,2006:4.
[3] 石伟平,徐国庆.职业教育课程开发技术[M].上海:上海教育出版社,2006:20.

程本质内涵的理解绝不仅仅在于说明教什么的问题,更重要的是厘清它在现代职业教育体系中所扮演的角色。简言之,课程构成了将中高职衔接为一个完整教育体系的重要纽带。因此,职业教育课程的目标、内容、组织、评价、制度等构成了我们理解课程的基本方面。此外,本书所指的职业教育课程特指向全日制中高职学校的课程,不包括成人教育和其他教育形式的职业教育课程。

(二)何谓"秩序"

几乎所有社会科学意义上的社会,都是以社会秩序的存在作为其理论研究的逻辑起点。从字面组成来看,"课程秩序"是由"课程"和"秩序"二词组成,其中"课程"是限定词,"秩序"是核心和落脚点,因此,关于课程秩序的理解应该以对"秩序"的阐释为前提。

在现代汉语中,"秩序"通常有以下两层基本含义,一是指有条不紊的状况,二是指符合社会规范的状态(这是"秩序"一词最基本的含义)。随着理论研究的加深,"秩序"一词被逐渐广泛运用于政治、经济、社会领域,且获得了更加丰富的内涵。社会学对秩序的理解包含三个基本方面:一是社会结构的稳定性,这是社会秩序形成的前提;二是社会规范的有效性,这是社会秩序得以形成的保障;三是社会的可控性,即需要将无序和冲突控制在合理范围内。政治学和法学将秩序等同于规范体系,认为法律秩序即法律规范,认为秩序是在遵守社会规范基础上形成的有序的社会生活状态。经济学将社会秩序看作社会成员通过交往自然形成并遵守的规则状态。

对秩序的理解可以从广义和狭义两个层面来看。从广义层面来看,秩序泛指事物一切的存在状态,不仅包括有序的状态,还包括无序的状态。从狭义层面来看,秩序仅指事物的有序或近平衡状态。本书中的"秩序"是狭义层面的,秩序是由具象的制度、规则、安排等构成或促进的一种有序状态或动态的近平衡状态,是一定时期系统要素结构状态和社会关系状态的哲学表征。

理解秩序的狭义概念时要注意,秩序并不等于一成不变的稳定形态,以社会稳定与社会秩序为例,我们可以说社会稳定是社会秩序的题中之义,但稳定却不必然是衡量社会秩序"好坏"的标准,社会秩序拥有比"稳定"更广泛的内涵。稳定是一种相对静止和无根本性质变化的运动过程,但社会秩序的形成是一个动态过程,是社会各要素之间相互协调、逐渐趋向平衡的开放过程。如果简单地把秩序等同于稳定,则容易形成"维稳"思维,担心社会发生变革,这样反而容易阻碍社会的有序发展。

(三)何谓"课程秩序"

课程秩序与秩序的关系是特殊与一般、具体与抽象的关系,对于秩序概念的理解,为我们理解课程秩序提供了基本前提。课程秩序有其本身的特性,这就要求我们对课程秩序进行界定时要结合对"课程"的理解来进行。

什么是"课程秩序"?课程作为一种有目的、有计划、有影响的社会实践活动,是一种"秩序的存在"。第一,在表层上,课程秩序即课程设置过程中所形成的相对稳定的组合格局和态势。在深层上,课程秩序是理智性的"标准秩序"、信念性的"文化秩序"以及情感性的"伦理秩序"的有机统一,并具有外部关涉、目标驱动、主体合作、对话生成、持续发展等鲜明的实践表征。由此,职业教育专业群课程秩序的重构关涉标准、文化、伦理等多维向度,亦是实践当中对课程建设的目标、内容组织、主体参与、实施与评价等要素的再次考量。第二,课程秩序的构建离不开一定的主体参与。课程秩序构建是国家、社会、个体各方面的共同行动,涉及教育行政管理人员、课程专家、课程实施者、课程接受者等不同主体。课程秩序的构建意味着一定的主体及主体之间关系的存在,任何秩序的发生、运行与维持都离不开各个主体的共同参与和胶着形塑。因而,"主体序"构成了课程秩序的重要分析维度。第三,将课程概念化为一种秩序,试图揭示在特定知识条件下课程实践所具有的稳定、和谐、持续状态,探讨当代专业群建设背景下职业院校正在发生的新的课程秩序。因此,关于专业群建设背景下职业教育课程秩序应达到一种什么样的状态也成为本书分析的重要维度,成为评价职业教育专业群课程秩序建设成效的重要指标。

第四节 已有研究述评

伯顿·克拉克指出，虽然研究历史不能给我们提供水晶球作预言，提供魔镜作占卜，"但他在这一领域也能为他人提供有益的东西：如果你想要知道你要去哪儿，它帮助你了解你曾去过哪儿"①。在科学研究当中，文献综述已然成为我们"站在巨人的肩膀之上"高瞻远瞩规划前路的必然之举。

一、职业教育专业建设的相关研究

专业建设是一个中国特色概念，与这一概念相对应的是课程计划(program)、主修(major)。当今，无论是职业教育还是高等教育都是按照专业进行教育的，作为专门教育，它们都指向教育的某一特定领域。不同的是，职业院校的专业主要依据职业分工及职业岗位群对人才的需求而设置，更加强调职业性及职业能力的培养。为系统检索职业教育专业建设的相关研究成果，本书以"职业教育专业""职业教育专业建设""职业教育专业结构""职业教育专业设置"等主题在CNKI、读秀等平台进行检索，发现有关职业教育专业建设的相关研究基本出现于改革开放尤其是2000年以后。关于职业教育专业建设的研究主要围绕专业建设的基础与原则，专业建设的现状、问题与对策，专业结构与产业结构的对接，专业教学资源库等方面展开。

专业设置的基础、原则、内容与方法方面，研究者认为，与普通教育相比，职业教育的专业建设具有更大的可变性和开放性，且因其受市场制约，职业院校的专业建设需立足市场、服务地方。要坚持在竞争中打造优势专业，积极运用企业发展的"品牌"战略，着重建设一批骨干专业、名牌专业。职业教育专业建设主要围绕专业建设、课程标准建设、师资队伍建设、条件保障这四个方面展开。其中，专业建设以专业设置与调整为逻辑起点，并根据市场需要适时通过调整、削减、合并、嫁接等方式推出复合型专业，以人才培养目标和规格的正确定位为前提，关键在于课程与教学的改革，同时还需要专业管理体制、财政投入机制改革的同步跟进，以及企业参与、合作办学的保障。

---

① 伯顿·克拉克.高等教育新论——多学科的研究[M].2版.王承绪,徐辉,等译.杭州:浙江教育出版社,2001:49.

专业设置的现状、问题与对策方面,专业结构与产业结构不适应,专业设置同质化现象严重,亟须坚持"产业—行业—企业"相结合、"岗位—能力—课程"相结合、"基地—师资—制度"相结合的内涵式发展道路。职业教育专业必须适时进行价值创新,而专业群就是职业教育专业在资源优化重组基础上进行的创新发展。要想实现质的飞跃,必须跳出"产业—专业—就业"的单向线性建设逻辑,通过职业院校内外部双向联动机制的驱动来回应市场对技术技能人才的需求。

专业教学标准方面,专业教学标准在我国也曾被称为"人才培养方案""专业教学指导方案""专业教学计划",但事实上专业教学标准是人才培养方案的上位概念,专业教学标准远比人才培养方案所涉及的内容范围要大,且更为具体。国外并无与专业教学标准完全对应的概念,但是存在与其功能和性质接近的文本,也就是职业标准、能力标准、教学内容(课程或培训)标准等。当前,教育部、部分省市及一些职业院校已经开展了专业教学标准的实践探索,且已经取得了一定的成果,但多是停留于经验层面的描述,缺乏系统的、深入的理论和技术支撑。如何在国家层面给予专业教学标准建设以实质性的有效支持,并在国家层面建立起一套统一、规范、科学、严谨的职业教育专业教学标准成为职业教育课程建设的核心议题。

二、职业教育课程建设的相关研究

课程改革是一个系统工程,需要投入大量的人力、物力、财力和精力,给学校带来的变革也非常深刻。职业教育课程建设以20世纪与21世纪之间的交替为转折点。经过职教同仁的努力,职业教育课程建设由"现象化"阶段走向"科学化"阶段。研究者具体对以下内容进行了探究:

职教课程内涵方面,人们对职教课程内涵的理解不断丰富。总的来说,当代课程表现为横向、纵向和动态上的扩充。对课程的解读已超越了传统的课程即教育内容的观点,课程已然是由课程主体、课程资源、课程结构等构成的课程生态系统。课程不仅包括教与学的行为及其发生的框架,还包括教与学行动本身,课程更具有动态性。

课程理念与目标方面,从课程价值取向的角度来看,我国职业教育课程改革经历了从"知识传承"到"技能训练"再到"能力发展"的演变历程,表现出从单纯强调知识、技能到知识、技能合一的发展趋势。课程价值与课程目标紧密相连,确立适当的目标是课程开发的起点。没有高质量的目标,课程建设便没有方向指引。当代职业教育课程目标已从单人单岗扩展到职业生涯的宽度。当下,职业教育最为关键的是要着力培养复合型技术技能人才必须具备的多元"核心能力"。

课程主体方面,任何课程改革都离不开课程相关主体的充分合作与广泛认同。这里的主体包括政府、课程专家、教师、社会人员、学生、家长等。课程改革离不开政府的顶层设计,离不开课程专家的理论支持,离不开教师的主体作用的发挥,离不开社会力量如企业、行业、第三方机构等的支持和参与。课程改革可以建立课程专家共同体,从而更好地为课程实践服务。可见,课程改革的开展需要所有课程主体的实践智慧。然而,当前课程实践主体普遍存在越位、缺位、不作为,以及不同主体间的观念碰撞和行为冲突等问题。

课程制度方面,借助制度的规范和激励等力量来推动课程建设已成为学界共识。课程制度是制约课程权力和资源分配,维持学校课程运行、调节课程活动中人与人之间关系的规则体系,包括长期固定下来的影响人们课程行为的习俗、惯例、文化观念、价值标准和课程实施机制。具体包含价值准则、行为规则、运行保障规程三大系统。已有关于课程制度的研究多集中于对课程制度的概念、层次、结构及类别等基本理论问题的宏观笼统描述,很少涉及具体的操作层面。关于这些课程制度出现的合理性是什么,在课程改革当中具体指向哪些载体,如何在实践当中进行改进等则缺乏具体可操作性的探讨,难以真正落实到课程改革实践当中,这正是本书想要突破的。

课程体系方面,在一定的教育观和教育目标指引下,学校及专业层面需对课程要素进行排序组合。有研究者提出了横向交叉课程和纵向螺旋课程组合的课程体系。前者旨在打破课程间的界限,通过对不同知识的整合实现课程体系整体效益"1+1+1>3"的目的;后者是打破课程内容直线设计的逻辑顺序,将内容性质不同的知识从简单到复杂螺旋式上升进行重建。这些都为专业群课程体系的建设拓宽了思路,提供了可资借鉴的经验。

课程开发及其趋势方面,早在20世纪90年代,国外职业教育课程研究与实践便开始关注职业迁移能力,与此相关的"关键能力""核心能力"等概念开始出现。此后,全球职教领域在课程建设目标上均表现出多样化趋势,专业结构发展呈现复合趋势。当今职业教育课程发展呈现出以职业能力为导向,着眼个体职业生涯发展,突出工作本位学习、课程范围广域化、课程内容理论化、内容组织模块化、课程管理弹性化,整合职业课程与普通课程,整合学校本位课程与工作本位课程的发展趋势。

综上,职业教育专业建设和课程建设已取得丰硕的研究成果,研究主题多元且深入,为本书研究的开展提供了较好的研究基础。从本质上来说,专业群建设属于专业建设,课程群亦是课程建设的一部分,已有关于专业建设、课程建设的思路和策略为职业教育专业群课程建设提供了可资借鉴的经验。同时,集群化已然成为专业及课程发展的重要发展趋势。如何通过重构培养体系提升学生的复合型职业能力,增强职业院校学生的职业迁移能力和职业适应性是当下需要思考的重点,这也构成了本书研究的逻辑起点。

三、专业群的相关研究

专业群建设的意义。专业群是对现有专业的解构与重构,它所具有的整体功能是各专业在孤立状态下所没有的。基于此,职业院校专业群建设可有效促进教育资源整合与共享,发挥集群效益;发挥优势核心专业的带动作用,实现资源共享,形成双师型专业教学团队和学术共同体;形成学院专业特色和品牌优势。

专业群课程体系建设。课程体系建设应基于职业技术领域专业群框架模式,确立专业群"一岗多能、首岗适应、多岗迁移"的人才培养目标,按照"岗位群—工作过程—岗位知识能力素质—核心知识能力素质—核心课程、支撑课程与相关课程"的思路,依据岗位群典型工作任务确定知识、能力、素质培养目标,按照"基础共享、核心分立、拓展互选"的原则,统筹课程平台与课程模块,建立一个底层可共享、中层可融合、上层可互选的课程体系。

专业群实训基地建设。要坚持产学结合的原则,以实训项目为关键资源,通过整合和开发，形成数量丰富、分类合理、系列成组的实训基地，将校内基础实验与校外共享实训相结合，建设开放共享的实训基地。同时，还要加强实训基地的管理，采用企业化管理、市场化运作，同步建立学校、学生、企业和社会组织"四位一体"责任共担的实训基地建设绩效评价框架。

专业群师资队伍组建。能否以专业群为基础建设一支"数量充足、专兼结合、结构合理、协同互补的师资团队"是中国特色高水平高职学校的重要标志。为此，一是要选好专业带头人和加强双师型骨干教师的培养；二是要建设一批素质精良、结构合理、层次分明、团结高效的"双师双能型"师资队伍，实现教师知识结构和能力结构转型；三是组建教师工作室，联合培养"双师型""双薪制"和"双岗制"教师团队，建立促进教师成长的学习培训制度，引导和帮助职业院校教师团队的持续发展。

专业群建设组织管理。要提升职业学校治理水平，完善学校治理制度，实现高水平专业群建设与治理体系的同步共演。建立基于专业群的治理结构，以"模组"为单位，下放二级学院管理自主权，打破阻碍校企合作产教融合深入开展的固有体制机制藩篱。完善校企协同参与机制，建立政校行企多方组成的专业群建设委员会，建立专业群建设评价标准和专业预测机制与退出机制，构建以区域产业为纽带、多主体参与的职业教育集团（联盟），以现代学徒制等形式开展人才培养模式改革。

专业群的调整与评价机制。构建基于专业群的课程、师资、基地三大关键要素的动态更新机制，围绕就业岗位的变化进行整体设计，推动"课程体系—师资—基地"专业建设三要素的持续动态更新，宽口径与多方向相结合，实现专业群建设从资源导向型向需求导向型转变。

综观已有研究可发现：第一，规范性研究居多，解释性研究有待加强。前文所述的专业群课程体系、师资团队、实训资源等的研究均是在阐述当前专业群建设的理想状态基础上的现状、问题与对策。但是在国家深入推进职业教育改革的背景下，专业群研究尚有较大的拓展空间。在规范性研究基础上还需要进一步加强对专业群建设的内在机理、潜在成因等的解释性研究，以强化规范性研究结论的现实可行性与实践可操作性。第二，研究主题多元化特点鲜明。专业群研究基本围绕2006年国家示范性高职院校专业群项目建设方案的"建设内容与措施"展开。但不容忽视的是,专业群研究多为理论建构与思辨,对于职业教育专业群建设的实证性研究、整体性考辨相对较少。课程是专业的细胞,专业是课程的组合。职业教育专业群的研究必须落实到课程层面。唯有如此,才能从根本上解决专业群建设的成效问题。第三,就研究视域来看,已有研究大多关注高职层面的专业群建设。同样正在积极开展专业群建设的中等职业学校相对处于边缘化的状态,导致我们难以看到职业教育专业群研究的整体"景象"。事实上,中、高职专业群建设并无实质性差别。我们迫切需要开展整体意义上的职业教育专业群研究,用整全性视角探究专业群建设的机理和路径。

四、课程群的相关研究

课程群的提出是高校对课程建设、课程体系建设进行改革和研究的必然结果。与此相对应,国际上课程改革与发展也呈现出类似的综合化和整体化趋势。

课程群建设的主体方面,已有研究主要将课程群建设的主体定位为教师群体。在课程群建设的过程中,首先,在组织上,课程群建设离不开负责人、专业带头人、骨干教师、广大教师的广泛参与,教师参与课程规划与设计工作,有利于促进课程群实施的进程。其次,在结构上,要充分考虑教师的年龄、职称、学历、知识结构等方面的合理稳定,同时形成教师队伍的合理流动、动态选拔与梯度培养。最后,在制度上,要强化课程群建设中的教师绩效管理、教学监督与管理及教师合作交流制度建设。

课程群建设的客体方面,课程群建设的重心是不同课程之间的内容整合。课程群建设要始终以培养学生解决复杂工程问题能力为教学目标,以学生为主体、教师为主导、实践为核心进行课程安排与设计。关于课程群整合优化的方法,一些学者主张根据课程性质、内容、相关度、现有师资等诸多因素,通过系统工程理论的建设模式,形成包括知识型课程群、方法型课程群、问题型课程群的三种类型,由专业、课程群、课程组成的三层架构,由"文理学科通识课程群、学科通识课程群、专业基础课程群、各专业课程群"构成的四级课程群体系。

课程群建设的评审方面主要有：在评审内容上，不仅要关注课程群规模是否得当、课程间联系的密切程度等，而且要重点评审课程群知识体系的完整程度、教学内容和课程体系的整合情况、对优化学生认知结构的培养方案起到的作用等；在评审程序上，要设立从立项到验收、从学院到学校的多重评审环节，从程序上保证评审结果的公信力。

综观已有研究，就研究趋势而言，研究总量呈现出指数级增长，整体研究有待进一步深化。尽管课程群的研究早在20世纪90年代便已出现，但课程群研究在21世纪初才逐渐"起势"。课程群的研究起势较晚，其成果从单薄走向丰富的过程表明课程群是一个日益受到重视但尚待深化的研究领域。就研究主题而言，课程群研究的主题也逐渐多元，研究的领域和内容逐渐丰富，这为本书研究的进一步开展奠定了良好的基础。就研究内容而言，关于课程群的研究多为经验性反思，未能将课程群建设上升到一定的理论高度。我们亟须借鉴相关的理论对课程群研究进行理论升华。就研究范畴而言，已有关于课程群的研究主要集中在高等教育和基础教育领域，关于职业教育领域的课程群研究几乎无人问津。从课程群建设的主体便可以看出这一点，已有研究多将教师作为课程群建设的主体，然而这并不适用于职业教育领域。综上，专业群建设背景下，职业教育课程群建设理论建构和实践反思亟须重视。

五、职业教育课程秩序的相关研究

中国文化存在着一个"秩序情结"，秩序业已成为政治学、社会学研究的核心话题。

教育秩序。社会转型时期往往要求教育秩序也随之发生相应的变革，如终身教育时代的出现必将带来新的教育秩序。教育目的的实现依凭教育秩序的建立，所谓教育秩序可以简单地理解为教育行为、教育活动、教育关系的有序化、组织化和模式化及其形成的相对稳定的组合格局和态势。其中，教育秩序的本质特征是其制度性，基本标志是教育主体行为的制度性。在新的历史时期，亟须用新的思维重建社会秩序。为此，教育领域要致力于教育发展观从

"物的发展"向"人的发展"以及教育发展方式从"不可持续"向"可持续"的转型。

课程秩序。课程改革深入推进引发了课程领域的深层次矛盾和困惑,尤其是在课程制度有效供给不足或滞后的情况下,致使课程发展走向了无序。要改变这种状态,重点在于对秩序效能的重新认识。秩序的制度性特点要求我们以制度为中心,建立良的、善的课程制度,实现课程秩序的重建。大学课程秩序是在一定教育制度基础上,课程实践系统运行所呈现的稳定、协调和可持续的状态,在实践层面表现为标准秩序、文化秩序、伦理秩序的有机统一。换言之,课程系统并不是价值无涉的,而是与一定的价值理念相伴随。同时,课程系统受到诸多制度和内在道德体系的约束。此外,目标驱动、对话生成、主体合作等是课程秩序的实践特征。

综上,一方面,秩序理论已经被引入教育领域,在一定程度上,秩序理论对于分析职业教育问题具有相当的适切性,为我们下一步开展职业教育课程秩序的研究奠定了良好的理论基础和合理阐释。另一方面,秩序概念已经被引入职业教育和课程领域,出现了职业教育秩序研究和课程秩序的研究。前者主要是宏观上的职业教育秩序分析,一般围绕职业教育秩序的理论分析、困局解读和重建路径展开,后者则回归知识这一课程本体问题,认为知识传播本身具有某种"秩序"特征,将大学课程概念化为"秩序",分析了当代研究型大学的课程哲学原理,结合大学课程实践提出大学课程应由"高深学问秩序"向"个人知识秩序"转型。这两方面的研究为本书开展职业教育课程秩序的研究提供了合理性基础。

第五节 研究设计

一、研究目标

研究目标是本书最后要实现的结果,即本书要达到一个什么样的效果。因此,确定研究工作的具体靶向,明确研究需要解决的核心问题是所有研究的前提。围绕"职业教育专业群课程秩序"这一主题,本书拟达到的核心目标为:"确立适应专业群建设范式的课程建设要素,以打破职业院校传统的课程秩序不适应专业群建设范式所造成的秩序混乱格局"。具体而言:

第一,明确职业教育专业群课程秩序的意涵与分析框架。从两个层面回答职业教育专业群课程秩序"是什么"的问题,目的在于确立本书的理论基础、基本框架。

第二,明确职业教育专业群课程秩序的主要内容。一是明确职业教育课程改革应该秉持怎样的价值理念,确立专业群课程改革的理念引领。二是分析职业院校专业群课程体系建设的结构安排,解构和建构职业教育特色鲜明的专业群课程结构。三是确立职业教育专业群课程制度秩序。明确专业群课程改革的制度基础,确定专业群课程改革的制度保障。

第三,明确职业教育专业群课程主体秩序。借助秩序理论,分析职业院校专业群课程改革过程中涉及哪些主体,目的在于确立层次清晰、分工明确的专业群课程主体。

第四,厘清职业教育专业群课程实践秩序。确立专业群课程改革的评价依据,从不同维度解答不同层面的课程秩序在多大意义上是趋好的秩序,目的在于确立专业群课程秩序的评价标准。

第五,探究职业教育专业群课程秩序实践生成。分别从外部的生成条件和内在的生成机制回答职业教育专业群课程秩序"怎么办"的问题,其目标在于提出职业教育专业群课程秩序的优化对策。

二、研究框架

本书立足于我国建设中国特色高水平职业院校和专业的时代背景,基于职业教育自身发展的时代诉求和现实需要,围绕课程这一职业教育专业群建设的关键性抓手,尝试以"秩序"理论为分析框架,探讨职业教育专业群的课程建设问题,以引导职业教育类型化、高质量内涵式发展。

具体而言,分析框架的建构一方面需要用秩序理论来分析和解决相关问题,另一方面也需要落实到课程层面对课程秩序进行阐释。这也是本书的两条主线,一条是围绕"秩序"搭建研究的明线,从内容之维、主体之维和实践之维将职业教育专业群课程秩序解构为职业教育专业群课程秩序的内容序、主体序和标准序等三个二级维度和九个三级维度。然而,秩序本身并非本书的目的,本书最终还是要落到课程层面。因此,本书还有另一条围绕"课程"建构研究的暗线,分别回答课程秩序是什么,课程建设需要什么样的价值引领、结构安排、制度保障,以及主体参与、评价标准、实践生成等问题,完成职业教育专业群课程秩序探究。因此,可以初步建构职业教育专业群课程秩序的理论分析框架,如图1-2所示。

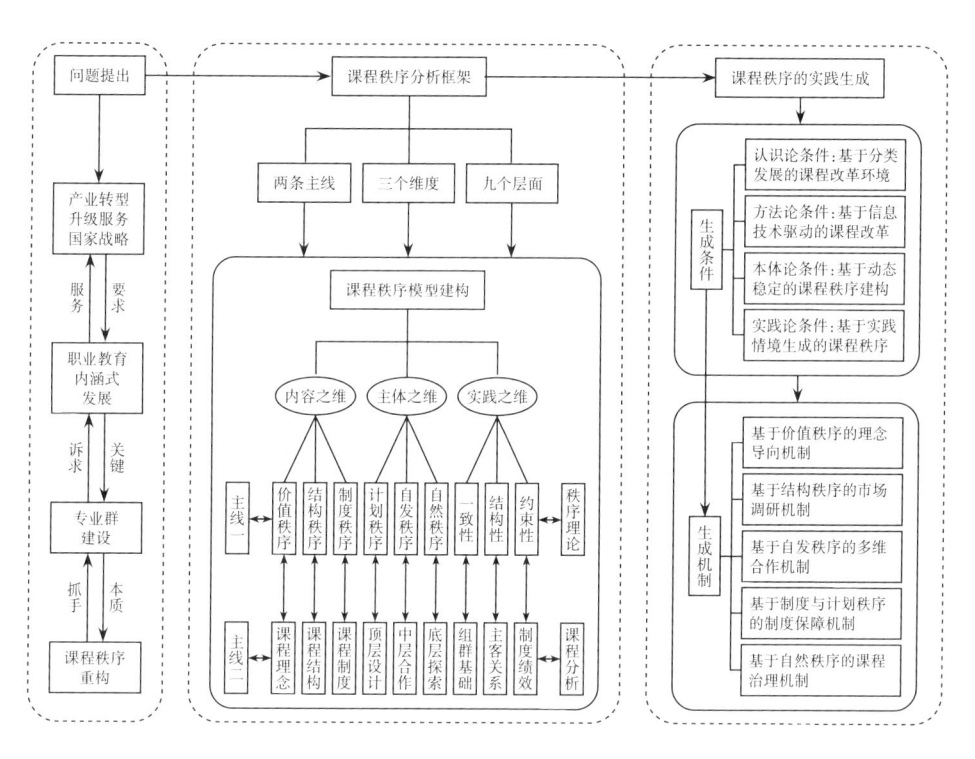

图1-2 职业教育专业群课程秩序的理论分析框架

三、技术路线与研究方法

(一)技术路线

为有效推进研究工作,本书遵循文献分析—模型建构—实践验证—理论归结的逻辑理路,立足缘何—是何—怎样—如何的研究思路,从前提性阐释、过程性建构和整体性保障三大层面来综合考察职业教育专业群课程秩序的建构。如图1-3所示。

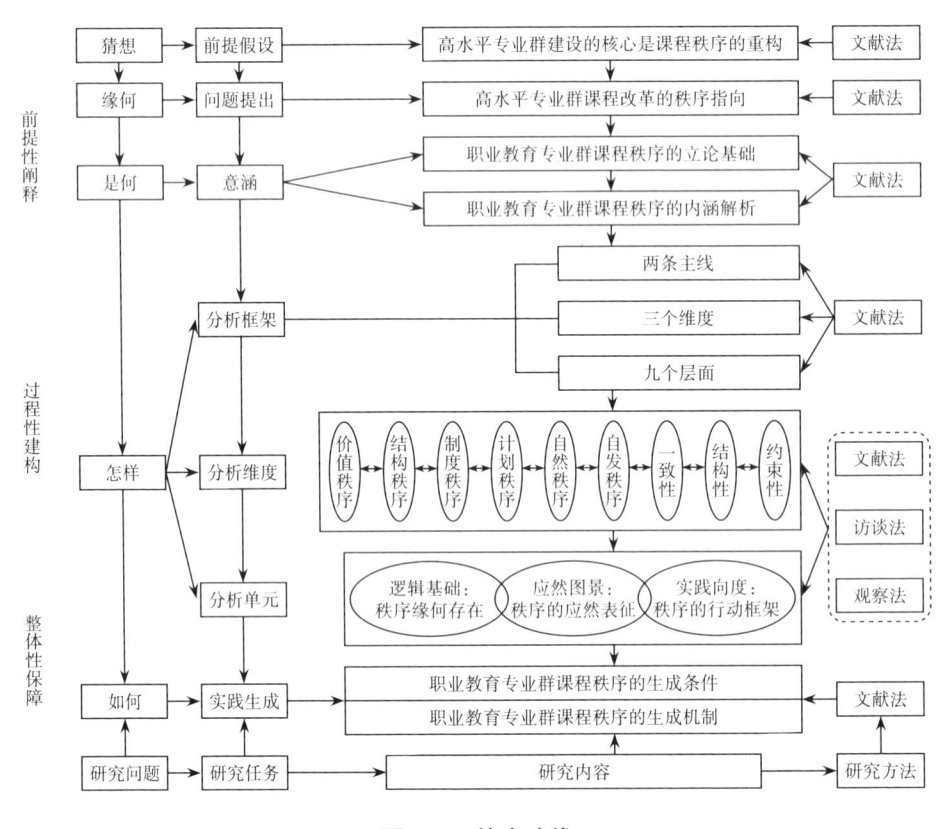

图1-3 技术路线

(二)研究方法

根据本书的研究思路和研究内容,本书坚持理论研究与实践探讨相结合、质性研究与量化分析相统一的原则。一方面,通过查阅相关文献,对秩序、课程秩序、专业群、职业教育课程等相关概念进行梳理和界定,并在借鉴已有秩序理论的基础上构建职业教育专业群课程秩序建构的框架模型;另一方面,深入职业院校专业群建设的实践,针对职业教育专业群课程秩序建构的"怎样"开展田野考察和访谈调查。本书所采用的研究方法如下:

1.文献研究法:通过文献研读确立专业群课程秩序研究的立论理据

文献研究法是本书的基础性研究方法,其目的在于围绕职业教育专业群课程秩序的理论与实践问题,构建职业教育专业群课程秩序建构的理论模型和分析框架。文献法的运用贯穿本书的始终。第一,本书将在阅读和分析大量文献的基础上梳理国内外既有的关于职业教育专业建设、职业教育课程建设、专业群、课程群、秩序、教育秩序、课程秩序等的相关研究,梳理研究背景和研究进程,明确已有研究的不足,寻求本书的立足点和出发点,确立本书的基本研究思路。第二,通过文献研究,梳理专业群、课程、秩序、课程秩序等概念的逻辑关系和分析维度,结合秩序理论、课程分析的研究成果,制定本书的研究方案,探寻课程秩序研究的基本框架,论证职业教育专业群课程秩序研究的理论基础、构成要素和理论框架,为研究的深入开展奠定坚实的理论基础。第三,通过文献研究和理论演绎,确立各个维度秩序建立的逻辑基础和应然图景。第四,通过文献研究,设计职业教育专业群课程秩序生成的条件和机制,提出优化职业教育专业群课程秩序的建议策略。

2.调查研究法:通过调查研究为专业群课程秩序的探索提供质性支撑

本书主要使用调查研究中的访谈法,通过对企业和职业院校的访谈了解当前职业教育专业群建设课程体系建构的基本流程和规范,包括对专业群建设过程中的市场调研、工作任务与职业能力分析、课程共享、课程结构安排、课程内容设计与选择等,以及专业群所对应企业的工作岗位、任务和能力要求以及企业对学校人才培养的建议,进而获得有关职业院校专业群课程结构变革全流程、全方位、全内容的材料。

3.田野考察法:通过田野考察了解专业群课程建构的现实样貌

专业群课程改革是一项情境性极强的活动,与学校已有的建设基础和市场需要有深远的关联性,因此,本书研究内容的开展势必离不开田野考察法的运用。运用田野考察法主要解决以下问题:一是通过长时间参与职业院校专业群课程改革实践,了解职业院校教师、校长、企业、行业等在专业群及其课程体系改革的真实状况;二是通过对职业院校专业群建设的市场调研、工作任务与职业能力分析的深度参与,了解职业院校专业群课程改革的真实样貌及其不同主体参与专业群课程改革的真实诉求与实际行动,验证职业教育专业群课程秩序提出的必要性,同时在一定程度上检验职业教育专业群课程秩序理论模型的科学性和有效性。

第二章 职业教育专业群课程秩序的意涵与分析框架

作为一个新兴的充满活力的研究领域,职业教育专业群课程建设既让人兴奋又令人困惑。兴奋之处在于职业教育专业群在当前有着巨大的探究空间和研究前景,困惑之处则在于职业教育专业群建设在国内外缺乏相应的实践和理论基础。本章试图立足职业教育专业群课程秩序研究的相关成果,借鉴秩序理论、自组织理论和集群理论,回答什么是职业教育专业群课程秩序这一核心问题,并以此问题为中心衍生出职业教育专业群课程秩序的要素与理论模型。

第一节 职业教育专业群课程秩序的立论理据

立论探源贵在寻求理论创建的根基,即发生学意义上的逻辑起点,它是由一些抽象的、具体的理论观点组成的先导思想。这些思想一方面与研究内容和主题有着密切联系,另一方面又对研究框架和理论创生具有较强的指导作用和解释力。在本书中,立论理据是指支撑并形成职业教育专业群课程秩序理论体系的有关理论。需要指出的是,在社会科学领域中,职业教育专业群课程秩序研究能够寻求到的理论支撑是非常广泛的,但本文无意对所有相关理论做一一阐释,主要选取与文章整体框架、研究视角和研究范式密切相关的秩序理论、自组织理论和集群理论三个理论进行探讨。

一、秩序理论:秩序存在多维整合结构

当今具有影响力的秩序理论主要来源于西方,尽管不同学科的研究者们由于自身的研究视角、价值取向、知识结构、社会实践等的不同而对秩序的界定存在较大分歧,但通过整理这些观点,我们会发现社会秩序的研究主要从要素、结构等视角来展开。从这个角度出发,已有关于社会秩序的研究可以分为以下几种研究范式:

一是要素范式。该范式认为社会秩序是由不同的要素构成的整体,且侧

重于从微观视角来研究组成社会结构的具体要素。具体而言,第一,强调行为主体的本性、理性和主观能动性对社会秩序的形成和维持的重要作用;第二,强调社会规范与社会秩序之间的重要关系,研究者们要么将社会规范等同于秩序本身,要么强调社会规范对社会秩序形成的重要作用。

二是结构范式。结构范式强调社会秩序是各种社会结构或体系相互作用的结果。"结构也是一种秩序,而且是一种相对稳定的内在秩序。"[1]"秩序""均衡""稳定""适应""整合""协调"是该范式研究者经常强调的概念。

三是冲突范式。与结构范式相反,该范式认为冲突会改变社会结构、重建社会系统,是旧的社会秩序瓦解和新的秩序形成的过程,是促进社会整合和适应的关键性过程。

四是状态范式。状态范式认为,社会秩序是构成事物各因素之间相互联系的、有规则的和谐状态,是一种能带来特定结果的格局。近年来,我国有众多研究者都从状态视角来研究社会秩序。如纪宝成认为社会秩序是"在一定规则体系的基础上社会系统运行所体现出来的一种有规律、可预见、和谐稳定的状态"[2],王一军认为秩序是在一定制度基础上社会系统运行所呈现的稳定、协调和可持续的状态[3]。

以上关于社会秩序研究的常见范式中,均从某个或某些方面强调了社会结构、社会体系对社会秩序形成的重要作用,但秩序本身是一个复杂的系统。单纯强调某一方面对秩序的作用,虽然对我们理解秩序问题有重要的价值,但同时我们也要清醒地意识到,以上每一种范式都是基于研究者既有的视角和旨趣,是一种"片面的深刻",都不利于揭示秩序的本质。因此,本书拟采取一种整合的秩序范式:将秩序看成结构、体系、制度、主体和状态等的综合体,且冲突和一致相互依赖,共存于秩序之中,正是在冲突和一致相互转化的过程中才实现了秩序。

---

[1] 宋林飞.西方社会学理论[M].南京:南京大学出版社,2004:5.
[2] 纪宝成.转型经济条件下的市场秩序研究[M].北京:中国人民大学出版社,2003:14.
[3] 王一军.从"高深学问"到"个人知识"——当代大学课程的秩序转型[D].南京:南京大学,2012:39.

二、自组织理论：从无序到有序的系统整体构建

自组织理论是20世纪60年代建立并发展起来的一种系统理论，系统是如何从无序走向有序，由低级有序走向高级有序是自组织理论研究的主要内容。职业教育专业群课程建设作为一个从无序到有序、再到多类型序与多层次序的过程，与自组织理论有着天然的联系。需要强调的是，自组织理论不是单一性理论，而是一个理论群。自组织理论包括普里戈金等创立的耗散结构理论、哈肯等创立的协同理论（也称协同学）、托姆创立的突变论等。尽管这些理论研究的对象不同，但都主要研究非线性系统的自组织现象，因而被统称为自组织理论。该理论对职业教育专业群课程秩序研究的启示表现在以下几个方面：

第一，优化的系统整体大于部分之和。传统科学将事物分解为不能再分的零部件来认识其构成和功能，但还原的每一步都是对原有整体、过程和复杂性的一种切割。事实上，系统的性质功能和运动规律只有从整体层面才能显示出来，系统整体本身呈现了各个组成要素所没有的新特征。自组织理论所持有的这种整体论为专业群课程建设提供了一种方法论的指导，如何通过原有及新兴课程的秩序重构来建立优化的课程群整体，以使课程群实施效果大于原有独立课程之和，亦成为本书的根本追求。

第二，关注职业教育专业群课程内部存在的非线性作用。非线性的最大特点是具有相干性，在这个意义上，职业教育专业群课程建设中的课程结构、课程制度、课程理念、课程建设主体、课程建设标准等系统内部各要素之间是一种非线性的协作关系，它们相互制约、相互作用，且课程内容的安排、课程制度的实施、课程建设主体的协同以及标准的达成等对课程建设整体都将施加一定的影响。

第三，关注职业教育专业群课程建设的开放性。这是职业教育专业群课程建设具备自组织能力的前提。普利高津强调，系统只有不断地与外界环境进行物质、能量与信息的交换，才可能产生自组织运动。专业群的课程建设是一个面向市场的开放系统，不仅需要不断根据产业链、职业岗位群及其他市场需要的变化进行适时调整，而且其内部的课程标准、课程目标、课程内容等也

需要不断地进行物质、能量和信息的交换。

第四,关注职业教育专业群课程建设中的协同机制。协同作用是推进职业教育专业群课程走向有序的关键机制。协同性原理是协同学创始人哈肯对自组织理论的贡献。协同学采用序参量来描述一个系统的有序度。自组织的过程就是序参量产生的过程。在自组织前,系统的序参量为零,系统大量的微观组分处于无序均匀状态;在自组织后,通过子系统的合作产生序参量,而序参量又支配子系统的行为。这种序参量的作用是诸多子系统之间相互协调、相互合作或同步的联合作用,这就是协同性。可见,协同作用是形成系统有序结构的重要力量,这意味着职业教育专业群课程秩序的达成必须依赖于不同层面的多维度协同。

三、集群理论:基于资源整合的行动范式变革

集群理论源于19世纪末的产业集群和企业集群研究。集群理论表明,性质近似、相互依存的经济个体集聚在一起,能够产生交易成本的降低、学习和创新效应、集群的协调机制等优势。当前,集群理论已经广泛应用于各个学科领域。如高等教育学领域的"学科群"和职业教育领域的"集群模块化"课程模式就是集群理论与教育学相结合的例证。作为一种指导区域经济发展和创新的重要经济学理论,集群理论亦可用来指导专业群的课程建设。概括而言,集群理论对职业教育专业群课程秩序的理论支撑体现如下:

第一,关注集群组织在资源整合过程中产生的竞争优势。集群理论认为,集群组织的竞争力源自其对资源的整合能力,而资源的整合能力反过来影响集群的竞争力。"整合能力"的强弱是由集群资源集聚能力、分工合作能力和知识(技术)共享能力三者的强弱所决定的,而这三者又是相互促进的。专业群的形成及其课程的建设基本遵照此逻辑展开,即具有相近产业链、知识基础、专业基础、技术基础的课程一般会组合成为一个专业群,并在此基础上获得外部规模效应,促进教育资源整合与共享,形成集群效应。

第二,集群理论为职业教育专业及课程建设提供了一种新的范式——"群"范式。集群这一概念在职业教育领域的出现不仅仅是一个概念的引入,

更是行动范式层面的变革。因此,可以说,由专业建设转向专业群建设,是专业建设范式的重大变革。要想真正建成高水平的专业群,必须紧紧抓住一个"群"字。这意味着,在专业群的课程建设过程中,也必须以"群"为基础和抓手,从群理念、群生态、群制度、群逻辑、群治理等多个方面,实现专业群课程建设的整体范式变革,达成高水平专业群建设的目标。

第三,集群理论将为职业教育专业群课程的设置提供合理依据。集群理论中的增长极理论认为经济增长不是同时出现在所有的部门,而是首先出现在那些具有创新能力的行业产业当中,那些具有创新能力的行业和主导产业部门在整个经济发展中发挥着关键性作用,产业集群的形成是围绕那些有创新能力的主导企业产生扩散效应和回波效应。回归专业群的课程建设,在课程结构设置中要重视核心课程的作用,利用核心课程所具有的扩散效应和回波效应来引导整个课程建设成效的提高。

第二节 职业教育专业群课程秩序的内蕴阐释与分析框架

概念对于学术研究的重要性是不言而喻的,任何问题的争论最初基本上都是概念之争,最终也还是概念之争。概念引导我们进行探索,概念是思维的工具,也是任何科学研究的基础,没有准确的概念,明晰的思想和文字也就无从谈起。一个概念至少要从基本层面、划分层次和操作层面上进行澄清。在基本层面上,一个概念必须抓住被定义对象的核心性质;在划分层次上,概念必须将其对象与其他相关或容易混淆的对象区分开来;在操作层面上,一个概念则必须可测量、可操作。其中,操作层面可根据概念的实际情况酌情给予,但前两个层面的定义却是必需的。因此,在概念界定的过程中必须抓住概念的核心性质,并将其与容易混淆的对象区分开来。

一、职业教育课程秩序的"超系统"前提——专业群

专业群一词是由"专业"和"群"构成的,对于"专业群"的理解需要建立在对"专业"和"群"的阐释之上。

(一)专业群的概念分析

1. 何谓"专业"

我国古代教育中只有"科目"而无"专业",近代西方教育系统中也只有"院系"而无"专业"。"专业"一词在我国的出现始于1952年第一次院系调整时期,当时提出"高等学校中以系为管理单位,以专业为教学的主要机构",是模仿苏联的结果。"专业"一词在当时的解释是"一行专门职业或专长",以"培养高级专门人才"为目标。从此,高校中开始设置专业并沿用至今。专业是课程的一种组织形式,课程的不同组合就形成了不同的专业。本书所指的专业是职业院校依据确定的培养目标设置的教育基本单位或教育基本组织形式,这种教育基本单位或组织形式通过课程的科学组织而实现其培养目标。职业教育的"专业"不是对学科体系专业分类的简单复制,而是对产业群、岗位群、职业群所需技能、能力与知识的"科学编码",职业院校的"专业"是建立在"职业"研究基础之上的。

2. 何谓"(集)群"

职业教育作为与经济社会发展具有紧密伴生关系的教育类型,其"专业群"概念的提出无疑受到了产业集群理论与实践发展的深刻影响。集群是特定产业中互有联系的公司或机构聚集在特定地理位置的一种现象。职业教育专业群的理念源自经济学领域的产业集群理论,它强调群的形成是基于资源集聚的比较优势而带来的集聚效应、效率效应、规模效应和扩散效应,从而提高绝对竞争力。

3. 专业群之"种差"

专业群建设始于20世纪90年代,2006年教育部开展的提高高等职业教育教学质量行动将高职专业群建设推向新的高度。从已有文献来看,目前学界

关于"专业群"的界定非常多,但是至今对"专业群"这一概念的探讨仍不够充分,尚没有一个相对公认的"专业群"的定义。之所以会出现不同的定义,根源在于不同的研究者对"专业群"这一概念建构的逻辑不同。具体而言,当前关于专业群的理解大致有以下几种(如图2-1所示):

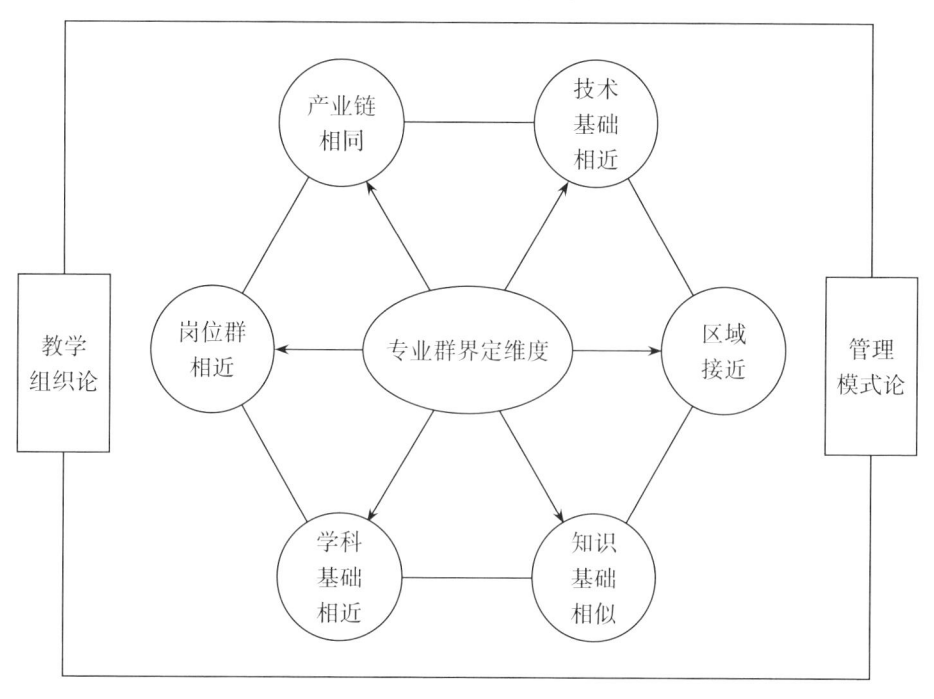

图2-1 专业群界定维度

一是基于技术基础相近的专业群建构逻辑。该观点认为,专业群是指由若干个专业技术基础相近的专业构成的集群。在这个视角下,拥有共同的专业技术基础课程和基本技术能力是这部分专业群建设的条件。这些具有相近技术基础专业的集聚可以共享师资、课程、实训场地等,形成规模经济效应,提升职业教育本身的投入产出比。

二是基于面向职业(或岗位)群相近的专业群建构逻辑。即在专业群建构过程中把有工作关系的专业组织到一起,如把物流、营销、商务等相关专业组织到一起。这种逻辑之下专业群的建构是针对某个行业相近的职业(或岗位)群进行构建,体现的是产品生产过程中的相关职业联系,通过将职业群分析作为逻辑起点并将相近的职业进行捆绑,使之成为具有相近培养方向和培养目标的专业集合体,这构成了职业教育专业群建构的现实依据和合理基础。当然,面向职业(或岗位)群构建专业群,同时也意味着职业院校要实时根据职业(或岗位)群变化动态调整专业群结构。

三是基于服务产业链相同的专业群建构逻辑。这种观点认为职业教育专业群的设置应该把与产品生产相关的原材料生产与加工、产品制造、产品物流、产品售后服务等专业组织到一起,围绕产业构建专业群,一个专业群对应一个相关产业,职业院校办学需要考虑区域产业发展需求与自身办学的契合度,采用"一对一"、"一对多"或者"多对一"的方式对接产业,确定专业群组建方向。

四是基于区域接近的专业群建构逻辑。表现为相关专业和专业群服务区域特色或优势主导产业发展而形成的在空间上的集聚,具体可分为校内专业群和校际专业集群。

五是基于学科基础相近的专业群建构逻辑。主要适用于高等职业教育的专业群设置,与普通高等教育的专业建设方式相同。值得商榷的是,基于学科逻辑的专业结构布局更适合培养学术研究型人才,对工程技术型人才的培养并不合适。这种依据学科基础的相近来组织专业群的逻辑依托的资源是学科的发展。

六是基于知识基础相似的专业群建构逻辑。有研究者认为,产业链、岗位相关只是寻求专业群编组逻辑的线索,而非编组逻辑本身。根据专业之间的关系,在知识逻辑之下,产生了立柱模式、扣环模式、车轮模式等专业群设置模式,立柱模式的专业群内有一个作为支柱专业,其他的专业依附其存在;车轮模式是群内有一个居于中心地位的专业,但其他的专业与它的关系是平行的;扣环模式中群内各专业之间是交叉、并列关系。

4.专业群之"属"

此外,关于专业群内涵的认识也存在"教学组织论"与"管理模式论"之争。如果从概念界定的"属+种差"角度出发,以上六种观点更多集中在对专业群的"种差"的讨论上,即所谓的"专业群"与一般的专业有何不同,有什么特殊性。而"教学组织论"和"管理模式论"的争论点则集中于对专业群的"属"的认识上。其中,"教学组织论"认为专业群是职业院校的基本教学单位和课程组织单位,以课程体系建设作为其出发点和落脚点;"管理模式论"认为专业群亦是职业院校的基本管理单元,是资源共享与人才产出的实体单位。因此,从概念的"属"角度来讲,专业群既是职业院校优化专业布局和资源配置的教学组织手段,也是专业建设机制和管理模式的重要创新。

(二)专业群内涵的再认识

毋庸讳言,以上关于"专业群"概念的每一种理解都有其合理之处,但单纯采取其中任何一种观点而忽视其他观点来理解"专业群"都是不合理的,这种"片面的深刻"必然会造成对"专业群"理解的主观割裂,显然不利于我们全面、正确地把握"专业群"的全貌。事实上,专业群作为一项复杂的系统工程,在现实生活中必然有着多元的、全面的、系统的建构基础,单纯依靠某一种单一的逻辑和基础来开展专业群建设的思路显然缺乏相应的实践土壤。可能的是,专业群的建设一般是以某一种逻辑为主,同时兼顾其他实践逻辑。有鉴于此,本书试图采取一种全面的整合性视角,认为根据不同专业的具体情况,专业群是由若干个专业技术基础相近,或具有共同的职业(或岗位)群面向,或以服务于一定区域内的产业群发展,抑或具有共同的知识基础的专业在人才培养模式、课程体系、实践教学条件、师资结构等方面集合而成的教学组织和管理单位。

(三)专业群的"群"本质解析

作为推动我国新时代职业教育发展的重要举措,"双高计划"与以往职业教育的质量工程有着明显不同,"双高计划"要求更高,目标不仅是打造职业教育发展的"新样板",更要形成中国职业教育全新制度、标准和范式,形成中国职业教育发展的新的话语体系。如前所述,已有关于专业群的界定基本都是围绕专业群的建群逻辑展开的。事实上,专业群作为一种人才培养的基本单元和管理服务的基本载体,绝不仅仅是专业的集合、课程的重构和资源的共享等技术层面的问题,更是一种"群"理念、"群"生态、"群"制度、"群"逻辑、"群"范式的系统变革,是职业教育专业建设从价值体系、结构体系、制度体系、方法体系到运行体系的整体范式变革。

第一,价值体系方面"群"理念的引入。"群"理念的引入,要求职业院校按照"群"的方式重构课程体系、重塑治理体系、重建发展资源,从理念层面实现对师资、资源、课程、教学等的有效整合,提升职业院校改革成效。

第二,结构体系方面"群"生态的构建。职业院校是一个政府、企业、行业、社会等主体共同参与,包括专业、专业群、专业群落、专业群系统四大层级在内的生态系统。随着职业院校大的生态环境的变革,作为专业群重要支撑的课程也要随之发生重构。这种重构绝不是在已有课程基础上做简单的加法或减法,而是对专业群人才培养全部课程的整体设计与生态优化。

第三,制度体系层面"群"治理的生成。专业群产生于职业教育内涵式高质量现代化改革发展的制度背景之下,绝非临时性的小打小闹,而是需要治理体系的同步共演。要知道,专业群的要素化建设容易开展,但是要实现彻底的变革却常受到体制机制层面的阻碍。唯有打通和搞活职业院校体制机制方面的问题,专业群方能达成预期目标。

第四,方法体系层面"群"逻辑的形成。职业教育专业群的组建绝不是原有专业的生拉硬拽和简单叠加,而是要有一定的现实依据。当前,专业群的组建有两种逻辑,一种是内生性逻辑,一种是外源性逻辑。内生性逻辑强调职业院校专业建设内部的需要,如某些专业在知识基础、技术基础上接近,便可以共享教学资源、师资队伍及实训场地。外源性逻辑即基于市场的需求、区域经济发展需要的建构逻辑,如服务同一条产业群或面向同一个岗位群的专业,便可以组建成为一个专业群实现资源的集合化发展。总之,一切都要服务于复合型技术技能人才的培养。

第五,运行体系方面"群"范式的变革。专业群与传统的专业所不同的地方就在于"群"范式的贯彻,专业群建设是关涉人才培养模式创新、实习实训基地整合、课程教学变革在内的多要素、多环节、多主体的系统性工程,仅仅某一个方面的改变并不足以称为专业群的建设。换言之,专业群建设是一个关乎"范式"层面的根本性改革,而不是构成要素的表面性、临时性调整。此外,职业院校专业群建设的利益相关者是否具有"群"范式思维,直接关系到专业群的建设成效。

二、职业教育课程秩序的"自系统"载体——课程群

已有研究对课程群的阐释多是广义的,目前学术界主要有以下几种观点:

第一,课程群是由内容上密切相关、相承和渗透,具有互补性、互动性、有序结构的系列课程的有机集成,同时以现代教育思想为指导,对相关课程进行重新规划、设计、构建的整合性课程整体,以产生系统功能效应。

第二,课程群是诸多课程的集合,这些课程通过合理分工,能满足人才培养的系统化要求,这些课程可以是同一学科的,也可以是不同学科的。

第三,课程群是各门课程在整合优化的基础上形成的一个有机整体,其目的是使群内各门课程彼此协同发挥整体效益,从而提高教学质量和教学效率。

第四,课程群是由三门以上的性质相关、知识点关系亲和、实践环节连贯的课程组成的结构合理、层次清晰、相互联结的连环式的课程群体。

第五,课程群是一种新兴的大课程框架建设模式,它以课程的逻辑联系为纽带,以学生复合能力的培养为核心,以教师团队合作为支撑。

第六,课程群是为完善同一施教对象的认知结构而将培养方案中若干门在知识、方法、问题等方面有逻辑联系的课程加以整合而形成的课程体系。

以上关于课程群内涵的阐释,研究者们从不同的侧面勾勒了课程群的轮廓。归结起来,课程群内涵的界定主要包含以下几个维度(如图2-2所示):一是组建规模;二是组建基础;三是建设目标,即通过各门课程之间的协同作用,整合优化,获得整体优势,打造规模优势;四是建设措施,即对课程进行重新规划、设计、构建;五是建设标准,即结构合理、层次清晰、课程间相互连接、相互配合、相互照应。

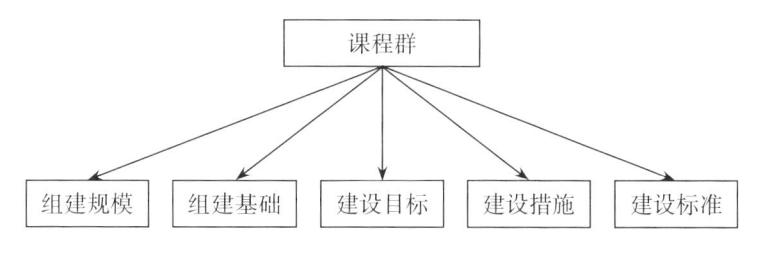

图2-2 课程群概念分析维度

三、从秩序研究的维度探究课程秩序

课程秩序一词由"课程"与"秩序"两个术语组成,有关课程秩序的界定以对"课程"和"秩序"的阐释为前提。一个理论框架可以被定义为在一个一致的概念或哲学取向下对概念要素的系统识别和定义。因此,关于课程和秩序概念的分析贵在阐释各自的构成要素,以便为后文的理论框架建立奠定基础。

秩序是由"秩"与"序"二字组成的词语,这一词语最初在我国是以独立的形式存在的,人们首先形成了对"秩"与"序"的认识,其后才有了这二字组合而成的词语的出现。在我国传统文化语境中,常出现"秩,常也""秩,次也""长幼有序"等表达。可见,古汉语中的"秩"与"序"含有常规、次序的语义。在西方语境中,"秩序"一词对应"order",大体包含两种含义:一是将"order"视为名词,意指次序、顺序;二是将"order"视为动词,意指遵守次序、符合规范的状态或行为。综合来讲,秩序即制度安排所表现出的有序状态。尽管正如哈耶克所指出的,就像它的近义词"系统"(system)、"结构"(structure)和"模式"(pattern)一样,秩序(order)是一个难以把握的概念。[1]但我们可以通过整理学者们关于"秩序"的基本认识,尝试得出关于秩序的基本要点。目前,学界关于"秩序"的观点如表2-1:

表2-1 秩序的概念界定研究

学者	定义
哈耶克	所谓社会的秩序,在本质上意味着个人的行动是由成功的预见所指导的,人们不仅可以有效运用他们的知识,而且还能够有信心地预见他们能从其他人那里所获得的合作。[2]
博登海默	秩序意指在自然进程中和社会进程中都存在的某种程度的一致性、连续性和确定性;而另一方面,无序的概念则表明存在着断裂和无规则性的现象。[3]
纪宝成	社会秩序是在一定规则体系的基础上社会系统运行所体现出来的一种有规律、可预见、和谐稳定的状态。[4]

---

[1] 哈耶克.致命的自负[M].冯克利,等译.北京:中国社会科学出版社,2000:12.
[2] 哈耶克.自由秩序原理(上册)[M].邓正来,译.北京:生活·读书·新知三联书店,1997:200.
[3] 博登海默.法理学——法哲学及其方法[M].邓正来,等译.北京:中国政法大学出版社,1998:237.转引自孙宏伟.中国转型社会中的公共秩序建构[M].沈阳:东北大学出版社,2016:8.
[4] 纪宝成.转型经济条件下的市场秩序研究[M].北京:中国人民大学出版社,2003:14.

续表

学者	定义
柯武刚、史漫飞	秩序是指符合可识别模式的重复事件或行为,它使人们相信,他们可以依赖的未来行为模式完全可能被合理地预见到。[1]
杨晓猛	秩序的定义可以归为三类:一是行为状态论,强调行为的可预见性和组成要素之间的互动性;二是制度存在状态论,认为秩序是制度安排所表现出的有序状态;三是系统整合论,认为秩序是系统要素相互作用的结果。[2]
高峰	社会秩序存在三个层次的理解,即作为社会活动的一致性状态的层次、作为社会关系的结构化状态的层次和作为社会规则的约束性状态的层次。[3]
孙立平	基础秩序包括道德秩序、信用结构和基础制度。[4]
王一军	秩序是在一定制度基础上社会系统运行所呈现的稳定、协调和可持续的状态。[5]
朱芝洲、蔡文兰	社会秩序表征为道德、信仰、价值层面,社会结构层面和社会制度三大层面。[6]

综合秩序的概念界定及文献研究的结果可看出,研究者从不同的立场和理论视域解读了"秩序"的定义,同时又演绎出了有关"秩序"的不同要素,但是这些不同的要素并非彼此互斥,而是从不同的维度构成了秩序的基本要素和分析维度。通过整合"秩序"不同定义的核心要素,我们会发现秩序的概念框架可由三大要素构成。(如图2-3所示)

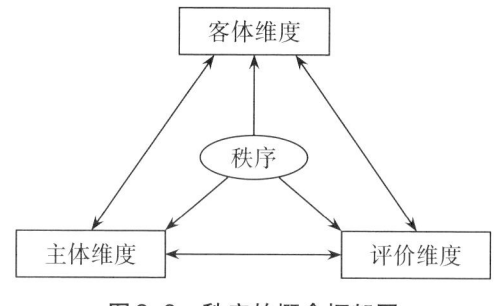

图2-3 秩序的概念框架图

[1] 柯武刚,史漫飞.制度经济学:社会秩序与公共政策[M].韩朝华,译.北京:商务印书馆,2004:182.
[2] 杨晓猛.经济秩序的制度理性——以转型国家为例[M].北京:经济科学出版社,2007:39-41.
[3] 高峰.社会秩序的本质探析[J].学习与探索,2008(5):108-111.
[4] 孙立平.重建社会的基础秩序(上)[N].中国青年报,2007-03-28(10).
[5] 王一军.从"高深学问"到"个人知识"——当代大学课程的秩序转型[D].南京:南京大学,2012:39.
[6] 朱芝洲,蔡文兰.失序与重建:社会转型中的职业教育秩序研究[M].杭州:浙江大学出版社,2015:38.

第一维度是秩序的客体维度,也称秩序的内容维度,回答的是"关于什么的秩序"这一问题。秩序不是空洞的存在,而是以一定的客观内容和结构为载体的存在,这些内容和结构便是秩序得以发生的客体。秩序通常由某种社会结构支撑,因而比结构更广泛,规范和制度是社会结构的一个关键维度。当人们谈及秩序的时候,并非是谈秩序这个事物本身,而往往指向秩序的某些方面,如结构层、制度层或价值层。

第二个维度是秩序的主体维度,回答的是"来自谁的秩序"这一问题。秩序不是凭空存在的,社会秩序来自社会主体——个人、集体、社会和国家——相互间的行动关联。秩序意味着一定的主体及主体之间关系的存在,任何秩序的发生、运行与维持都离不开各个主体的共同参与和胶着形塑。在社会生活领域,秩序意味着不同主体基于特定目的在一定规则的指导下所形成相互关系的过程及其所呈现的状态。主体是秩序存续不可或缺的重要一环。不同的主体赋予秩序以不同的社会意义,这些主体所具有的能动性和主动性,使得它们构成了秩序的能动要素。

第三个维度是秩序的评价维度。评价维度也称秩序的实践维度,回答的是"什么样的秩序是良好的秩序"这一问题。在实践中,秩序既是一种动态的过程,也是一种稳定的状态。这意味着只有从过程和状态相结合的角度来认识"秩序"才是对它的完整认识。

四、从课程研究的维度探究课程秩序

关于课程秩序的理解应从对"课程"的界定入手。每一种课程定义都表达着研究者的某种哲学假设、教育信念和价值取向,体现着研究者关于课程的认识论基础和方法论依据。在中外教育文献中,关于课程的界定各种各样,研究者们基于自身的学术背景和不同的研究目的及习惯,给予了课程不同的界定。这些界定其实从另一个侧面透露着研究者关于课程要素的考量。

从内容的角度,课程可以朴素地理解为"教学内容",也就是学校要教给学生的知识、技能和态度。事实上,课程最为核心的内容就是"教什么"的问题,如果脱离了这个问题,课程的其他任何问题都将变得没有任何意义。在专业群建设过程中,最为关键也是最为艰难的任务就是如何将职业院校原有课程或新开发的课程组合为一个课程群以支撑专业群建设。

从组织的角度,课程本身就含有组织安排的含义,从中世纪起,"curriculum"这一术语便一直是指学校时间表上科目内容的安排。且认知心理学认为,人的大脑的知识是有组织地存在的,知识组织方式是影响学习者使用知识和应用知识的重要变量。显然,对课程的理解仅仅停留在教学内容方面是远远不够的,尤其对于职业教育课程而言更是如此,职业教育课程内容按照什么样的方式组织,是按照学科的逻辑还是职业的逻辑组织,是动态的组织还是静态的安排等,都影响着课程内容的生长机制。

从目标的角度,课程价值取向反映着课程建设主体内心的课程追求,规约着课程建设理念和行动。人们选择某些课程而不是其他课程作为课程群的组成部分,选择哪种方式来组织课程群,都是有一定的依据的,即基于一定的价值目标导向。实践中,人们往往对课程的价值目标方面重视不够,但这是课程群形成的前提性要素,决定着课程群的目标与发展方向。

从评价的角度,有了价值目标我们就需要判断学习者通过课程学习后达到预期人才培养目标的程度。主体按照一定的目的,选择适当的途径作用于客体后,必然会产生某种结果。这些结果有些是可以直接观测的,有些则可能是隐含的。这就需要借助评价的手段加以检测。有了评价这一要素,就形成了著名的泰勒原理。

从制度的角度,泰勒只是从具体科目的角度来研究课程,但课程还有更重要的内涵,也就是它的制度、系统层面。课程需服从教育体制的安排,呈现出明显的规范性和计划性。国内不少学者将课程理解为教学计划、教学大纲等,认为它们就是课程制度化的体现。如"课程是对学校教育内容、标准和进程的总体安排与初步设计。其最主要的特征是'计划性'或'方案性'"[1],课程意味着学生在学校教师指导下的整个生活活动的总体计划。课程是制度化教育的产物,现代课程作为一种制度化的课程,作为一种公共制度,是17世纪的发明,是和现代生产的大规模组织特征联系在一起的。

可见,课程是一个"复数"概念,应避免对课程做抽象的定义,而应考虑将

---

[1] 刘要悟.试析课程论与教学论的关系[J].教育研究,1996(4):10-16.

课程概念做外延定义或概念分解。因此,我们要用复杂的、动态的视角看待课程,避免对课程做简单的片面化的理解。

五、职业教育专业群课程秩序理论模型——一个整合性分析框架

无论是从课程维度还是从秩序维度思索课程秩序,在课程秩序的研究中,我们总是在寻找概括性的分析框架,这些框架能把复杂现象或过程分解为若干因素或独立的部分,并建立起事物内部与事物之间的逻辑关系。课程秩序的概念建立在秩序概念之上,但不单纯是一般秩序的简单演绎,课程秩序具有其内在的逻辑特点和自身独特的属性。课程作为一种有目的、有计划、有影响的社会实践活动,是一种秩序的存在。在表层上,课程秩序即课程设置过程中形成的相对稳定的组合格局和态势;在深层上,职业教育专业群课程秩序关涉价值、制度、结构等多维向度,亦是实践当中对课程目标、课程内容、课程主体、课程实施与课程评价等要素的重新考量。

综合借鉴秩序理论、集群理论与自组织理论,结合前文对秩序与课程分析要素的解构与建构,本书认为专业群课程秩序可以从价值秩序、结构秩序、制度秩序、主体秩序、实践秩序等维度进行理解。具体而言,高峰认为,社会秩序是由价值内核、社会规则及社会权威这三个方面构成的系统整体[①];还有研究者认为秩序表征为信仰价值层、社会结构层和社会制度层三个层面[②]。这样的划分与已有研究关于课程要素的认识不谋而合。因此,价值秩序、结构秩序、制度秩序是课程秩序的基本构成。此外,职业教育课程的建设离不开一定主体的参与,主体之维是课程秩序的必要要素之一;课程评价维度事实上与秩序的实践维度有相通之处,都是在评价和考察行为结果与原定目标之间的符合偏离状况,二者可融为一体,即课程秩序的实践标准维度。总体而言,职业教育专业群课程秩序包含价值秩序、结构秩序、制度秩序、主体秩序和实践秩序这五个维度,如图2-4所示。

---

①高峰.社会秩序论——本质及相关问题的总体性研究[D].北京:中共中央党校,2007:47.
②陈先哲.我国社会第二次转型与高等教育秩序重建[J].高等教育研究,2012(1):5-9.

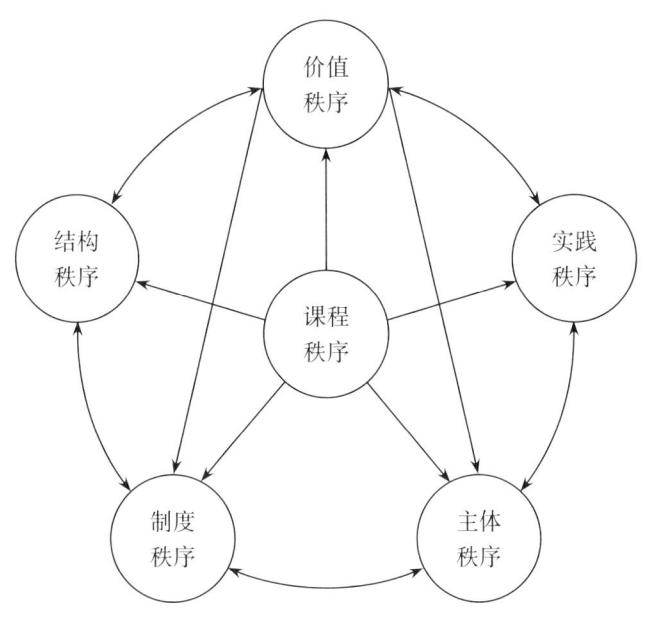

图2-4 课程秩序"五位一体"分析框架

职业教育专业群课程"价值秩序"。秩序在形成过程中被赋予了价值或意义,承载着特定群体的目的或所有群体达成的共识,社会生活的秩序是一种能实现社会生活中某些目标或价值的安排。因此,秩序是具有价值维度的。课程价值秩序是不同课程建设主体基于自身立场,对职业院校课程价值效用重要程度的排列和次序安排。我们发现,在人们的行为背后,总是能够发掘出以一定的个体核心价值为基础的最简单的价值结构,主体正是按照这个价值结构生存着,这就是价值秩序。

职业教育专业群课程"结构秩序"。结构即部分的秩序,帕森斯将秩序作为结构的本质。借鉴系统论的观点,结构指系统内部的要素之间在时空方面的有机联系与相互作用的方式或顺序,协调的结构与秩序的形成相伴相生。职业院校专业群课程建设首先需考量的并非具体课程内容的选择或学习活动的设计,而是各类课程及课程内部各成分间的结合方式,也就是课程结构问题。职业院校课程结构要解决的问题是,如何设置才能使职业院校不同类型和形态的课程紧密结合以实现培养复合型技术技能人才的目标。

职业教育专业群课程"制度秩序"。有什么样的制度,就有什么样的秩序,一定的制度决定了相应的秩序状态,制度始终是建构秩序的根基和保障。秩序的延续离不开制度对人们行为的规范。因此,不少研究者不约而同地强调秩序的制度组成部分之重要。可见,制度之维是度量秩序的重要方面。正因如此,有研究者提出了"制序"的概念,强调由制度规则调节的秩序。

职业教育专业群课程"主体秩序"。这一维度试图回答"课程秩序由谁来建设"的问题。主体是一个关系范畴,是相对于客体而言的,只有发生了主客体关系的地方,才有主体。课程秩序的构建离不开一定的主体参与,课程秩序构建是国家、社会、个体各方面的共同行动,涉及教育行政管理人员、课程专家、课程实施者、课程接受者等不同主体的利益。课程秩序的构建意味着一定的主体及主体之间关系的存在,任何秩序的发生、运行与维持都离不开各个主体的共同参与和胶着形塑。因而,"主体秩序"构成了职业教育专业群课程秩序的重要分析维度。

职业教育专业群课程"实践秩序"。该维度试图回答"什么样的课程秩序是好的课程秩序"。将课程概念化为一种秩序,试图揭示在特定知识条件下课程实践所具有的稳定、和谐、持续状态,探讨当代专业群建设背景下职业院校正在发生的新的课程秩序。因此,回答"什么样的课程秩序是好的课程秩序"是本书的重要维度,也是评价职业教育专业群课程秩序建设成效的重要指标。

第三章 职业教育专业群课程"价值秩序"

每当社会发生重大转型时，人们对教育的批判，往往是从价值判断和重新认识教育的价值与目的开始，并且以此为依据和出发点，再对现实的教育活动做出更具体的评析，提出新的原则、方案乃至方式方法。在产业转型升级的时代背景之下，如何认识职业教育课程价值已经成为推进"双高计划"的重要起点。

第一节　价值内涵：职业教育专业群课程价值秩序的逻辑条件

价值作为人类文明的最大公约数，在哲学历史上已经获得了相当多的关注和研究，目前已基本形成三种观点，分别从主观层面、客观层面和关系层面形成了关于价值的认识。主观价值论认为价值是由主体的主观认知来界定的；客观价值论认为价值是事物本身的特有属性；价值关系论则将主客体相统一，认为价值是客体以自身属性满足主体需要和主体需要被客体满足的关系存在。从关系说的视角上讲，"价值"这一概念是客体与主体需要之间的一种特定（肯定与否定）意义关系。本书主要从关系说的角度来认识价值这个概念。

参与教育的每一个个体、组织都拥有一套关于教育本质和目的的信念系统，在教育领域，对于这种信念的根本回答是通过课程来实施的。可以说，课程问题并不完全处于一个中立客观的立场，它是涉及利益、价值与意识形态等的综合体。因此，课程的研究不仅要关注"什么知识最有价值"，更要关注"谁的知识最有价值"。一般而言，课程的来源主要有三个方面：一是原生性来源——知识，二是内生性来源——个人，三是外生性来源——社会。借鉴已有关于价值、教育价值的阐释，课程价值可以理解为作为主体的社会和学生与作为客体的课程之间的一种意义关系。为此，有关职业教育专业群的课程价值便衍生出三种内涵。

一、原生性：课程价值的知识本位

教育是一种人才培养与知识生产的活动，从根本上说，专业群课程的编组逻辑只能在知识层面去寻求。职业教育涉及的知识传授不是将纯粹的学术知识运用于实践环境，而是在工作实践中产生的抑或是科学知识在工作过程中运用的结果，本质上是实践性技术知识，是通过对工作任务进行分析、解构、分类和重构形成的实践体系。职业教育知识本位的定义是根据职业教育内部需要、职业知识、职业技能以及职业教育课程自身的内在逻辑体系来判断课程价值的追求，体现为课程对职业院校学生知识、技能、价值观的学习和实践需求的满足，也称为课程价值的内在向度。

课程表现为一种知识体系，知识本位的课程价值定义包含以下观点：其一，知识是课程形成的依据和题材，课程群的组建应该基于知识基础的接近，知识基础的接近是课程群组织的关键原则，其研制的核心内容就是对知识的再次选择与组织；其二，知识是课程最直接的制约因素，产业群、岗位群或个体能力的发展等外在因素都是通过知识间接地影响课程的，知识是课程的最为直接和根本的影响因素，其他因素都通过知识间接影响课程的研制；其三，技术知识与理论知识的系统学习是学生获得复合型技术技能的前提，是增强不同岗位工作能力和迁移能力的关键；其四，知识的价值主要在于通过系统的有价值的知识学习，丰富个体的精神生活，为未来生活做准备，最终促进人类社会的发展与进步；其五，职业教育专业群课程的重新组织更多的是从复合型应用人才培养的角度去寻求知识的逻辑，知识逻辑语境下，对课程的集群化组织与安排应根据学习者的年龄、认知水平、岗位需求等来进行合理安排。

二、内生性：课程价值的个人本位

教育始终是人的教育，教育的理想应是发展人所有一切自然禀赋和才能，并根据社会的要求培养人，人是教育价值的重要来源。个人本位的课程价值定义就是从人的视角出发，认为课程是发展人的个性、促进人的自由全面发展的重要手段，课程需根据人的兴趣和需要进行安排。

individual本位的课程价值定义也称为课程价值的人文向度,主要有以下观点:一是课程重组的根本在于促进人本身的发展,这意味着人本身的发展而不是其他要素的发展是课程建设的终极目的,无论社会怎么变,课程建设的目的都要从外在的以"物"为中心转向内在的以"人"为中心。新时代课程的建设就是要使人成为他自己,而不是社会或外在因素想要他成为的样子。凯勒将"人的首要性"(Primacy of the Person)作为其著作《职业教育原理》(Principles of Vocational Education)的副标题,表达的便是这层涵义。二是课程重组贵在促进人的全面发展,培养完整的人。从基础教育领域新课改的"完整的人"的目标设定,到职业教育领域专业群的提出,无不体现了课程改革致力于人的全面发展的价值导向。可见,课程的重新组织并非只是让学生获得新的知识,而是要通过打破课程间的藩篱,整合不同领域的知识和技能,把一个人的体力、智力、情绪、伦理各方面要素综合起来,通过知识技能的综合运用培养个体的复合能力,使他成为一个"完整的人"。三是课程的重新组合要着眼于人的复合型发展和持续发展,持续发展主要表现在对个体终身学习能力的助推上。课程不仅仅是传递知识的过程,更是通过批判性思维的培养、复合多元素养的养成和学习能力的培养,帮助学生适应变化与未知,形成预见未知、驾驭未知的过程。

三、外生性:课程价值的社会本位

教育是使科学转化为直接生产技术的重要途径,而课程则是直接实施科学与技术再生产的重要方式。从社会本位的角度出发,职业教育专业群课程建设可视为对经济社会深度发展、推动产业转型升级需要的满足。

社会本位定义亦称为课程价值的外在向度,具体包含以下观点:第一,强调课程建设与外部因素的互动,尤其是专业群快速发展背景下,在课程群组建过程中可将产业链方面相关的专业课程,或有工作关系的专业课程,抑或是课程内容相接近的课程合为一个课程群。第二,课程重组的目的是培养复合型的一专多能型人才,当然,课程不仅服务于当下经济社会发展的需要,更为关键的是要在一定程度上引领未来社会的建构。课程不仅仅是对社会需要及意识形态的再生产,也是学生进行文化创造的过程。这意味着具有相对独立地位的学校教育可以通过课程的影响反向推动社会的变革。第三,建构基于课程与社会的双向互动关系,改变"社会变"导致"教育变"、"教育变"呼应"社会变"的单向式链条模式。在课程群的组织中加入对创造性内容和创造性意识的培养,通过创造性人才的培养进一步助推经济社会的转型升级,继而在"产业群—专业群—课程群—能力群—知识技能群—创新链—产业群"这一循环圈中形成良性的双向循环闭环,真正实现教育对产业经济的主动引领和助推,而不再是从产业群到课程群再到知识技能群的单向被动发展路向。

第二节 价值证成:职业教育专业群课程价值秩序的过程性表征

职业教育专业群课程价值秩序构建是多重因素驱动的实践活动,遵循复杂性价值视角是专业群课程价值秩序形成的逻辑起点,从割裂的单一主体到多元协同的主体构建是专业群课程价值秩序的主体性要求,课程建构过程中科学性的价值行动是专业群课程价值秩序形成的关键性因素。

一、价值的起点:复杂系统的价值视角

职业教育作为一个关涉多元主体参与、多维利益博弈的"公共性"复杂系统,采用教育系统思维和建设目标的秩序优化不仅有利于实现政校行企、专业与地方经济的多主体多层面联动发展,而且还可有效地促进一专多能人才培养的提质增效。

其一,专业群课程改革需要从"学校系统层面"推进。专业群课程建设不仅是专业负责人、专业教师个人的事情,还需要学校管理层面的系统规划和整体推进,更需要从教师个人到学校层面,从学校层面到教师个体双重路径的反馈和交互推进。专业群课程改革并不是一个从无到有的过程,而是从有到优、从优到特的过程,是对学校既有课程和资源的解构与重构,要避免专业群课程

建构与学校既有课程的割裂。专业群课程改革是以课程为关键抓手,对学校的实训资源、师资队伍、治理体系的系统解构与重构。

其二,专业群课程改革需要在"区域协同"的层面展开专业群建设。专业群课程改革与区域产业经济有着密切关联,专业群课程改革建设是依据"专业群对接产业群,课程结构对接职业岗位结构"的基本原则进行的,若仅仅将专业群课程建设理解为是既有课程的排列组合,而未能从区域产业经济发展的关联视角去把握专业群课程建设逻辑,不仅会导致建设逻辑起点的强制性割裂,也会导致人才供给与经济发展需求的脱耦,引发经济社会发展缺乏人才支持和职业院校毕业生就业困难的双重困境。专业群课程建设不仅要立足于学校已有基础,还需要放眼全局,以所在区域的产业集群为基础,对照区域内其他院校的专业群课程建设,在葆有学校自身特色的同时对接区域产业,避免因盲目建设而导致区域同质化程度过高及资源浪费。

其三,专业群课程改革需要从"社会整合"视角推进。宏观层面,专业群课程改革需要从"跨界"视角推进专业群课程建设。目前的专业群课程建设多将类似的课程置于一起做简单的"加法",这是一种堆砌式的"物理变化"层面的课程组合,未能从"大广角思维"出发,立足产业需求,从跨界的视角进行"化学反应"层面专业群课程建设的"基因改造"。[①]微观层面,专业群课程改革需要从"复杂系统"的人才培养层面进行系统设计。专业群课程改革是围绕人才培养质量的知识共同体、资源共同体开展的复杂的系统性改革,很多学校仅就专业群而论专业群,就课程论课程,未能从人才培养方案改革与课程体系建设层面为专业群建设的深入开展寻求支撑,更未能够深入到课程体系。

二、价值的延伸:多元协同的价值主体

专业群课程的有效实施依赖于政府、职业院校、行业、企业、教师、学生等各方主体的协同推进。目前,专业群课程改革在很多地区的实施都处于探索阶段,宏观层面没有提供操作性较强的顶层设计,中观层面尚未形成可供参考的行为模式,微观层面也没有形成整体性的结构布局,极易导致职业院校在专

[①] 顾永安.应用型高校推进专业集群建设的思考[J].高等工程教育研究,2019(6):92-98.

业群建设过程中疲于应对、松散推进。

其一，多主体协同是专业群课程改革价值充分彰显的保障。专业群课程建设是一个系统工程，离不开与政府、企业及其他社会力量等相关主体的协同作用。只有做到多主体协同，才能有效提升专业群建设的外部合理性，焕发专业群课程改革本身的内在活力。高水平专业群的建设不能仅仅依靠职业院校及个别教师的力量，而是要强化政府为主导，职业院校为主体，企业、行业等力量积极参与的集体行动，要求政校行企共同参与市场调研、课程开发、资源建设，充分发挥共同体纵向合力，从根本上保持高水平专业群课程建设与区域经济社会发展的动态耦合和生态建构。同时，专业群课程改革的实施也离不开院校内部系统的整体协同。当前，专业群建设任务的主要承担者是学院、管理部门的中层领导以及少数教学骨干，归根到底是因为专业群课程建设未能落实到课堂和学校治理层面，尚未在学校内部形成专业群课程建构的行动合力。

其二，多主体协同的关键是从治理体系层面打破合作壁垒。课程改革的多主体协同看似容易开展，但事实上却时常遭遇来自管理层面的阻碍，体制机制成为专业群课程变革深入推进的关键因素。职业院校内部治理者是否具有"群"范式思维和系统改革理念，院校层级能否对专业群课程建设的各个要素进行合理安排和科学规划，均影响着专业群课程变革的整体建设效果。当前，企业行业在专业群建设上基本停留在工作任务分析和职业能力分析的层面，对于更深层次的合作则难以推进，因为这往往涉及学校的核心治理机制。归根到底，一方面是因为政府的顶层设计不完善，对专业群建设过程中各主体的职责权利等划分模糊，缺乏系统规划统筹，导致参与专业群建设的各个主体尤其是企业行业不知所措；另一方面是对企业行业参与专业群建设缺乏相应的协调机制与激励机制，这就极其容易带来专业群课程建设过程中企业行业行动的碎片化和随机化。这意味着，在专业群课程价值理念层面不能仅仅将专业群课程改革视为单纯的课程方面的要素改革，而要将其上升到学校整体支持系统的变革，尤其是职业院校治理体系的重塑予以支撑，否则专业群课程改革难以达成预期目标。

三、价值的践行：科学创新的价值行动

其一，"需求对接"的组群理念是课程建设实践科学性的前提保障。原则上专业群课程建设应该遵循产业集群—职业岗位群—工作任务与职业能力分析—课程设计的路径，但事实上，很多职业院校却走着一条从现有课程出发来建构课程群的建设路径，也就是从学校现有的课程出发，先将各个课程堆砌和拼接起来，再去寻找这些专业在产业群或岗位群上发生联系的合理性缘由。这种路径有其存在的合理性，可以使学校在已有专业的基础上，最大化地实现资源的集约化，但是也存在随意拼凑的风险。对于课程建构而言，采用原有课程进行教学，抑或对原有课程进行简单的排列组合，缺乏充分的学理论证，无疑会影响课程构建的合理性和可行性。事实上，组群理念是否科学关乎专业群课程改革的可持续发展，保持与市场需求的对接是专业群课程组群的基本要求。需求对于专业群课程设计的重要性不言而喻，需求调查是职业教育课程开发的第一步。只有在准确反映市场需求的基础上才有可能通过人才的技术技能创新实现对产业转型升级的引领。当前，很多职业院校的专业群课程改革未能从理念层面上升到行动层面的一个重要原因就在于：一方面它们未能找到课程重构的合理性依据；另一方面，原有的课程改革理念并不足以支撑专业群改革落实到实践层面，使得专业群课程建设成为"口号式"改革和"舶来品"改革，没有能够真正从自身学校和区域经济发展需求出发构建具有自身特色和优势的课程体系。专业群课程改革流于形式，成为"按下葫芦浮起瓢"的临时性、表面性调整。

其二，"主动创新"的价值理念是实现课程改革创新的保障。从社会到教育的"被动适应逻辑"与从教育到社会的"主动创新逻辑"本质上是教育"适应论"与"超越论"之争。当前，在教育发展路径当中，强调教育要为经济社会发展服务的主张占据主导地位。当然，作为社会的子系统，教育理应为经济社会的发展贡献力量。但作为技术技能人才培养的重要来源，职业教育更应该思考如何以自身的力量主动助推产业转型升级。要想实现发展逻辑的转变，专业群建设必须坚持供给驱动和需求驱动并行的双驱动模式，跳出"产业—专业—就业"的单向线性建设逻辑，通过职业院校内外部双向联动机制的驱动来回

应市场对技术技能人才的需求。尤为关键的是,职业院校要以学生的工匠精神、学习能力、创新能力、复合能力等未来素养的养成为抓手来推动学生在未来岗位上的技术创新,进而实现教育系统对产业经济的主动助推。

其三,"求生存求发展"的内在动力是专业群课程改革的真正驱动力。专业群建设作为一种自上而下的国家行动,从发起之时就是政府主导和推动的,政府是专业群建设的政策制定者、解释者和裁判。当前,专业群在中高职的实践更多地表现为学校为申报高水平专业群和高水平职业院校而开展的系列工作,尚未深入到课堂教学层面,专业群建设的外部导向性明显高于内生的变革需求。与此同时,专业群课程改革主要是作为一种从属性的、临时性的变革,一方面是作为专业群申报过程中的一个环节而存在,另一方面是作为职业院校应对上级检查和资格审核的临时性、文件性改革,尚未充分凸显其作为提升专业群改革成效关键抓手的重要地位,同时也未能成为一项持续性的、长期性的改革行动落实到职业院校的日常专业建设当中。这种将专业群课程建设作为发展资源的利益谋求过程,具体表现为获取经费、显示政绩等。我们无意表明这种做法的对错,但是它会在一定程度上导致专业群课程建设的目标发生偏移,使人们在专业群课程建设过程中忽略专业群对产业群的匹配度,建群逻辑的合理性等。当前,在"双一流"大学建设背景下,"双高计划"的提出旨在通过高水平专业群建设为职业院校发展提质培优、增值赋能,使职业教育能够在新时代实现以质图强。我们亟须在价值理念层面深刻认识到专业群课程改革在提升专业群变革效益方面的重要性,催生专业群课程改革的内生驱动力,并以主动积极的姿态全面投入到专业群课程改革过程中。

第三节 价值取向:职业教育专业群课程价值秩序的主体性表征

人们对价值的研究,重要的不在于对价值存在进行静态分析,而是在价值判断的基础上,对行动者的价值追求进行动态分析,进而实现价值理想的目标定位。这种对价值的动态分析就是价值取向。对价值的动态分析有利于进一步明确课程价值秩序的主体样态。因此,价值取向问题也构成了课程价值秩序研究的重要内容。价值取向是价值主体按照自身认识水平,在实践过程中表现出的某种心理与行为的倾向性。同样,从事教育的理论工作者和实践工作者都有自己的课程价值取向,在课程建设过程中会表现出某种倾向性。课程价值取向是基本的关于教和学的立场,是教育者所持有的关于学校应该做什么以及学生应该如何学习的基本信念。课程价值取向反映了课程建设主体内心的课程追求,规约着课程建设理念和行动。

一、课程价值取向何以重要

作为专业群课程改革的观念形态,课程价值取向处于课程改革的开端位置,能为专业群课程改革的推进提供方向。因此,职业院校专业群课程建设的有效展开依赖于行动者与参与者的价值取向。在这个意义上,高水平专业群课程改革的出发点和关键点在于对课程价值取向的审视和重建。其中,教师作为专业群课程改革的主力军和重要实施主体,其持有怎样的课程价值取向规范和指引着他们的课程改革和实施行为,也直接决定着高水平专业群课程改革的方向和道路。当前,职业教育发展的外部环境无不对职业院校教师的价值取向提出了要求,同时也凸显了其价值取向的重要性。

宏观上,经济社会发展对职业院校教师的观念更新和能力提升都提出了更高的要求。新一轮产业革命的到来,新技术、新业态、新产业层出不穷,产业不断升级换代。产业转型升级带来的不仅是岗位内容和标准的改变,更是劳动需求结构的改变;不仅是专业和课程的组织方式的变革,更是职业教育系统教育理念、人才培养模式、教学安排的综合变革。反映到学校场域,专业设置要紧密对接产业链和创新链,职业院校要培养更多的能够适应复杂工作场景的复合型人才,以精准对接市场的人才需求。这对职业院校教师提出了更高的要求,要求他们掌握集群、专业群、课程群、复合型人才等新的理论概念,并学会把这些新的概念融入到他们的日常教学实践中。

中观上,我国职业教育改革影响着教师课程价值取向的发展。近年来,我国职业院校发展的形势一片大好,对于职业院校而言这既是一个空前的发展机遇,同时也面临着前所未有的巨大挑战。国家出台系列政策、投入大量人力物力财力支持和倡导高水平职业院校和高水平专业群建设,打造高水平双师队伍,力求将职业教育打造成技术技能人才培养的高地,职业院校的高质量发展和教师的专业水平提升都获得了宝贵的发展平台和机遇。已有研究表明,教师的课程价值取向具有情境依赖性、动态性和波动性、复杂性和辩证性、多面性和矛盾性,并以复杂的方式与行动相关。我国职业教育改革的这些情境性因素均在不同程度上对教师课程价值取向产生了影响。

微观上,教师的课程价值取向影响着职业院校专业群课程改革的开展。当下,对于如何开展专业群建设,如何真正以专业群建设推进学校的高质量内涵式发展,已然成为摆在职业院校管理者、教师和学生面前的一道难题。事实证明,在日常的教育工作中,教师总是在自己的教育观念、思维方式和价值取向指导下开展教育实践,无论他们是否清晰地意识到这一点。许多国家过去的改革实践表明,如果教师的课程价值取向与创新理念不跟进,自上而下的教育改革就很难达到预期的效果。教师作为变革的推动者,在真正开展专业群课程建设之前,首先需要将专业群改革的理念融入到自己的价值体系中去。可见,教师价值取向在课程改革中的中介作用不可忽视。

二、课程价值取向理论:课程取向存在多重维度

课程价值取向的研究始于20世纪70年代,其中,艾斯纳和瓦纳斯(Eisner & Vallance)提出课程价值取向的五维度分类观,即学术理性取向(Academic Rationalism Curriculum Orientation)、认知过程取向(Cognitive Process Curriculum Orientation)、社会重建取向(Social Reconstruction Curriculum Orientation)、自我实现/人文主义取向(Humanistic Curriculum Orientation)和技术取向(Behavioral Curriculum Orientation),奠定了西方课程价值取向研究的基本框架,其他相关研究都是在五分法基础上的加减。其后,艾利斯和朱(Ennis & Zhu)、普瑞特(M. Print)、麦克尼尔(McNeil)、Derek Cheung等亦在艾斯纳和瓦纳斯的基础上对课程价值取向的这五个维度进行了实证研究。此后,马赫里奥斯和莱

斯（Mahlios & Rice）修改了由张善培等编制的课程取向量表（COI），结合施瓦布折中方法在原有问卷基础上新增了六个问题。

国内有关课程价值取向的研究如马云鹏、丁钢、刘志军等，多为理论阐释，呈现出以理论性研究为主且主要集中在香港和台湾两地的特点。

对课程取向的系统梳理并非本书要探讨的问题，但通过对课程取向的简单梳理，可以概括课程取向研究的基本特点：一是课程取向存在多个维度。这不仅昭示着课程取向问题的复杂性，同时也告诫我们试图用一种理论或维度去解释课程取向的全部问题是行不通的，因为价值取向蕴含的前提就是事物本身存在多重价值，能够为人提供选择的基本空间。[①]二是已有课程取向主要解决的是中小学校的课程取向问题，旨在探究中小学课程改革过程中的价值取向。职业教育与普通教育的课程有很大不同，因此，虽然课程取向理论有助于我们理解职业教育课程价值取向，但其显然无法直接为我们提供理论指导。三是教师作为课程建设的直接参与者和建设者，其关于课程目标、内容、方法、评价等方面的观念和行为直接关系着专业群课程的建设。课程价值取向的调查应主要指向教师群体，这是专业群课程组建最为直接的因素。但鉴于中小学教师和职业院校教师的区别，我们需要结合职业教育教师的特点和专业群建设的需要，在已有教师课程价值取向研究的基础上做出适当修改和调整。

尽管教师课程价值取向的理论研究、实证探索、测量量表等都已经取得了卓越成果，但这个框架并不能完全解释职业教育教师这个特殊群体在专业群这个特殊实践中的课程价值取向，根本原因在于职业教育教师和专业群建设的特殊诉求。鉴于此，本书提出职业教育专业群教师课程价值取向的"五维"分析框架，试图在传统教师课程价值取向经典理论基础上，充分考虑职业教育教师的职业特性和职业教育专业群课程建设的独特性，构建职业教育专业群教师课程价值取向理论。具体而言，本框架对已有教师课程价值取向理论的扬弃体现在以下几个方面：第一，学术理性主义取向强调学生通过特定专业知识的学习进而获得理性思维和研究能力的提升，这与职业教育专业群课程建设逻辑有着根本的不同。因此，学术理性主义并不适于分析专业群课程改革的价值取向。第二，课程价值取向中的认知过程取向、社会建构取向、人文主

[①] 叶澜.教育学原理[M].北京：人民教育出版社，2007：143.

义取向、技术理性取向都与专业群课程改革需要有着内在的一致性,可以有效地指导专业群课程改革,但都属于"片面的深刻"。第三,折中主义取向主张立足于区域经济发展的需要和工作情境来设计课程内容,更加符合专业群课程改革这一复杂行动,能够更加全面又深刻地指导专业群课程改革实践。第四,依据职业教育教师对课程建设中人、知识和社会三要素的侧重不同,职业教育专业群教师在课程的目标、内容、组织、方法、评价等方面表现出不同的倾向性,呈现出强调专业知识的掌握、突出社会经济发展的需要、重视学生的自我实现和完满发展、以高效的技术型教学策略来达成课程目标、立足于工作情境来设计课程内容等不同倾向,不同价值取向的教师在行为上也会表现出不同的倾向性。第五,职业教育教师的课程价值取向作为一种认知与行为上的倾向性,在来源上,既有个体内部因素的作用,也有外部社会环境的影响。综合已有教师课程价值取向理论,结合职业教育改革特点、职业教育专业群教师发展需要,本书建构了职业教育专业群教师课程价值取向的五维分析框架。

三、认知过程取向:知识学习和认知发展是课程变革的核心

认知过程取向强调学习过程比课程内容重要,认为要着重培养学生的认知技能,强调专业群课程改革对于促进学生的知觉、记忆、想象、判断推理、问题解决等方面有重要作用。在确定专业群课程建设的价值取向时,认知过程取向认为要充分考虑到课程建构过程中基础知识、专业理论的学习及实践操作和顶岗实习对学生的认知结构、职业技能等的影响。职业教育专业群课程改革通过对课程内容的有序安排和科学设计,可以促进学生认知能力的发展,这构成了学生复合型技术技能形成的前提和基础。遵循职业学校学生的认知发展阶段、认知特点和身心发展特点来科学设计课程结构是专业群课程改革的基本逻辑起点,同时通过对专业群课程的科学性调研、合理性设计和有序性开展来促进学生的认知发展也构成了专业群课程改革的基本价值取向之一。然而,在职业教育类型化改革的大背景下,知识学习和认知发展虽然是专业群课程改革的重要内容,但只是复合型技术技能人才培养的一个基础和环节,而不是复合型技术技能人才培养的全部。也就是说,促进学生的认知发展只是

专业群课程改革的部分目标,而不是全部目标。因此,专业群课程改革必然还兼有其他的价值取向类型。

四、社会建构取向:社会经济发展是课程改革的合理性来源

社会建构取向将专业群课程改革看作是推动社会变革的载体,认为专业群课程改革是根据经济社会发展的需要提出的,强调学生社会责任感的培养,提倡将受教育者培养成符合社会需要的复合型技术技能人才。在这个意义上,社会是专业群课程改革的合理性来源,且专业群课程改革的最终目标是使人才培养满足经济社会发展的要求。可以说,社会需要既是专业群课程改革的出发点,又是课程评价的价值标准。为此,专业群课程改革就需要到市场、到企业行业、到社会中去寻求专业群课程建构的依据,保持专业群课程结构与职业岗位群结构的耦合,通过科学论证与合理设计,帮助学生在达到"资格化"的基础上实现"职业化"进而实现"社会化"。所谓"资格化",即通过专业群课程改革帮助人们具备复合的技术技能素养,获得从事某一类职业的知识、技能与能力,使其具备从事这一类职业的基本资格;所谓"职业化",即通过专业群课程中的工匠精神、职业文化、生涯规划等高层拓展课程帮助初入职场的新人"嵌入"已有的职业秩序和文化进而获得相应职业身份。[1]事实上,专业群课程改革已逐渐超越只针对特定岗位的具体技能培训,将焦点转向培养关键能力和迁移能力,以便为未来的职业行动和选择提供更为广泛的选择和机会。社会建构这一价值取向的出现是产业集群化、岗位群聚化等经济社会发展要求在职业教育专业与课程领域的直接映射。为此,在专业群课程改革过程中,一定要以社会需要为最高价值。当然,我们并不排斥个人需要和课程自身的发展规律在专业群课程建设中的作用,而是相信,当个体从自身需要出发选择职业教育的时候,其最大的需要就是获得在某个职业领域发展的本领,所以职业教育只有符合社会发展需要时,才能更好满足个体的需要。

---

[1] 格特·比斯塔.教育的美丽风险[M].赵康,译.北京:北京师范大学出版社,2018:183.

五、人文主义取向：个体的完满发展是课程改革的立足点

人文主义部分地受到罗杰斯和马斯洛的人本主义心理学影响，该取向强调完整人格的形成，重视学生的自我实现和终身发展，认为学生是课程的第一核心要素。人文主义认为，只有确立以人为中心的价值取向，才能使课程的基本关注点从客观的知识经验转移到人的身上来。这一取向主张从人与人的生命这一教育的本源来思考和探索问题，认为个体的需要是专业群课程改革的基本出发点，将专业群课程改革的关注点从知识、社会等参照点转移到学生及教师的生命质量提升上。在人本主义价值取向之下，衡量一项专业群课程改革的成效，关键在于这项活动是否能够使每个身处专业群课程改革过程中的个体焕发生命活力，是否能让生命通过专业群课程建设得到增值、提升和扩展。具体来说，其一，专业群课程改革应以"人的完满发展"为"逻辑起点"。专业群课程改革从根本上来说应服务于个体的复合型技术技能养成，服务于教师的专业成长，是对个体"从有学上到上好学，从会手艺到技艺精，从可就业到能发展"价值诉求的满足，本质是促进学习者的职业生涯发展。因此，专业群课程建设要秉承以"人本"为核心的生涯发展理念，根据学生学习的价值诉求，坚持将学生的能力发展和生命成长放在第一位，力求实现学生的一专多能和创新发展。其二，专业群课程改革成效的实现以个体的积极投入为保障。教师的"为学而教"和学生的"为学求教"都对个体的全方位全情投入提出了要求，这是教育成效的基础性保证。其三，专业群课程改革以个体生命活力的焕发为目标指向。叶澜教授呼吁，我们要突破"特殊认识活动论"的传统框架，以全新的教育理念和教育行动来让教育焕发生命活力。[①]无论外部环境如何变化，专业群课程改革的本质都是通过复合型技术技能的获得进而提高学生的生命质量。

六、技术理性取向：将专业群课程改革视为一种技术性变革

技术理性取向强调以高效的技术型教学策略来达成课程目标。职业教育

[①] 叶澜.让课堂焕发出生命活力——论中小学教学改革的深化[J].教育研究,1997(9):3-8.

专业群课程改革的技术理性取向就是将专业群课程看成一种从教育教学实践中提炼出来的、用于解决课程开发等技术问题的模式。其一,技术理性价值取向强调要在专业群课程改革过程中积极运用设备和媒体等各种工具辅助各项工作的开展,提高专业群课程改革的效率。显然,专业群课程改革离不开信息技术的支持,当今快速发展的信息技术能够为专业群课程改革提供诸多的技术便利。随着"互联网+"、大数据和人工智能等信息技术的发展,使得专业群课程改革可以开展基于海量、动态、及时、准确、全面的大数据进行深入和精准的"全样本"分析,这无疑提高了专业群建设的科学性。在专业群课程改革过程中,通过合理使用相关的教学技术和工具能够有效提升人才培养的质量。在这个意义上,技术为专业群课程改革和复合型技术技能人才的培养赋予了更多的可能性。其二,技术本身将成为衡量专业群课程改革成效的重要尺度。任何一种技术在教育领域的引进,都意味着教育场域中新的衡量与评价尺度的产生。实训基地的信息化程度、数字化课程资源的多少、学生是否具有数字素养等都将成为专衡量专业群课程改革成效的重要指标。

七、折中主义取向:立足区域经济和工作情境设计课程内容

折中主义取向注重根据实际情境来决定课程内容,培养学生决策能力与解决问题的能力。折中主义取向尽管没有清晰的理论或哲学基础,但其立足于在区域层面和实践层面切实解决问题的办法同样符合专业群课程改革的内在需要。其一,折中主义价值取向认为教学内容的决定应该基于学校所在区域产业行业的具体实际情况。专业群服务区域经济发展的立足点与折中主义立足区域产业行业的具体情况来确定教学内容的观念有着内在的一致性。职业院校的专业群建设与区域社会经济发展的产业链紧密对接,课程结构与职业岗位群结构相对接,是专业群课程改革的基本原则。唯有如此,才能实现专业群课程改革的有序进行,职业院校方可通过转型发展为区域经济发展做贡献,并以此求得地方支持,实现学校发展与经济社会发展的良性互动。因此,折中主义价值取向拒斥趋同化、一刀切的专业群课程建设模式,认为专业群课程规划要结合学校的特色,并寻求有助于满足当地需求和解决当地问题的方

法。为此,专业群课程改革的差异化、特色化、品牌化发展是折中主义的所倡导的。其二,折中主义对专业群课程建设成效的评价主要关注学生在实际工作情境中解决问题的能力,认为学校的课程开发和规划应以职业情境中的学生行动能力提升为导向,强调学生在实际工作场景中遇到特殊情况时的决策能力。为此,专业群课程改革过程中要尽量采取工作过程系统化的方式,以工作过程系统化为指导原则进行课程设计,以综合职业能力的获得为目标,以典型工作任务为学习内容,学习过程具有工作过程的整体性和系统性,以有效提升专业群课程改革的效益。折中的方法源于课程研究领域的一致性和综合性的需要,能够为课程研究和实践提供可行的范式。

值得注意的是,价值取向的理念层面和实践层面是不能等同的,很多时候,即使教师在理念层面认同和内化了某种价值理念,但是受到多种因素的影响,很难落实到实践层面。正如米勒所说,课程价值取向在理论和实践两个水平上各有维度,这意味着行动层面的价值取向和观念层面的价值取向存在一定的落差。事实上,教师的观念和行动受各种因素的影响很多时候并非完全一致,教师的想法和认知并不一定能够落实到课程与教学实践当中。

第四节 价值评判:职业教育专业群课程价值秩序的评价问题

课程价值秩序是一种"软"秩序,是不同课程建设主体基于自身立场对课程效用重要程度的排列和次序安排。这种次序从根本上决定了专业群课程秩序的价值取向和变革趋势。事实上,在人们做出具有重大意义的行为背后,总是能够发掘出以一定的个体核心价值为基础的最简单的价值结构。这种结构类似于德性的基本公式,主体正是按照这个基本公式的规定在道德上生活和生存着,这就是价值秩序。职业教育专业群建设势必要求对已有或新兴的课程重新进行安排,不同课程建设主体在专业群建设过程中对课程安排的不同见解,追根究底是关于课程价值意义的纷争和抗衡,是围绕着课程价值秩序的积极行动。专业群的建设需要一种良性的课程价值秩序的支撑,而良性的课程价值秩序具有以下特征。

一、实效尺度的多元综合

其一,每一种视角下的课程价值虽然在核心要素上和现实表征上有所不同,但其间却有非常强的相互联络。可见,原生性、外生性和内生性这三个层面的课程价值定义并非是完全对立的,他们在某些层面有相通之处,在课程目标、课程内容、课程评价等方面是相互关联的,且现存的每一种课程价值都有其存在的合理性,也都有自身的局限性。在当今时代,课程价值越来越体现出相互依存和融合的趋势。因此,良好的课程价值秩序首先表现为社会本位、个人本位和知识本位课程价值的有机融合。其二,现代课程发展的一个基本理念就是强调全人发展,因而学生的全面发展应该成为原生性的知识本位、外生性的社会本位和内生性的个人本位课程价值有机融合与辩证整合的逻辑起点,知识本位及社会本位应该服务于学生的全面可持续发展。其三,社会本位、个人本位和知识本位的融合不是绝对不变的,在职业教育的不同阶段、在具体的整合方面应该有不同的侧重点。对于中职和高职的低年级,课程建设的关键是探索和发展学生的兴趣;随着学生的成长和学习的深入,课程的安排则主要应关注学生的社会性成长和专业能力养成。最后,三种课程价值的融合并不是三者的简单相加,而是充分吸纳每一种课程价值合理之处的多元共存状态。无论是强调学生认知发展和知识学习的认知过程取向、突出社会需要的社会建构取向、以学生的完满发展为立足点的人文主义取向、强调技术对课程建构的积极推动作用的技术理性取向,还是强调根据具体的工作情境和区域经济需要来进行课程改革的折中主义取向,每一种取向都有其合理之处,都为专业群建设背景下课程改革的推进提供了方法论指导。专业群课程改革要采取整合性的视角,充分吸纳每一种取向的合理之处和可取之处,这是课程发展的一个国际趋势,也是我国长期课程建设的经验汲取和理论升华。

二、个人尺度与社会尺度的有机融合

良性的课程价值秩序是个人尺度和社会尺度的兼顾,是价值理性与技术理性的有机融合,是合规律性与合目的性的统一。过分强调职业教育的规律,而忽略社会对人才的能力素养需求,抑或只重视社会的人才需要,不顾及个人内在的生命成长,都会造成两种尺度的背离与冲突,都不是好的课程价值秩序。社会本位与个人本位的统一是人类一切实践活动的内在要求。"人类发展的目的在于使人日臻完善;使他的人格丰富多彩,表达方式复杂多样;使他作为一个人,作为一个家庭和社会的成员,作为一个公民和生产者、技术发明者和有创造性的理想家,来承担各种不同的责任。"[1]因此,课程价值的社会本位与个人本位统一并共生于专业群的课程建设实践中。

一方面,专业群课程建设中要兼顾学生需求与社会需求。课程的重新组合要充分考虑学生个体的兴趣、知识、爱好、技能、身心发展阶段、情感、意志倾向、认知水平等特点,开展符合学生发展需求的教育;同时还要兼顾社会转型升级背景下对学生的能力、素养的多方面要求。随着经济社会的发展,产业转型升级对个体的素养提出了更多的要求,这就要求课程的设计既要考虑社会的需要,又要着眼学生成长的需要,既要以社会的人才需求为导向进行课程改革,又要注重培养学生完满的人格与独特个性。另一方面表现为对学生发展与社会发展的兼顾,课程的重新组织和安排既要顾及学生的知情意行全面发展,岗位适应能力与迁移能力的持续发展,又要考虑对社会发展的主动助推。事实上,要想通过教育直接推动产业的转型升级和经济社会的发展是不可能的也是不现实的,教育只有通过课程改革和人才培养过程中对学生创新能力的培养才有可能间接地实现对产业经济的助推。这就要求在课程改革过程中突出技术技能创新的重要性,通过技术技能创新平台的建立,让学生能够在课程实施中进行技术创新和技术改造,通过介入研发过程增强学生的技术创新能力。因此,可以说,课程发展的社会尺度与个人尺度是相互依存的而非相互对立的。社会本位离不开个人本位的约束与引导,个人本位价值的实现离不开对社会需求的参照。总的来说,就是要将经济社会发展的"职业教育尺度"

---

[1] 联合国教科文组织国际教育发展委员会.学会生存——教育世界的今天和明天[M].华东师范大学比较教育研究所,译.北京:教育科学出版社,1996:呈送报告2.

和职业教育课程改革的"社会尺度"相结合。一个不能很好地适应和满足职业教育课程改革的社会,不努力为职业教育的发展提供支撑的社会,一定不是一个理想的好社会,一个不能促进经济社会发展的职业教育课程改革也不是一个成功的课程改革。

三、内在向度与外在向度的统一

"内在价值"与"工具价值"是杜威对价值所做的区分,前者指向事物本身的意义,后者则是事物为达成一定目的所起的作用。落实到课程层面,课程的这两个价值是有机耦合的而非截然对立的。正如潘懋元先生所说,教育内部规律的运用要受到外部规律的制约,外部规律也必须通过内部规律来实现,办教育应将内部规律与外部规律很好地统一起来。良性的课程价值秩序应该是内在价值与外在价值的统一,是工具性价值与本体性价值的有机融合。

职业院校需按照产业转型升级的需要来组织学习内容,但是同时更需要兼顾技术技能人才的成长规律,保持课程价值内外向度的结构耦合,将学生生命成长和生涯发展作为根本追求,并在满足学生知识、技能学习需要的基础上,服务社会外部需要。因此,在专业群课程价值秩序的评价标准问题上要注重多种价值取向的整合,不仅要关注专业群课程在促进个体发展方面的作用,而且也要关注专业群课程在促进经济社会发展和产业转型升级方面的作用,不仅要关注专业群课程改革对于专业群及其课程改革本身的促进作用,更要关注专业群课程改革在服务国家重大战略、服务技术创新等方面的作用。

第四章 职业教育专业群课程「结构秩序」

课程改革的价值理念最终需要通过课程结构体现出来,课程结构可以分解为依据什么目标、组织什么内容以及如何来组织课程的问题。专业群课程改革的核心就在于,通过课程结构的合理安排,即课程结构秩序的达成来实现"1+1+1>3"的协同效应。

第一节 结构基础:职业教育专业群课程结构建构的逻辑理路

职业教育专业群课程结构秩序存在的前提是专业群课程结构的调整,如果将其转换成问题形式,那就是要回答职业院校为何要在传统的专业建设模式转向专业群模式过程中进行课程结构的变革。关于这一问题,结构主义会给我们启示;同时,产业转型升级对职业结构的影响,反映到职业教育领域就是对人才能力的复合型结构的要求和对课程结构的变革要求。为此,职业教育就要秉持整体主义课程观和工作过程系统化逻辑对课程进行变革和调整。

一、理论基础:结构是系统变革的着眼点

世界万物都以一定的结构形式存在着和变化着。从字面来看,"结构"就是构成、建造的意思,是系统各个组成部分的搭配和排列,强调的是构成系统的各组成要素的构成、比例关系及动态调整。从研究领域来看,不同学科对结构的认识不尽相同。在哲学领域,结构被界定为关于物质及其运动的分布状态,是事物内部各要素之间相对稳定的排序、组织和结合形式。在语言学领域,索绪尔(Ferdinand de Sauaaure)首先在语言学研究中引入了"结构"概念,认为"系统的概念就是结构的概念"[1],将结构等同于系统,拓展了结构的内涵。在心理学领域,"结构"一词是皮亚杰发生认知论研究体系的核心。他认为,结

---

[1] 李青宜.阿尔都塞与"结构主义马克思主义"[M].沈阳:辽宁人民出版社,1986:66.转引自:任燕红.大学功能的整体性及其重建[D].重庆:西南大学,2012:44.

构首先应该是一个整体、一个系统、一个集合。具体而言,结构具有三大显著特性:一是整体性;二是转换性;三是自我调整性。所谓整体性,即一个结构是由若干部分按照一定的规律组成的,这样的规律使得这个整体不能还原为各个部分的简单相加,也正是因为这个规律,整体才具有了各个部分所没有的"群""体""环"等的结构性质。所谓转换性,即结构中的各个成分可以按照一定规则相互替换而不改变结构本身。皮亚杰认为,如果结构不能进行转换的话,就和静止的形式没有差别,对结构的研究也就不具有解释事物的作用了。正是这种转换性,才使得结构内部的各个构成要素能够根据所处环境的差异进行相应的调整,因地制宜地实现结构模式的多样化。所谓自我调整性,既可以是在平衡态前提下对已有结构内部的调整,也可以是把早些的结构合并构成新结构,并将其以子结构的形式整合到新结构里面。我们并非要对结构做出一个全新的界定,而是要在"结构"的不同界定中,找到专业群课程结构建构的价值意义。

第一,结构是事物的存在方式和基本属性,结构的变化会显著改变系统的效率,掌握结构是认识系统整体性、层次性及其历史演变的基本环节。结构作为系统中各个组成要素相互联系与相互作用的方式,标志着系统的组织化、有序性程度。系统的有序性越高,结构越严密。产权理论认为,结构和层次关系的变化会显著改变系统的效率。课程结构亦是课程的重要存在方式,是课程本身有序性的外在表征。专业群课程改革不仅要关注学生会获得哪些工作知识,更要关注他们会以什么样的结构来获得这些知识,这将直接影响学生职业能力的形成。只有课程内容的选择及其结构安排都符合学生职业能力养成的需要,课程改革的目标才能更好地达成。

第二,结构具有各要素所没有的"群"的性质。结构是整体与部分联系起来的纽带。我们可以说,功能性、整体性、系统性和稳定性是结构非常重要的特征。在这个意义上,"群"被看作是各种"结构"的原型。课程本身是由部分按照一定的规律相互作用组成的一个复杂的整体,其每一个组成部分的性质都不能被孤立地理解,只能放在整体的课程体系中才能彰显其意义。课程不能被还原为各个要素的简单相加,课程作为一个整体具有各部分所没有的"群"的结构性质。

第三，系统的改变必须从结构的调整入手。尽管结构的实质是系统内部诸要素的相互作用，但结构同样赋予系统以整体性，所以大到社会系统，小到课程系统，无论是认识一个系统还是改变一个系统，单单靠因素分析或因素更替是不够的，还必须进行结构的调整与改革。某一系统结构的调整可以从两个方面着手，一是要素的数量性质保持不变，调整其比例和组合方式；二是直接改变要素的种类和性质。专业群建设背景下课程结构的改革既包括对构成比例和组合方式的改变，也包括构成要素的种类性质的转型，是一种深层次的范式变革。

二、现实基础："一人多岗，一岗多能"复合型技术技能人才培养的需要

（一）需求侧转型：从"一技之长，单人单岗"到"一人多岗，一岗多能"

随着产业转型升级的加快，就其对职业教育的影响而言，这些新技术、新业态的变化带来的更多的产业结构和职业结构的变化，集中体现为"集群化"和"交叉化"的趋向。这种交叉融合不仅表现为不同岗位工作边界的模糊趋向，而且表现为各类职业的交叉融合（不仅包括操作性职业和专业性职业的交叉融合，操作性职业之间也呈现出交叉融合的特点）。凡此种种最终均可归结为市场对技术技能人才的需求呈现出复合化的趋势。可见，职业院校必须调整人才培养模式，将学生培养成为一岗多能、多岗迁移的复合型技术技能人才。当前，我国颁布的一系列政策如"职教20条""双高计划""1+X证书制度"等最终都是服务于"一人多岗，一岗多能"的复合型技术技能人才市场需求的。可见，如何培养复合型技术技能人才已然成为当前职业教育发展的关键突破点。

（二）供给侧改革：复合型人才—整体性课程观—工作过程系统化的课程结构

其一，培养"一专多能"复合型技术技能人才是职业教育人才培养模式改革的必然趋向。当前，传统的"窄"口径的专业设置方式、专门化培养、专业对

口的单一化人才培养模式均已落后于产业发展需要,职业教育的专业与课程设置面临着新的挑战。人才培养最终要依托于课程,要培养复合型技术技能人才,必然需要落实到课程层面。复合型技术技能人才是指具有专业复合、能力复合、素质复合和具有创新精神,较好的职业道德以及奉献精神等特征的技术技能人才。[1]复合型技术技能人才的知识、能力和思维的复合只是表象,更为根本的是其在市场竞争背景下对技术迅猛发展和产业转型升级、职业岗位变化的不确定性中显现出的应变能力。随着产业转型升级对复合型职业能力要求的提升,人们呼唤整体性课程构建和基于工作过程系统化要求的课程结构设计。

其二,整体性课程观对于以复合型技术技能人才培养为目标的专业群课程改革具有重要指导意义。从词源的角度来说,"整体主义"的英文为"holism",其希腊语词源为"holon",约翰·米勒(J. Miller)认为,"holon"在希腊语中意味着"由结合的整体所构成的世界不能简单地还原为其各部分的总和"[2]。现代整体主义将世界理解为一个有机整体,主张从整体的综合的层面来探究事物的发展,倡导的是一种整体的思维方式和复合性的研究范式。整体主义课程观产生于20世纪80年代末的北美,以约翰·米勒(J. Miller)、罗恩·米勒(R. Miller)为代表。整体主义课程观"以完整的人的存在为参照点"[3]来指导课程的建构,这对于以"完整的职业人"或复合型技术技能人才培养为目标的职业教育具有重要的指导意义。当下,专业群课程改革的主要任务是解决学生复合型技术技能的培养问题,根本目标指向学生知识、技能和能力的完满发展,这与整体主义课程观"完整的人"的养成有着内在一致性。它要求课程变革要考虑学生身心发展的全面性与完整性,要求职业院校的课程设置兼顾学生多元知识、技能和能力的养成,要求职业院校的课程设置要突破课程间的藩篱,将不同领域的知识与技能进行整合,开展跨课程的学习,倡导基于工作情境或工作问题的跨界学习。

其三,工作过程系统化的课程是职业教育专业群课程结构调整的方向。

---

[1] 张梅俊.交叉学科复合式教学体系的理论与实践研究[D].武汉:武汉理工大学,2008:35-36.
[2] 安桂清.整体课程论[M].上海:华东师范大学出版社,2007:10-11.
[3] 安桂清.整体课程论[M].上海:华东师范大学出版社,2007:2.

工作过程是一个职业(群)不同于其他职业(群)的根本所在①,是个体为完成一个工作任务并获得工作成果而进行的一个完整的工作程序,是一个综合的、时刻处于运动状态但结构相对固定的系统。工作过程系统化课程以综合职业能力的获得为目标,以典型工作任务为学习内容,学习过程具有工作过程的整体性和系统性。工作过程系统化课程对于专业群课程改革的价值意蕴体现在:

第一,逻辑起点方面,工作过程系统化课程旨在实现以就业为导向、以职业为载体的人的全面发展,将真实的工作过程归纳为典型工作过程、行动领域和学习领域,更加符合人才成长的整体性和系统性规律。它用"系统化"概念弥补了能力本位课程模块存在的碎片化问题,且比项目类课程更具整体性,它将工作领域中的一个完整的工作系统作为分析单元,实现了对学生综合职业能力而非单一岗位能力的培养,这正是专业群复合型技术技能人才培养的目标所在。

第二,方法策略方面,工作过程系统化课程是基于工作方法论而设计的,这超越了传统的单人单岗的工作技术与方法设计窠臼,通过三个以上工作过程的比较式展开,让学生掌握了基于某一类工作过程的思维能力和行动方法论,结合递进、平行或包容的学习情境,使学习具有适应不同工作情境的岗位迁移能力和可持续发展能力。

第三,行动目标方面,工作过程系统化课程实现了对工作和技术的"设计"与创新。工作过程系统化课程通过三个以上学习情境的比较学习,避免了从复制知识走向复制技能,从复制学科知识走向复制具体工作过程。同时,通过递进式、包容式情境的设计使学生的能力培养逐渐从基础层次上升到综合层次,甚至上升至创新层次。可见,工作过程系统化课程有利于学生的技术创新能力培养,最终形成对工作和技术的"设计"能力,间接地实现职业教育对产业转型升级的积极引领,这与专业群课程改革的最终目标指向也是一致的。

三、制度基础:1+X证书制度是专业群课程结构改革的生长点

《国家职业教育改革实施方案》指出,深化复合型技术技能人才培养培训

---
①姜大源.职业教育学研究新论[M].北京:教育科学出版社,2007:18.

模式改革,启动1+X证书制度试点工作。可见,1+X证书制度并不单单是职业教育的一项行动计划,而是上升到了制度的高度,是一项系统长期实施的制度性改革;同时,这也不是以往职业教育实施模式的再表达,而是职业教育人才培养模式的新时代变革;其价值意义是新时代对职业教育人才培养模式的内在要求。1+X证书制度为当前专业群课程改革提供了制度性依据:

(一)1+X证书制度可有效助推人才供给侧改革

1+X证书制度的实施,可以促使职业学校加快人才供给侧结构性改革,创新人才培养模式与评价模式,增强人才培养与产业需求的吻合度,增强课程体系与职业技能标准、岗位需求的结合度,提高人才培养质量。其一,1+X证书制度的实施将深入助推职业院校人才培养模式的深化改革。复合型技术技能人才的市场需求和可持续发展的个体诉求是1+X证书制度构建的两个重要逻辑起点。可见,在1+X证书制度改革背景下,职业院校必然需要根据所面向的产业和技术领域,将1+X证书制度融入专业人才培养,重构课程体系,推进1和X在各个层面的有机衔接,促进复合型技术技能人才的培养。其二,课程是1+X证书制度实施的重要载体。在"课程为王"时代,课程始终是教育改革和学校变革的核心,1+X证书制度的实现关键还是要依托于课程。可以说,1+X证书制度的实施最终将演变为职业院校课程的变革。作为类型教育,职业院校需要结合职业技能等级证书对原有课程标准、内容、结构等进行重构,这是复合型技术技能人才培养的需要,也是完善职业教育体系的需要。

(二)1+X证书制度为专业群课程的解构与建构提供了制度依据

其一,复合型技术技能人才的培养要求我们建设1+X"大课程"体系,这是专业群课程改革的重难点。1+X证书是中高职、技术应用型本科的肄业证书、结业证书、毕业证书纵向多层递进学历证书和若干个初级、中级、高级纵向多元复合职业技能等级证书的组合,这一制度所建构的"纵向多层递进、横向多元复合"体系框架(如图4-1),为专业群课程改革过程中形成"纵向层次化、横向复合化"的集成化新课程结构提供了制度依据。其中,1是职业院校人才培养的基本要求,X的组合延伸则是人才培养的特色化和复合化要求,为复合型人才的培养提供了更多的可能,且有效解决了群内各专业课程内容的单一和资源共享性差的问题,为培养复合型技术技能人才提供了路径支持和方向保障。

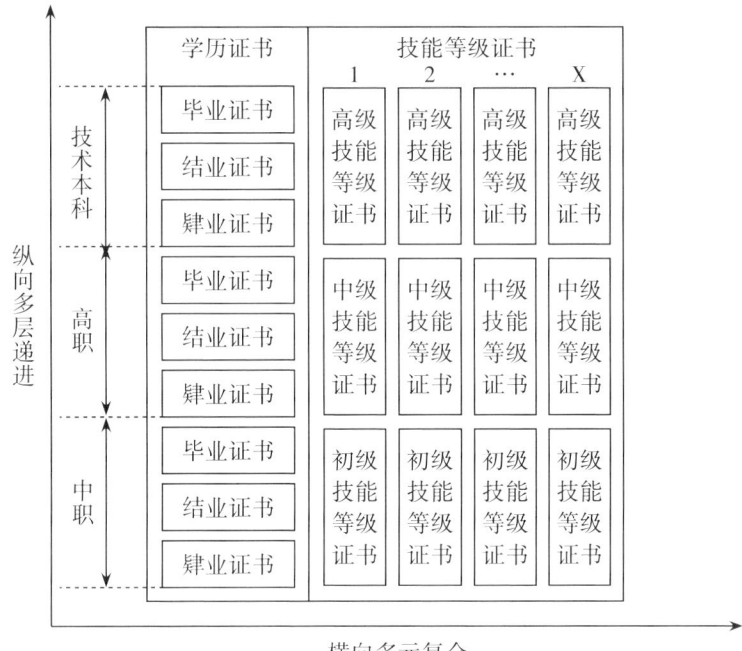

	学历证书	技能等级证书 1	2	…	X
技术本科	毕业证书 / 结业证书 / 肄业证书	高级技能等级证书	高级技能等级证书	高级技能等级证书	高级技能等级证书
高职	毕业证书 / 结业证书 / 肄业证书	中级技能等级证书	中级技能等级证书	中级技能等级证书	中级技能等级证书
中职	毕业证书 / 结业证书 / 肄业证书	初级技能等级证书	初级技能等级证书	初级技能等级证书	初级技能等级证书

纵向多层递进 ↕　　横向多元复合 →

图4-1　1+X证书制度"纵向多层递进,横向多元复合"的证书体系框架[①]

其二,1+X证书制度为1+X专业群课程改革提供了制度依据。专业群的课程体系不应像单个专业那样呈线性逻辑,而是要在体系内形成网状逻辑结构,做到底层可共享、中层可融合、高层可互选。[②]底层公共(通用)能力面向必学、应知、应会,中层融合(交叉)能力平台面向关键岗位的特定能力和素质,高层核心(拓展)能力平台面向岗位群的能力和职业迁移能力。具体而言,一是将职业技能等级证书标准融入课程,构建"纵向层级化、横向复合化"课程体系。1+X证书制度要求职业院校将职业技能等级标准所反映的学习内容融入人才培养方案,优化课程设置和教学内容,这就为职业院校构建横向复合化、纵向层级化的课程体系提供了实施依据。二是基于典型工作任务,构建系统的模块化课程体系。1+X证书制度要求考核内容以社会需求、企业岗位群需求和职

---

① 刘炜杰.1+X证书制度下职业教育的课程改革研究[J].职教论坛,2019(7):47-53.
② 任占营.高职院校专业群建设的变革意蕴探析[J].高等工程教育研究,2019(6):4-8.

业技能等级标准为依据,强化对学生完成典型工作任务能力的考核。因此,构建课程体系应立足岗位需求,本着解构与建构的行动体系课程建构原则,依据所对接产业群特征,将相关课程知识进行解构,并依据产业群的群内关系进行重构,使得专业群内各个课程实现横向与纵向的多维衔接。同时,要以系统化工作过程为参照点,根据职业岗位的特点和需求,分析职业岗位典型工作任务和职业能力要求。这也就间接地为我们描绘了专业群课程体系构建的路径,即市场调研与专家咨询—确定岗位—分析典型工作任务及职业能力—确定学习领域—设计学习情景—构建课程体系[①]。

第二节 结构表征:职业教育专业群课程结构秩序的应然构建

职业教育专业群课程结构调整的逻辑基础需要回答的问题是,课程结构为何如此重要?为何当前的课程结构需要调整?显然,根据产权理论,结构和层次的变化将会引起系统效率的变化。而当下产业的转型升级和岗位的集群化发展,使得传统的"单人单岗"式培养模式难以适应"一人多岗,一岗多能"的市场需求,这种需求侧的变化本质上是职业结构的变化,这种需求折射到职业教育这一教育类型当中,就要求职业院校以整体性课程观为指导,依据工作过程系统化课程模式对专业群课程进行适当超前的结构变革。秩序作为专业群课程结构调整的一种方法论,是职业教育专业群课程结构调整的理想状态。那么,什么是结构秩序?什么是课程结构秩序?专业群建设背景下的课程结构秩序的应然表征是什么?这些都是接下来我们需要回答的问题。

---

① 王艳丰,张丁华,朱金凤."1+X"证书制度下高职宠物类专业课程体系优化探索[J].职业技术教育,2019(35):21-25.

一、课程结构秩序的立论诠释：结构即部分的秩序

（一）结构与秩序：合理的结构是秩序存在的前提和基础

"结构也是一种秩序，而且是一种相对稳定的内在秩序。"[①]从这个意义上来说，秩序是由结构内生的，合理的结构是秩序存在的前提和基础。帕森斯将秩序作为结构的本质，系统论的创始人贝塔朗菲认为结构即部分的秩序。系统论认为，结构是系统内部各个要素、组成部分和各个成分之间相互联系、彼此作用的方式或顺序。结构秩序是指系统各组成要素和构成部分之间形成的一致、稳定、有序的状态。从生态学结构与功能关系原理来看，系统结构是系统功能的基础，决定着系统功能的大小与优劣。根据结构功能主义的观点，职业教育专业群课程的结构自身及其相互作用是职业教育专业群课程秩序形成的关键，秩序与结构具有同向性，协调的专业群课程结构形成动态平衡的课程秩序，而紊乱的结构则会威胁课程秩序的动态平衡。[②]

（二）课程结构与秩序：课程结构优化与否关乎人才培养的样态

课程结构是指各类课程之间的组织和配合，是课程系统内部的各组成部分及其相互关系。钟启泉教授认为迄今为止的结构论可以区分为微观结构论、中观结构论和宏观结构论，这三者都是现代课程改革所必需的。因此，可以从微观、中观和宏观三个层次来考虑课程结构。课程结构的优化不仅决定了学生按照什么顺序来学习课程以及学生知识结构的获得情况，而且可以说，课程结构优化与否从根本上关系到学生的培养样态。

对于专业群课程建设而言，课程内部及课程之间的结构优化与否直接关系到专业群整体建设效益的提升。其一，职业院校专业建设模式从传统的专业建设模式到专业群的群集化建设模式的转型过程中，职业教育的各个要素都处于不断调节和变化之中，职业教育课程改革也必然伴随着结构的调整，这一调整和转型的过程是一个均衡与冲突并存，充满分化、冲突、适应和整合的过程。如果不及时根据专业群的建设要求对课程进行结构性调整，必然会出

[①] 宋林飞.西方社会学理论[M].南京：南京大学出版社，2004：5.
[②] 朱芝洲，蔡文兰.失序与重建：社会转型中的职业教育秩序研究[M].杭州：浙江大学出版社，2015：5.

现课程模式与专业模式不适应的秩序紊乱问题。其二,专业群课程建设首先需要考量的不是具体课程内容的选择,或某种学习活动的设计,而是各类课程及课程内部各成分的结合方式,也就是课程结构问题。职业教育课程是由诸多要素和成分组成的有机系统,且各个成分和要素同样按照一定的规律和方式有机结合、相互作用。那么,职业教育课程结构要解决的问题是,如何设置才能使职业教育各部分、各类型、各形态的课程相互联系并紧密结合,以实现职业教育的人才培养目标。

关于职业院校课程结构是什么的问题,可以细分为依据什么目标、组织什么内容和如何组织这些内容三个次问题。关于依据什么目标来安排课程结构,已在前文有所阐释,职业院校课程要服务于"一专多能"的复合型技术技能人才的培养,以更好地应对产业群、岗位群和新工科建设需求。后两个问题是我们需要重点回答的,关于"组织什么内容"的问题涉及课程内容的选择;关于"如何组织这些内容"的问题则可理解为课程结构的安排或课程结构的秩序。普通教育在课程内容的结构化问题上遵循的是学科知识培养的行为逻辑。与此不同,专业群建设背景下的课程结构,要对接工作岗位群,而每一个岗位群之所以区别于其他岗位群,就在于其独特的系统化工作过程。因此,职业教育课程结构的建设需遵循工作过程系统化逻辑。职业教育的课程结构表征为专业能力、方法能力和社会能力的整体综合,反映工作岗位群对人才的知识类要求、素质类要求和能力类要求,包括资讯、决策、计划、实施、检查、评价这六个基本工作流程。[1]这些构成职业教育课程结构安排的依据。

二、课程结构秩序的应然表征:三维框架的系统建构

专业群课程结构秩序的建立以工作过程系统化为主导思想,以市场调研—专业群定位—典型工作任务与职业能力分析—行动领域—学习领域—学习情境的分析为依据。基于工作过程系统化的课程结构是一个多层次、多维度、多方面的综合结构,一般包含三个层次:一是宏观课程结构,即课程群的门类结构。二是中观课程群结构,即课程群内部的科类结构。三是微观课程群结

---

[1] 姜大源.结构问题是课程开发的关键[N].中国教育报,2016-08-23(3).

构,即课程单元结构。[1]从字面意思来看,专业群课程结构秩序理解为课程内容的序化,职业教育课程内容的序化旨在追求工作过程的完整性而非学科结构的完整性。序化是指内容的结构化,完整性是指内容的系统性。因此,职业院校课程结构秩序的建立,不仅要按照工作过程系统化逻辑对专业群课程内容进行合理安排,而且要遵循工作项目的分析逻辑,在微观课程结构的布置上按照完整工作流程进行秩序的安排。

(一)宏观课程结构:基于工作过程系统化的"课程门类结构"设计

宏观课程是由不同类型和不同模块的课程构成的,宏观课程结构旨在确立专业群课程体系的总体框架。专业群人才培养目标即复合型技术技能人才的培养从根本上规约着宏观课程体系的结构优化,复合型技术技能人才这一培养目标的确立源于职业岗位的群集化发展。因此,职业院校要有效培养复合型的职业能力,就必须把课程结构与职业岗位(群)结构对应起来,从职业岗位(群)结构中获得专业群课程结构。为此,宏观课程结构的确立就需要从典型工作任务和职业能力分析方面着手,按照"产业群岗位群→典型工作任务→职业能力分析→归纳行动领域→总结核心课程→课程整合与调整→形成整体体系结构"的行动逻辑去构建专业群的宏观课程结构。

具体而言,其一,开展充分的典型工作任务与职业能力分析。通过分组的会议研讨式任务分析法,充分发挥团体智慧优势,在分析专家主持下,邀请专业群对应的岗位专家通过头脑风暴的方式探讨工作任务分析和职业能力分析的结果。工作任务和职业能力分析需要在限定时间内完成,最后由分析专家对相关材料进行整合,整合的方式就是寻找"共同的工作任务"和职业能力,在此基础上依据"工作性质相同、行动维度一致"原则和实际工作岗位群、职业群所需能力归纳出对应的行动领域。在这个过程中,要科学合理地设计好工作任务和职业能力分析表以供使用(如表4-1),同时要及时记录岗位专家关于工作任务和职业能力的描述和分析结果。

---

[1] 廖哲勋,田慧生.课程新论[M].北京:教育科学出版社,2003:231-232.

表4-1 工作任务分析与职业能力分析

专业	岗位	典型工作任务	职业能力
专业1	岗位1	1. 典型工作任务 2. 典型工作任务 3. 典型工作任务	1.1 能…… 1.2 能…… 2.1 能…… 2.2 能…… 3.1 能…… 3.2 能……
	岗位2	1. 典型工作任务 2. 典型工作任务	1.1 能…… 1.2 能…… 2.1 能…… 2.2 能……

表4-2 行动领域与课程设置

行动领域	课程设置
行动领域1	课程1
行动领域2、3	课程2
行动领域4	课程3、4

资料来源:徐国庆.职业教育项目课程:原理与开发[M].上海:华东师范大学出版社,2016:106.

其二,结合专业群、课程改革等的理论研究成果,确立专业群课程体系的基本框架,形成涵盖"底层共享、中层分流和高层互选"三大层次,由公共基础课程、专业群基础平台课程、专业方向课程、专业群拓展课程四个模块构成的"三层次四维度"课程体系框架。其中,工作任务和职业能力分析所获得的各个专业所需要共同具备的职业能力为公共基础课程和专业群基础平台课程内容的确定提供了依据;各个专业的就业岗位所需的工作任务和职业能力则为专业方向课程模块的形成提供了依据;而专业所对应的迁移岗位和发展岗位所需的工作任务和职业能力则为专业拓展课程模块提供了依据。

(二)中观课程结构:关于工作过程系统化"课程科类结构"的设计

中观课程结构主要是处理学习领域也就是各个课程之间的结构关系,也即类别结构。为此,中观课程结构要求在课程群体系结构的基础上,按照"解构与归纳岗位类知识、技能与能力→行动领域→学习领域划分"的逻辑开发专业群整体课程框架之下的学习领域,如图4-2所示。可见,中观课程结构的形成主要基于"两大转换":一是按照"工作性质相同、行动维度一致"的原则将典型工作过程转换为行动领域。二是按照"关联性原则"将行动领域转换为学习领域。从行动领域到学习领域的转换既是教师和课程专家基于学校专业群课程改革的目标、学校已有基础和师资条件对典型工作任务和行动领域进行的教学论加工,也是职业院校按照场地关联、工具关联、设备关联、对象关联或技术关联的原则对行动领域的再次分解或整合。由行动领域到学习领域的转换为课程类别结构的建立奠定基础。

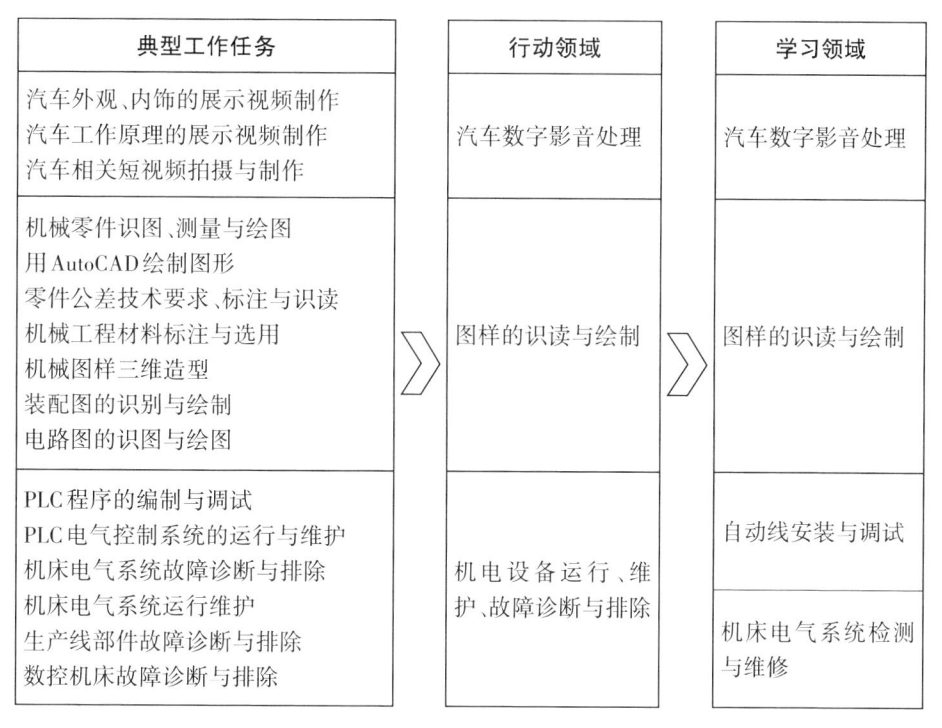

典型工作任务	行动领域	学习领域
汽车外观、内饰的展示视频制作 汽车工作原理的展示视频制作 汽车相关短视频拍摄与制作	汽车数字影音处理	汽车数字影音处理
机械零件识图、测量与绘图 用AutoCAD绘制图形 零件公差技术要求、标注与识读 机械工程材料标注与选用 机械图样三维造型 装配图的识别与绘制 电路图的识图与绘图	图样的识读与绘制	图样的识读与绘制
PLC程序的编制与调试 PLC电气控制系统的运行与维护 机床电气系统故障诊断与排除 机床电气系统运行维护 生产线部件故障诊断与排除 数控机床故障诊断与排除	机电设备运行、维护、故障诊断与排除	自动线安装与调试 机床电气系统检测与维修

图4-2 典型工作任务—行动领域—学习领域转换

整理自:姜大源.工作过程系统化:中国特色的现代职业教育课程开发[J].顺德职业技术学院学报,2014,12(3):1-11.

学习领域以职业能力开发为目的,因此,学习领域的设计与结构安排还需坚持"课程内容对接职业标准"的基本原则,融合最新的1+X证书制度关于职业技能等级证书的规定和要求,将每个职业技能等级证书所包含的技能模块及每个模块所包含的初、中、高三个等级的课程分别纳入到专业群基础平台课程、专业方向课程模块和专业群拓展课程模块当中,设计出"横向复合化、纵向递进化"的课程模式。这样就将职业技能模块中的职业技能点、知识点融入到课程内容中,并形成了"纵向层次化、横向复合化"的课程体系,不但避免了传统的课程建设中的随意拼凑所造成的知识的碎片化和割裂化,而且使得学生能够在项目模块的引领下,由浅入深地实现知识的学习和技能的掌握,在真正意义上实现学生学习的逐步深化和能力复合。

(三)微观课程结构:关于工作过程系统化"课程单元结构"的设计

微观课程结构主要是处理学习情境之间的结构关系,也即单元结构。学习情境是学习领域在职业院校学生学习过程中的具体化。如果将学习领域理解为一门课程,那么学习情境就是学习领域框架之下的小型主题学习单元,每一个学习领域都由若干个学习情境构成,每一门课程都由若干个学习单元构成。一般而言,每门课程包含3个或以上彼此独立但同时又构成一个工作过程的学习单元。

表4-3 职业院校专业群课程开发一览表

学习领域	学习情境1	学习情境2	学习情境3	学习情境4	学习情境5
产品识图与绘图	轴套类零件的识图与绘图	箱体类零件的识图与绘图	盖盘类零件的识图与绘图	装配类零件的识图与绘图	……
组件的加工与组装	千斤顶的加工与组装	虎钳的加工与组装	减速器的加工与组装	学习单元4	……
仓储配送服务	露天仓库的仓储配送服务	冷藏仓库的仓储配送服务	普通机械化仓库的仓储配送服务	危险品仓库的仓储配送服务	……
……	……	……	……	……	……

具体步骤为:第一,按照"比较必须在同一范畴"的原则选择对学习领域进行划分的维度,也就是参照系。如将"产品识图与绘图"这一学习领域的参照系确定为"零部件的种类",将"组件的加工与组装"的参照系确定为"组件的种类"。第二,依据这个参照系,确定一个以上的载体实现工作过程的具体化和学习内容的具象化。如在"组件的加工与组装"这门课中,其参照系是"组件的

种类",载体确定为"千斤顶""虎钳""减速器"等,那么依据个体从简单到复杂的认知学习规律以及从新手到专家的职业能力成长规律,按照平行、递进或包容的原则就可将学习领域具体化为"千斤顶的加工与组装""虎钳的加工与组装""减速器的加工与组装"三个平行的学习情境,这样就将抽象的"组件"具体化为"千斤顶""虎钳"等具体的组件,从而实现了工作过程从抽象到具体的转变。第三,根据"比较中重复的是步骤而不是内容"的原则推论,在多个学习情境的比较和重复中,重复的是零部件加工和组装的步骤而非内容,重复的是产品识图与绘图的步骤而非每一个零部件识图与绘图的内容。如表4-3所示。表4-4"前厅运行与管理"课程的学习情境设计示例亦是如此,在这样的重复训练过程中,学生逐步掌握了从资讯、决策、计划、实施、检查、评价的完整思维工作过程。每一个工作过程的学习,不仅使学生能够在多次比较和实践当中实现知识、技能和能力的迁移与内化,而且也让学生学会如何进行完整的行动思维,也就是通过"授之以鱼"而最终实现"授之以渔",让学生习得完成完整工作过程的方法论。正如访谈中被访者所谈到的,"按照德国标准,能力包括三大类:第一是社会能力,第二方法能力,第三有专业能力。学生学习过程中所习得的专业能力只占一部分,学校需要训练学生的最核心也是最关键的是方法能力"(Y-G-H-D-1)。

表4-4 "前厅运行与管理"课程的学习情境设计示例

	学习情境1 散客接待与管理	学习情境2 团队客户接待与管理	学习情境3 VIP客户接待与管理
参照系:客户种类 载体:散客、团队客户、VIP客户	客房预订	客房预订	客房预订
	入住服务	入住服务	入住服务
	住店服务	住店服务	住店服务
	离店服务	离店服务	离店服务
	客户关系维护	客户关系维护	客户关系维护

整理自:姜大源.工作过程系统化:中国特色的现代职业教育课程开发[J].顺德职业技术学院学报,2014,12(3):1-11.

第三节　结构生成:职业教育专业群课程结构秩序的质性研究

关于什么样的课程结构才是合理的、科学的、应然的课程结构,前文已经从理论层面提出了基本的框架,但这一框架尚需在实践当中得到进一步的检验和论证,尚需从一线教师、专业带头人、职业院校教学分管校长、企业、行业等职业教育课程建设的参与者那里获得论证的依据。

一、研究设计

(一)研究目的

质性研究的目的在于获得一个关于专业群建设背景下职业院校课程体系建设比较真实、广阔和整体性的视野,从而实现对专业群课程实践的深描,让我们更加深刻地理解专业群课程建设的流程和体系安排。具体而言:一是通过访谈、文本分析和现场观察确定专业群建设背景下职业院校课程建设的基本步骤。这是确保课程结构接近应然状态的前提条件,如果连步骤和流程都不合理,那自然也就无法获得科学合理的课程结构设计。二是通过访谈确定什么样的课程结构才是有利于复合型技术技能人才培养的,也就是提炼专业群课程的基本结构框架。

(二)技术路线

为确保研究的顺利进行,本书的质性研究共分为三个阶段:第一阶段是质性研究的前期准备阶段。这一阶段的核心工作是搜集相关政策文本、文献资料以及宣传资料等,设计访谈提纲并选取访谈对象。第二阶段是质性研究的开展阶段。这一时期的主要任务是对被调查对象进行面对面访谈,同时结合获取的专业群建设方案等资料,对所获数据进行编码。第三阶段是质性研究的分析阶段和研究阶段,即通过对访谈所得录音等的整理,提炼和升华核心观点,得出研究结论。

(三)样本选取

为准确获取研究所需信息,本书在选择研究对象时采取立意抽样(purposive sampling)的方式。立意抽样是指考虑哪些对象对了解问题本质最能够提供完整数据与直接帮助。以下为研究对象所需条件:第一,所选的职业学校,要有开展专业群建设的经验;第二,学校要包含中职和高职,且最好为国家"双高计划"和省级高水平称号的学校;第三,所选的企业,要与职业学校有着长期优质校企合作;第四,所选的学校和企业要包含中东西部地区。在此基础上,本书通过"滚雪球"的方式,即通过知情人推荐,自2019年11月至2020年1月集中对来自重庆、武汉、襄阳、顺德、广州的部分职业院校的校长、管理者、教师、企业负责人、人力资源部门代表、员工、行业代表进行了深度访谈,为专业群课程结构的确立提供充实的基础。此外,为了进一步充实本书的样本资料,笔者还搜集到了部分职业院校专业群建设的相关材料,如重庆CS职业学院、咸阳ZY学院的专业群建设方案和申报材料,以进一步充实调研的内容,提高调查结果的代表性。

本书集中调研地区为重庆市、湖北省和广东省,集中调研地的选取主要基于以下几个方面的因素:第一,样本的代表性。本书样本的代表性一方面源自样本的典型性。职业教育与区域经济发展有着密切的联系,选取重庆、湖北、广东不仅是基于这些省份的经济发展情况,这些省份是中东西部经济发展的代表性省份,而且所选取的城市也多为该省份的经济文化发展中心、制造业中心或中心商业城市,基本对高素质的技术技能人才的发展有着强烈的需求,这就从一个侧面反映了这些区域职业教育发展的典型性。本书样本的代表性另一方面源自样本的全面性。本书所选取的调研学校和企业覆盖了我国中东西部地区,包含了中职和高职两个职业教育层次,且涵盖了国家"双高计划"院校和省级"双高计划"的职业学校以及普通职业院校,包括职业教育的主要参与主体即职业院校、企业与行业,涵盖了职业学校的一线教师、中高层管理人员和校长,也同时对企业的一线员工、人力资源部门负责人乃至企业的负责人进行了访问,访问对象覆盖面广,基本包括了职业教育专业群课程建设的主要参与者。第二,研究数据的可获得性与研究开展的便利性。研究者亲身参与了QJ职教中心的专业群建设,亲身参与到了专业群前期的预调研、市场调研、专业调研、工作任务与职业能力分析会、课程体系建设会等重要环节,有机会与前文所述的职业院校、企业、行业工作人员进行面对面的访谈和交流,能够获得丰富的研究资料尤其是一手资料,在日常的沟通当中,也有机会获得对研究有所支撑的二手资料。

(四)调查方法

探究和解决问题的方法选取主要取决于问题的具体内容与类型,也就是说,研究方法与研究问题是相匹配和适应的。质性研究是以研究者本人作为研究工具,在自然情境下采用多种资料收集方法,如深度访谈、实物分析、开放式观察等,自下而上地对社会现象进行整体性探究,从微观层面描述和分析现象问题的验证性过程。这与本书着重探讨和验证专业群课程结构的应然构成与形成过程有着较高耦合度,属于"是什么"和"怎么样"的问题范畴。使用质性研究方法有助于较好地获得关于研究问题最直接、最真实和具体的认识,归纳现象特征,并深入挖掘现象背后的潜在规律,寻找、构建并验证相关理论。具体而言,本书主要通过深度访谈、文本分析、现场观察等方法搜集资料。质性研究强调在自然环境中,研究者与被研究者之间的互动,强调通过描述的方式对意义建构进行解释性理解,以归纳的方式得出研究结论,且研究设计和研究过程比较开放、灵活、具有弹性。一言以蔽之,本书进行数据收集主要运用的是质性研究中的访谈法、文本分析法与现场考察法等。

1.访谈法

访谈主要包括对职业院校的访谈和对企业行业的访谈。其中,对职业院校的访谈内容包括:专业群的市场需求状况;专业群建设概况,尤其是专业协同与资源共享方面的情况;专业群建设过程中的课程共享、课程结构安排、课程内容的选择、课程改革的大体流程及参与人员;专业群学生的就业岗位、升学情况、生涯发展路径等。对企业行业的访谈主要是了解校企合作的概况,企业的工作岗位、主营业务和生产流程,着重了解企业对职业院校学生的岗位、任务和能力要求及其人才培养建议。访谈提纲大体围绕以上内容展开,以获得对职业院校专业群课程结构变革全流程、全方位、全内容的材料。

2.文本分析法

本书的文本主要指与专业群、"双高计划"、课程改革等相关的政策文本、文献、书籍、宣传手册、申报材料等。质性文本分析从开始就没有具体理论的指导,分析产生于对文本的研究之中。具体而言,一是来自网络或被访者提供的国家、省级和院校层面的专业群建设相关政策文本与申报材料,如为了进一步充实本书的样本资料,本书搜集到了部分职业院校专业群建设的相关材料,如重庆CS职业学院、咸阳ZY学院的专业群建设方案和申报材料,以进一步充实调研的内容,提高调查结果的代表性;二是前期收集的网上资料、书籍、论文、宣传手册等,尽可能获得较为全面的二手资料。通过收集相关文献和政策文本,如了解专业群、课程改革的基本流程与过程,探讨我国的教育制度、学校运行机制等对专业群课程改革的作用。

3.现场考察法

笔者曾多次参与到职业院校专业群的预调研、调研方案开发、企业调研、学校调研、工作任务与职业能力分析会、课程体系构建、人才培养方案制定、专业群建设方案制定等活动。通过全程性地参与到专业群及其课程建设过程当中,对专业群的市场调研、学校调研、工作任务与职业能力分析、课程体系构建等的流程、思路与原则等有了更加充分的认识和把握。此外,对企业工作人员和学校教师的访谈基本是在企业或学校内部进行的,因此在访谈之余也会对企业和学校进行现场考察,其目的是了解企业工作岗位、主营业务、生产流程等,了解学校资源建设情况、教学环境、教学与实训设备等。总的来说,通过对不同学校和企业专业群课程建设的观念、行为等进行观察,更利于把握普遍意义层面的实践经验和建设路径。

二、数据收集

本书的数据可以分为一手数据和二手数据。这些数据的获取具体包括三大步骤:一是通过前期收集的网上资料、书籍、论文、宣传手册、申报材料等资料,对专业群、课程建设以及调研对象有大概的认识与把握,为研究的开展提供尽可能充分的文本积累;二是通过与职业院校的教师、专业带头人、校长、行业代表、企业负责人、人力资源部门代表、一线员工面对面的半结构化访谈尽可能获得详尽的一手资料；三是在访谈结束后，及时形成录音文稿、访谈纪要等，通过资料转录和整合建立一手数据库。多样化的数据来源可以确保数据的相互补充和交叉验证，以提高质性研究的效度。其中，一手数据相关数据来源整理如表4-5所示：

表4-5　专业群课程体系构建访谈对象的描述性统计

样本	调研时间	时间/h	人次	访谈对象
QJ职教中心	2019-11-06 2020-01-06	2	7	分管校长1人、专业负责人2人、专业教师4人
广州AH汽车集团4S店	2019-12-13上	2	2	4S店负责人1人，员工1人
广州JT职业学校	2019-12-13下	2	4	专业带头人1人、专业课教师1人
广东顺德SQ汽车配件有限公司	2019-12-14上	2	4	人力资源部门代表1人，员工3人
广州市XNY校企合作协会	2019-12-14下	2	2	副会长1人、秘书长1人
广州OWD教学设备技术有限公司			3	企业负责人1人，员工1人
广州SJMC汽车电子技术公司	2019-12-15上	2	1	企业负责人1人
武汉市JT学校	2019-12-16上	2	3	分管教学副校长1人、专业带头人1人、专业课教师1人
武汉YBDZ学校	2019-12-17	2	3	分管教学副校长1人、专业带头人1人、专业课教师1人
襄阳ZY学院	2019-12-18	2	3	分管教学副校长1人、课程建设负责人1人、专业课教师1人
重庆CA汽车股份有限公司	2019-12-25上	2	4	人力资源部门代表3人，员工1人
JLP职教中心	2019-12-25下	1	3	专业带头人2人，学校中层管理者1人

例如，为保证调查数据的科学精准，每次访谈同时有QJ职教中心的专业带头人、专业骨干教师、研究人员参与。采用半结构化访谈形式，在根据访谈提纲进行提问的同时，依据被访者的回答进行适时追问。同时，在访谈的过程中

对访谈内容进行详细记录。为保证访谈数据和素材的充分性,访谈结束后,团队人员及时对访谈资料进行整理,标注遗漏信息和前后矛盾之处,以备在下一次访谈和实地考察中进行及时的补充和完善。同时,在阶段性访谈结束后,笔者完成对访谈录音、照片等的文本整理和校对。

三、数据编码与分析

研究人员通过将不同来源数据整理成文字文档,遵循探索式研究方法的编码思路,采取开放式编码的形式对相关数据进行分析。调查材料中并不具体呈现每个被访者的单位名称、职务、姓名,而是以编码的形式呈现。对每个被访对象的编码包括"数据来源—机构所在地—机构类型—访谈对象身份—编号"五部分,一手资料的编码使用大写字母和阿拉伯数字;二手资料的来源由"数据来源—机构所在地—机构类型—编号"四部分组成,二手资料编码均使用小写英文和阿拉伯数字。一手资料、二手资料分别用Y、e标识;机构所在地包括重庆市、湖北省(武汉市、襄阳市)、广东省(广州市、佛山市顺德区),分别用字母C、H、G来标识;机构类型包括职业院校、企业、行业、职业教育研究机构,分别用Z、Q、H、Y标识;被访对象包括职业院校校长、专业带头人、专业教师、企业负责人、人力资源部门代表、员工代表、行业代表、课程专家,分别用X、D、J、F、H、Y、H、Z标识;对于同一类型访问对象则用阿拉伯数字加以区分。

表4-6 数据编码来源与分类

机构所在地	机构类型	访谈对象身份	一手数据编码	二手数据编码
重庆市	企业	企业负责人	Y-C-Q-F	e-c-q
		人力资源部门代表	Y-C-Q-H	
		员工代表	Y-C-Q-Y	
	职业学校	校长	Y-C-Z-X	e-c-z
		专业带头人	Y-C-Z-D	
		专业教师	Y-C-Z-J	
	研究机构	课程专家	Y-C-Y-Z	e-c-y

续表

机构所在地	机构类型	访谈对象身份	一手数据编码	二手数据编码
湖北省	企业	企业负责人	Y-H-Q-F	e-h-q
		人力资源部门代表	Y-H-Q-H	
		员工代表	Y-H-Q-Y	
	职业学校	校长	Y-H-Z-X	e-h-z
		专业带头人	Y-H-Z-D	
		专业教师	Y-H-Z-J	
广东省	企业	企业负责人	Y-G-Q-F	e-g-q
		人力资源部门代表	Y-G-Q-H	
		员工代表	Y-G-Q-Y	
	行业	行业代表	Y-G-H-D	e-g-h
	职业学校	校长	Y-G-Z-X	e-g-z
		专业带头人	Y-G-Z-D	
		专业教师	Y-G-Z-J	

四、数据处理

本书通过"数据缩减—数据陈列—结论及验证"三个阶段完成数据的编码录入工作。首先，将获得的数据按照时间和次序等进行适当简化和压缩，同时对这些数据进行编码和转化；其次，在编码过程中对数据进行进一步的整理，为下一步的分析奠定基础；最后，在数据编码和分析的基础上提出研究结论，以便对数据与理论进行相互验证。

五、案例分析与研究发现

(一)明确"专业群定位"：专业群课程改革市场调研和专业调研的基本目的

市场调研对于职业教育专业及课程建设的重要性不言而喻。专业群建设背景下，职业院校需要在市场调研的基础上根据企业的人才需求来进行课程体系的重构。传统的市场调研试图通过问卷调查了解企业的人才需求，但事实上，企业对人才的需求情况是难以通过问卷获得准确定位的。市场调研要解决的只有一个问题，就是"专业群定位"。为此，专业群的市场调研对象选择要尽量涵盖专业群所对应的产业链的前档、中档和后档，力求通过市场调研了解行业发展态势，确定行业的就业岗位群，明确这些岗位群对人才的总体需求情况及其趋势，确定岗位群从业人员学历结构及其生涯发展和迁移路径。专业调研的主要目的是了解区域乃至全国同类专业群的建设现状及其趋势，了解同类专业（群）学生的就业情况、生涯发展路径及升学情况，为学校专业群的建设提供参考。综上，"专业群定位"是职业院校展开市场调研的基本目的。具体而言，就是通过市场调研和专业调研明确专业群建设的逻辑、思路和目的。如图4-3所示。

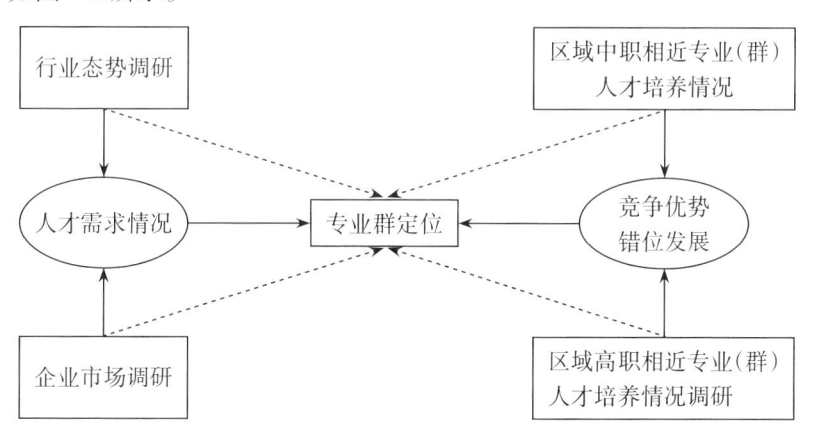

图4-3 专业群调研思路

QJ职教中心汽车电子专业群建设市场调研报告（节选）

根据QJ职教中心汽车电子专业群建设的需要，充分考虑地域经济发展现状、企业知名度以及分布格局、职业院校专业群建设典型案例等因素选择调研对象，我们综合采用网络调查、专家座谈、现场考察等方法，深入企业、行业、职业院校进行调研，分析了汽车电子行业人才的发展状况及企业对汽车电子人才需求及层次，岗位技能与课程的对应关系，为我校汽车电子专业群建设提供可靠依据。其中，企业调研的目的在于：一是了解我国汽车电子产业的现状和发展趋势;二是确定汽车电子产业的就业岗位(群);三是了解汽车电子产业主要就业岗位(群)的生产(服务)对象、生产(服务)流程;四是了解汽车电子产业就业岗位(群)的从业人员结构、人才需求、生涯发展路径(拓展岗位、发展岗位);五是了解汽车电子产业就业岗位(群)从业人员的典型工作任务、职业能力要求。学校调研的目的:一是了解职业院校汽车电子专业(群)的建设现状和发展趋势;二是确定职业院校汽车电子专业的就业岗位(群);三是了解职业院校汽车电子相关专业毕业生的就业及其生涯发展路径(拓展岗位、发展岗位);四是了解职业院校汽车电子相关专业对毕业生职业知识、技能与素养的要求(包括职业资格证书);五是了解职业院校汽车电子相关专业毕业生中高职衔接、中本贯通情况;六是了解职业院校汽车电子相关专业校企合作、实习实训情况。通过企业调研和学校调研,最终明确QJ职教中心的专业建设方向(6个专业的专业方向)(e-c-z-4)。

就建群思路来说,专业群的发展主要立足于区域产业转型升级的需要,服务国家重大战略需求,满足岗位集群化对复合型技术技能人才的需要。所以,在市场调研阶段,就要明确产业发展的趋势是什么,以后的市场会需要什么类型什么层次和什么范畴的人才。QJ职教中心的调研发现,"汽车电子其实是未来汽车智能技术发展的重要趋势和方向。随着新能源汽车的发展和信息技术的融入,自动倒车入库、3D车载音响、自巡航控制系统等将成为车辆的必需,汽车电子专业人才还需要懂得大量的计算机、数字媒体、电子电信等专业知识。因此,仅仅懂得汽车或电子不足以参与到汽车电子这个行业当中来"(Y-G-H-D-3)。显然,这为QJ职教中心汽车电子专业群的组建提供了合理性依据。在此基础上,结合当前汽车电子产业发展的智能化、网联化、集成化趋势,以及诸多车联网产业、智能汽车产业行动计划与发展战略的出台,该校拟将电子技术运用、汽车运用与维修两大专业作为核心专业,其他四个专业作为支撑专业,构建"双核心驱动,多专业支撑发展"的以核心专业带动支撑专业、以支撑专业补充核心专业的高水平汽车电子专业群。重庆CS职业学院和咸阳ZY学院的老年服务与管理专业群、护理专业群的建立均是基于"医养结合"健康中国新战略和健康服务产业升级转型对健康服务高素质技术技能人才培养提出的新标准。

就建群逻辑来说,专业群组建的外部逻辑是职业院校立足市场调研的情况,基于专业群对接产业链或职业岗位群的思路进行专业群建设;专业群组建也有着一定的内部逻辑,专业群的建设并不是一个从无到有的过程,而是需要充分考虑学校已有的专业基础和发展资源,按照主从、协同或优势互补的逻辑将原有的专业进行重构,力求通过专业群的组建实现师资团队和教学资源的共享。如图4-4所示。QJ职教中心汽车电子专业群目标岗位涵盖了汽车电子产业链中的"汽车零部件加工、汽车整车与制造、汽车营销与服务"三大领域。专业群建设拟以优势专业为核心,按照"专业基础相通、技术领域接近、职业岗位相关、教学资源共享"的原则构建专业群。借此,以核心专业带动相关专业发展,以支撑专业辅助核心专业发展,在核心引领、优势互补的原则下发挥专业群的聚集效应,以专业群建设带动教育资源优化配置,力争促进学生交叉复合能力养成,实现人才培养"前端加工、中端制造、末端服务"的职业生命全周期管理(e-c-z-3)。重庆CS职业学院的老年服务与管理专业群面向新业态新模式下的健康养老产业链和养老护理师、老年社会工作师、老年机构管理师、老年康复师、医养产品研发师的职业岗位群,基于"居家养老为基础,社区养老为依托,机构养老为补充"的养老服务体系,聚焦于养老服务业的高端"医养结合",进行养老服务业的复合型人才培养(e-c-z-5)。

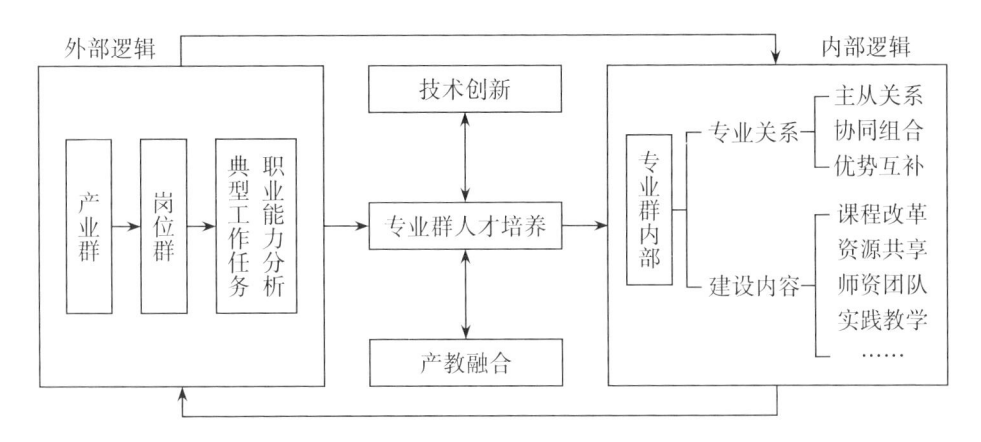

图4-4 专业群定位内外逻辑

从建群目标来说,调研发现,专业群的组建目的可以总结为"资源整合、复合培养、示范互补"。具体而言,一是优化学校专业结构,促进各个专业之间教育资源整合与共享,实现资源应用效用的最大化发挥,避免资源浪费,发挥专业集群优势;二是推进课程改革和课程体系建设,从整体上提升学校在行业和区域内高素质技能人才培养质量;三是以专业群为契机带动师资队伍培养,建设结构鲜明、梯度有序的师资团队和学术共同体;四是发挥优势核心专业带动作用和辐射作用,以辅助专业支撑核心专业发展,通过核心专业与支撑专业的协同共建,优势互补,提高专业群建设整体水平,培养高素质复合型技术技能人才,提高职业学校核心竞争力和内涵式发展能力,提高学校服务经济社会发展能力。

(二)确立"课程整体内容框架":以典型工作任务分析和理论前沿为依据

工作任务和职业能力分析能为课程结构设计提供直接依据。岗位定位是专业群课程开发的逻辑起点,当我们从岗位或个体的角度来看待工作任务时,它就分别是岗位职责和职业能力。通过问卷调查、访谈等方法对岗位群、职业群进行调研,通过对专业群相关行业专家、岗位专家、企业专家和课程专家进行有关专业群所对应的岗位群和职业群涉及工作任务的调查,获得各专家对典型工作任务的一致认可,最终确定专业群所对应的岗位、任务与能力。这是专业群课程定位的三个重要变量。当获得这三个变量的定位时,也就获得了专业群课程改革的基本方向。在此基础上,按照"工作性质相同、行动维度一致"的原则和实际工作岗位群、职业群所需能力归纳出对应的行动领域,依据行动领域,初步归纳出所需要的课程内容。之所以要归纳成行动领域,原因在于单个工作任务往往过于详细,不足以构成课程。依据前文所确定的"底层共享、中层分流和高层互选"的设计思路,QJ职教中心确立了包含公共基础课程、专业群基础平台课程、专业方向课程、专业群拓展课程在内的专业群整体课程框架。经过工作任务与职业能力分析,QJ职教中心的岗位、任务、能力定位如表4-7所示,这为课程设置提供了依据。但是也有学校仅聚焦于工作任务分析而未能具体到职业能力这个层面,如表4-8所示:

表4-7　QJ职教中心汽车电子专业群工作任务与职业能力分析表
（e-c-z-2,节选）

专业	岗位	典型工作任务	职业能力
电子技术应用专业	车辆道路测试员	1.整车测试 2.道路测试 3.安全测试	1.1 能驾驶汽车 1.2 能监测车辆状态 1.3 能简单维护车辆 1.4 能判断汽车故障 1.5 能简单维修汽车故障 2.1 能驾驶汽车 2.2 能协助车载电脑系统完成路测并记录测试结果 2.3 能判断汽车故障 2.4 能简单维修汽车故障 3.1 能驾驶汽车 3.2 能判断汽车故障 3.3 能简单维修汽车故障
	汽车电子调试员	1.车载汽车电子装置调试 2.汽车电子产品整机装配与调试	1.1 能识别汽车电气系统原理图、线路图 1.2 能识别车间常用工具 2.1 能装配、调试、检测汽车电子产品 2.2 能识别车间常用工具
	汽车电子产品维修工	1.电路板故障检测与维修 2.汽车电子、电气器械的装配与保养	1.1 能诊断汽车电子产品故障并维修 1.2 能熟练使用汽车维修工具 1.3 能撰写汽车检修报告 1.4 能匹配电路模块 2.1 能熟练使用汽车维修工具 2.2 能撰写汽车检修报告 2.3 能匹配电路模块 2.4 能对汽车电子进行维护保养
汽车运用与维修、新能源汽车维修	线束装配检测工	线束裁剪、包缠、插接，检测线束（外观、尺寸、质量）[下线、连接（压接、短接、焊接）分装、组装、检测、包装]	1.能识别汽车电路图 2.能识别电器零部件 3.能熟练进行机械装配 4.能按照工艺要求裁剪线束 5.能按照工艺要求连接线束 6.能正确检测线束 7.能对线束进行分装、组装和包装
	电池模组装配检测工	装配检测电池模组、总成	1.能正确使用高压安全防护用品 2.能熟练使用相关检测设备,如漏电仪 3.能正确进行单体电池串并联连接 4.能检测单体电池的电量 5.能检测电池模组状态,并分析检测数据 6.能熟练使用电池封装焊接设备

续表

专业	岗位	典型工作任务	职业能力
汽车运用与维修、新能源汽车维修	发动机系统装调工	装配发动机零部件及总成	1.能熟练掌握发动机的原理和结构 2.能熟练使用发动机的工量具 3.能熟练掌握发动机拆装的流程及注意事项 4.能了解发动机使用的辅料标准
数控技术应用	程序调试员	1.数控加工程序编制 2.数控加工程序调试 3.数控系统参数调试	1.1 会识别与运用不同数控系统的代码 1.2 会手工编程 1.3 会自动编程 2.1 会识别与运用不同数控系统的代码 2.2 会进入加工程序调试界面,掌握逻辑顺序、调试方法 3.1 会进入系统参数调试界面,掌握逻辑顺序、调试方法
	汽车零部件质量检测员	1.汽车零部件几何精度检测 2.汽车零部件外观检测	1.1 会使用气动量仪、深度尺、螺改规等常见量具 1.2 会正确识别公差符号等 2.1 会正确运用公差符号等 2.2 会识别产品缺陷(熟知产品的结构、功能),会看、摸、测
计算机网络	车辆无线网络维修员	1.无线终端设备安装与维修 2.GPRS 网络通信传输协议平台检测与维修 3.汽车钥匙网络通信安装与维修	1.1 能拆装车身板件 1.2 能改装汽车电路 1.3 能选择不同的无线车载设备类型 1.4 能配置车载无线设备 2.1 能检测车载 GPRS 定位系统 2.2 能安装车载 GPRS 定位系统 2.3 能维修车载 GPRS 定位系统 3.1 能掌握计算机的基础应用 3.2 能分析汽车相关的网络安全 3.3 能配置汽车相关的网络安全
	汽车控制局域网检测维修工	1.CAN 总线通信中的错误检测与处理 2.MCU 及 CAN 通信模块检测与维修 3.系统软件测试判断	1.1 能识别汽车控制总线的通信错误代码 1.2 能排除(清除)通信错误代码对应的故障点 2.1 能识别汽车通信接口的错误与故障 2.2 能排除汽车通信接口的错误与故障 3.1 能应用汽车系统软件 3.2 能测试汽车系统软件
数字媒体技术应用	汽车模型与动画制作	1.汽车相关零部件建模 2.汽车工作原理动画制作	1.1 能根据汽车相关图纸或项目照片制作 3D 汽车模型 1.2 能熟练操作一款三维设计软件 1.3 能完成贴图绘制、灯管设置及渲染输出 2.1 能根据汽车相关图纸或项目照片制作 3D 汽车模型 2.2 能制作符合汽车工作原理的简单机械动画

表4-8 咸阳ZY学院护理专业群岗位典型工作任务一览表(e-s-z-1,节选)

专业	岗位	任务
护理	临床护士 母婴保健员 计生管理员 护理管理员 护理科研员 健康管理员	生活护理、病区环境管理、医院感染控制、评估健康、健康教育、急危重病人护理、手术室护理、新生儿护理、临终护理与生命支持、心理卫生与精神护理、护理沟通、孕产期护理、老年护理、社区护理、康复护理、保健护理、医疗文书书写
康复治疗技术	康复治疗技师 推拿按摩师 康复机构管理师 健康管理师	康复评定、康复诊断、康复计划、康复治疗、康复保健、康复教育、中医传统康复技术、作业治疗、辅助器具的使用、日常生活活动训练、治疗性作业活动、环境改造、职业康复、社区作业治疗、物理因子治疗技术、常见疾病康复、功能康复

(三)从行动领域到学习领域:实现对课程内容的纵向分层与横向分类

从行动领域到学习领域,简单地说就是依据行动领域进一步归纳总结出相关课程。从行动领域到学习领域的转换既是教师和课程专家基于学校专业群课程改革的目标、学校已有基础和师资条件对典型工作任务和行动领域进行的教学论加工,也是职业院校按照场地关联、工具关联、设备关联、对象关联或技术关联的原则对行动领域的再次分解或整合。[①]由行动领域到学习领域的转换为课程类别结构的建立奠定了基础。

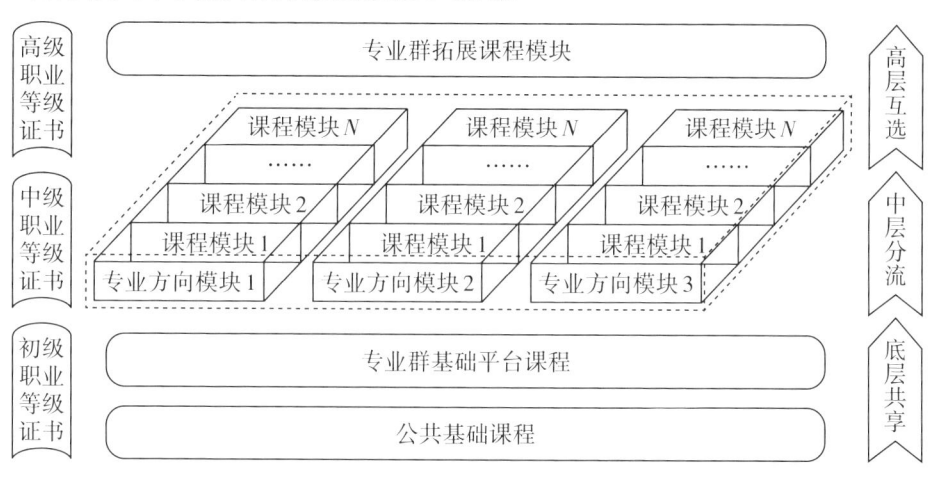

图4-5 专业群课程整体框架

---

① 姜大源.工作过程系统化:中国特色的现代职业教育课程开发[J].顺德职业技术学院学报,2014,12(3):1-11.

其一,从行动领域到学习领域的转换提炼出了类别结构中的课程内容。课程的类别结构包括"底层共享"的基础平台课程(包括公共基础课程和专业群基础平台课)、"中层分流"的专业方向课程模块、"高层互选"的专业群拓展课程模块(包含素质拓展和专业拓展)。其二,本着课程内容对接职业标准的原则,将1+X证书制度所包含的技能模块及其初、中、高三个等级学习内容分别纳入到课程的类别模块,进一步夯实课程类别结构的科学性和合理性。如图4-5所示。总的来说,每一个课程模块的构建都是建立在典型工作任务和职业能力分析基础上的,融入1+X证书制度的相关要求和前沿内容,反映了前文所述从行动领域到学习领域的转换过程。同时,构建"岗位技能与职业素养并重"的课程体系,让学生在获得学历证书的同时,"结合个人发展愿景,获取养老护理师、失智老年照护师、老年人能力评估师、养老服务质量评估师、老年社会工作师、老年康体指导师等多项职业技能等级证书"(e-c-z-5)。

同样,QJ职教中心课程设计便集中体现了这一点:

QJ职教中心的课程体系重构主要以汽车专业领域职业技能等级标准专家委员会制定的《汽车运用与维修(含智能新能源汽车)职业技能领域职业技能等级标准》为依据,重构汽车电子专业群的课程体系,在"课证融通"中构建"横向复合化、纵向层次化"的课程体系,以各个专业所独有的职业能力为基础,坚持"课程内容对接职业标准"的基本原则,融合最新的1+X证书制度关于职业技能等级证书的规定和要求,将每个职业技能等级证书所包含的技能模块及每个模块所包含的初、中、高三个等级分别纳入到专业群基础平台课程、专业方向模块课程和专业群拓展课程模块当中,提升职业教育质量和学生的就业能力,从而培养出一批专业能力强、岗位迁移能力高的复合型技术技能人才。基于此,QJ职教中心将职业技能模块中的职业技能点、知识点融入到课程内容中,并形成了"纵向层次化、横向复合化"的课程体系,避免了传统的课程建设中的随意拼凑所造成的知识的碎片化和割裂化,而且使得学生能够在项目模块的引领下,由浅入深地实现知识的学习和技能的掌握,在真正意义上实现学生学习的逐步深化和能力复合。(e-c-q-z-1)

（四）"底层共享"的基础平台课程：以国家文本规定和专业群共同素质要求为依据

"底层共享"是针对职业院校学生所必备的知识与技能、服务学生的专业学习和终身职业发展而设置的"平台课程群"，具有人文性、工具性、基础性、发展性特征，包括公共基础平台课程和专业群基础平台课程，这些是专业群内所有专业所共同享有的。"底层共享"课程应能够支撑专业群实现"宽口径，厚基础"的人才培养目标，往往在一年级时开设。其中，公共基础平台课程的确立以党和国家有关文件相关规定、现代社会对人的基本人文素质和社会能力要求以及专业群基础素质要求为依据，而专业群基础平台课程则以群内各典型工作任务"共有基础能力"为依据，是群内各专业技术的共性发展要求，这类课程能够使学生具备较强的职业岗位群适应能力和可持续发展的职业迁移能力。

调研发现，QJ职教中心依据党和国家的政策规定以及前期的典型工作任务分析，开设了包括职业道德与法律、经济政治与社会、哲学与人生、语文、数学、英语、历史、计算机应用基础、体育与健康、公共艺术、国防教育、物理、地理在内的公共基础平台课程，这些课程是群内各个专业的必修课程。其中，物理是电子技术应用专业、汽车运用与维修专业的必修课程，地理是汽车运用与维修专业、新能源汽车维修专业的必修课程。同时，根据专业群各典型工作任务共有的基础能力，"将以知识学习为主的基础能力（或者共有的知识点）归并到一起，构建'基础理论课程'；将以技能训练为主的基础能力（或者共有的技能点）归并到一起，构建'基础实训课程'"（e-c-z-1）。QJ职教中心构建了专业群基础平台课程，具体包含汽车结构与原理、汽车文化、电工技术基础与技能、电子技术与技能。重庆CS职业学院的专业群基础平台课程的构建则是基于类似的考虑，"老年服务与管理专业、康复治疗技术专业、康复工程技术专业、民政管理专业和社会工作专业则可以共享老年心理护理、老年社会工作实务、老年医学基础、养老产业管理、智慧养老信息技术等课程"（e-c-z-5）。

受访的职业学校管理者和教师也认同这样的课程构建思路：

"汽修、新能源和电气三个专业有很多核心课程是可以共享的。以汽修为例，汽修设置有发动机控制系统、车身电气、传动等十门专业核心课程。那么电气和新能源就会根据自身专业情况在这个基础上取舍掉一些课程,比如说自动变速器、传动等汽修的三门课程就可以挪掉。如此一来,新能源和汽修就可以共享大概7门专业核心课程。但是这7门专业核心课程中,新能源和机电会偏新能源方向,那么就可以考虑把空调、制动等相关的新能源技术加到专业核心课程里面,对原来课程稍微进行调整,这样这三个专业就可以共用实验场地和教学场地"(Y-G-Z-D-6)。

"在一年前我们所有的专业,一年级的课程基本上是共平台的,比如说车身修复、汽车、整车、配件、营销等专业都设置有发动机拆装、发动机构造、汽车基本原理、汽车文化课程。等到了二年级的时候再去分开上各自的方向课程"(Y-G-Z-D-7)。

"通讯是汽车电子专业的抓手,未来所有的一切只有通讯才可以把电子、汽修、网络全部连在一起,我们考虑核心课程提供时要把通讯放在第一位"(Y-G-Z-D-9)。

(五)"中层分流"的专业方向课程模块:以专业群各典型工作任务专项能力为依据

"中层分流"课程是以专业群内各专业定位和培养目标为依据,根据典型工作任务分析各专业就业岗位的专项能力和特色岗位能力要求组成的方向课程模块,往往是在二年级时进行专业分流。QJ职教中心的专业方向模块课程包括:机械制图与绘图,数控编程与调试,传统机械加工,数控加工,机械维护与保养;汽车动力与驱动系统综合分析技术,汽车电子电气与舒适系统检修,汽车营销评估与金融保险服务技术,汽车美容装饰与家装改装服务技术;新能源汽车动力驱动电机电池技术,高压安全防护,悬架、转向、制动、安全系统部件检查与保养,新能源汽车电子电气与舒适系统检修;电子产品制造技术,电子产品组装与调试,电产品维修,电子产品营销;计算机应用与操作,计算机网络组建与维护,平面动画设计与制作;动画制作,图片处理,数字影音处理。如表4-9所示。

表4-9　QJ职教中心专业群方向模块课程设置表(e-c-z-1,节选)

序号	课程模块	课程	职业技能等级证书
1	机械制与绘图	机械制图	—
		CAD绘图	
2	数控编程与调试	数控车床编程	数控车工
		数控铣床编程	数控铣工
3	传统机械加工	普通车工	车工
		普通铣床	铣工
		钳工技能	钳工
4	数控加工	数控车工	数控车工
		数控铣工	数控铣工
5	机械维护与保养	数控车床的日常维护	数控车工
		数控铣床的日常维护	数控铣工
6	汽车动力与驱动系统综合分析技术	汽车定期维护	汽车动力与驱动系统综合分析技术
		汽车发动机构造与拆装	
		汽车制动与传动系统检修	
7	汽车电子电气与舒适系统检修	汽车电器设备检修	汽车电子电气与空调舒适系统技术
		汽车电工电子	
		汽车空调系统检修	
8	汽车营销评估与金融保险服务技术	汽车维修接待实务	汽车营销评估与金融保险服务技术
		汽车保险与理赔	
9	汽车美容装饰与家装改装服务技术	汽车美容	汽车美容装饰与家装改装服务技术
10	新能源汽车动力驱动电机电池技术	动力系统功能检查与保养	新能源汽车动力驱动电机技术
		驱动系统功能检查与保养	
		电机系统功能检查与保养	
		电池系统功能检查与保养	

续表

序号	课程模块	课程	职业技能等级证书
11	汽车悬架、转向、制动、安全系统部件检查与保养	新能源汽车悬架、转向、制动、安全系统部件检查与保养	新能源汽车悬架制动转向安全系统检查与保养
12	新能源汽车电子电气与舒适系统检修	新能源汽车电子电气空调舒适技术	新能源汽车电子电气空调舒适系统技术
13	电子产品制造技术	SMT组装生产工艺 SMT生产设备调试与检修	电子设备装接工
14	电器产品维修	冰箱与空调维修 电热电动器具维修 音视频设备维修	家用电子产品维修工
15	计算机应用与操作	计算机应用基础 计算机操作基础 Access 2010教程 Internet基础教程	计算机操作员 电子商务员
16	计算机网络组建与维护	计算机网络基础与应用 计算机组装与维修 局域网组建与维护 计算机网络安全技术	计算网络设备调试员 计算机网络管理员

(六)建设"高层互选"的专业群拓展课程模块：以复合型职业能力要求为依据

"高层互选"的课程是建立在扎实的底层共享基础平台课程和中层分流专业方向课程模块基础上的，根据各专业的拓展通用能力以及学生的兴趣爱好和未来就业取向来设置的。"高层互选"的课程主要是为了让学生的职业能力得到进一步的拓展、延伸和提升，拓宽学生的职业能力范围，培养学生的可持续发展能力和岗位适应能力，更好地满足产业群、岗位群发展对复合型技术技能人才的需求，是由学生在自己的专业方向基础上进行的互选课程。如图4-6所示。

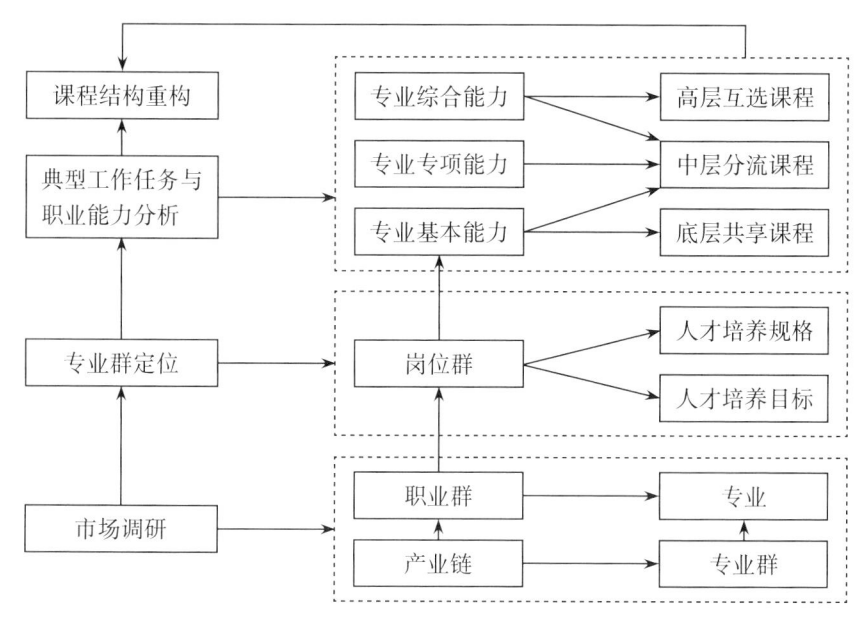

图4-6 专业群课程体系建构过程图

整理自:鲁娟娟,等.高职院校"底层共享、中层分立、高层互选"专业群课程体系的探讨和实践[J].职教通讯,2016,412(9):1-4.

高层互选课程包括限定选修课程和任意选修课程。其中,任意选修课程旨在扩展学生的知识面、培养学生的多元兴趣爱好,具有丰富性和多样性的特点;限定选修课程则旨在针对不同领域、方向,实现学生能力的交叉、复合,具有内容更新周期短和灵活多样的特点。产业链和岗位群对学生的复合型能力要求越来越高,职业院校需要通过拓展课程的学习让学生拥有更多的就业能力。调研发现,"随着新能源汽车的发展和信息技术的融入,自动倒车入库、3D车载音响、自巡航系统等将成为车辆的必需,汽车电子专业人才的养成还需要懂得大量的计算机、数字媒体、电子电气等专业知识。因此,仅仅懂得汽车或电子都不足以参与到汽车电子这个行业当中来"(Y-G-H-D-3)。汽车这个行业已经不是单纯的汽车维修这么简单,"技术肯定要朝非技术的方向发展"(Y-G-H-D-5)。复合型能力已经成为专业群人才培养的基本要求。"新能源专业毕业的学生不仅要懂得新能源汽车的维修,还要精通传统普通汽车的维修。纯粹的纯电车的新能源厂就是维修厂,覆盖面比较窄,市场需求是很小的。做新能源车维修的师傅只有在车来的时候才做新能源车的维修,平时都是在进行传统普通车的维修。所以即使现在的新能源专业的学生,也必须要具备传统汽车维修的能力"(Y-G-H-D-4)。正是基于此,QJ职教中心的专业群拓展课程包含素质拓展课程和专业拓展课程两大模块,形成了专业拓展与素质拓展以及任意选修和限定选修的框架,具体包括:(1)素质拓展任意选修课程,包括安全教育、普通话、心理健康等相关课程。(2)素质拓展限定选修课程,如武陵山民俗文化、职业生涯规划、礼仪规范等。(3)专业拓展任意选修课程,如职业技能大赛、企业文化和汽车驾驶等。(4)专业拓展限定选修课程,如汽车零部件与总成识别模块(数字媒体/数控/电子)、新能源汽车动力驱动电机电池技术模块(汽修)、新能源汽车网关控制娱乐系统技术模块(汽修)、汽车营销评估与金融保险服务技术模块(汽修/新能源)、汽车柴油机电控系统检修(汽修/新能源)、汽车美容装饰与加装改装服务技术模块(新能源)、汽车电子电气产品维修模块(电子)、车辆网络监测与维护模块(计算机网络)、车辆网关控制娱乐系统技术模块(计算机网络)、建筑结构装饰与构造(数字媒体)。

第五章 职业教育专业群课程「制度秩序」

课程改革过程中有一个错误的倾向,即认为只要课程价值取向正确了、结构明晰了,课程便可以顺理成章地得到实施。事实上,对于课程改革来说,健全有效的课程制度必不可少。教育发展到今天,课程理应成为政府政策及其行动的核心内容。课程价值秩序和课程结构秩序表达的是应然的"课程应该秉持什么样的观念和结构安排",要使这些价值观念和结构安排转化为实践层面的行动方式,就需要课程制度来保障其得以实施。此外,课程所涉及的不仅仅是教什么、如何教的技术问题,更是制度方面、系统方面的问题。可以说,任何一场真正意义上的改革,都伴随着制度的重建。只有深刻地认识到课程制度的重要性,才可能从根本上影响到专业群课程建构的效能。

第一节 制度何以重要:职业教育专业群课程制度形成的逻辑前提

专业群课程制度秩序形成的前提是课程制度的存在。基于此,一方面是因为课程制度与课程改革是同步共演的关系,专业群课程改革对课程制度的适应性变革提出了要求;另一方面,是顺应现代教育治理体系建设的需要,专业群课程建设作为一个全息性的复杂系统和公共领域,呼唤公共理性的回归,而制度是公共理性的文本化表达,是基于共识的规范性说明,专业群课程改革亟须建立基于"重叠共识"的制度体系。

一、共同演进逻辑:职业教育专业群课程建设与制度的"协同共演"[①]

高水平专业群课程建设不仅仅是课程结构重构、课程价值重塑等技术性问题,还需要支持系统的变革,尤其需要职业院校在制度层面的重新塑造予以

[①] 林克松,许丽丽."双高"时代高职专业群建设与治理体系改革的共同演进[J].高等工程教育研究,2020(5):134—139.

支撑,否则专业群课程改革难以深入。借鉴专业群建设与治理体系的共演逻辑,我们可以认为,专业群课程建设与制度建设亦存在共演关系。作为影响专业群课程变革最为深入的因素,课程建设过程中各个利益相关主体的参与程度、课程建设的有序水平都表征着课程制度的完善程度,专业群课程改革与制度变革应构建相互交织、相互促进的共演关系。也就是说,唯有打破传统的单边演进的行动模式,重构课程改革与制度体系改革的双边协同关系,课程改革才能取得根本性的突破。

共演理论(Co-evolution Theory)是在达尔文选择理论框架之下融入复杂系统理论发展而来的,其将演化的逻辑从单一模式转向共演模式。在生物学意义上,当且仅当两个各自演化的种群能够对相互的生存能力产生重大影响时,它们才是共同演化的。延伸至社会系统,能够成为共同演化的两个或多个变量之间互为因果时,才称得上是"共同演化"。因此,双向因果是构成共演关系的前提。在这个意义上,专业群课程建设与制度体系改革之间存在典型的双向因果关系:一方面,专业群课程作为一种新的课程变革需要通过课程制度的形式在职业院校的人才培育实践中得到落实;另一方面,专业群课程所主张的"群理念""群生态""群范式"等必然引起课程制度的变革,反过来调节相应的课程变革实践。总的来说,专业群课程建设为制度体系改革提供了新的历史机遇和发展空间,赋予了课程制度体系改革全新的时代内涵;制度体系改革是专业群课程改革的要义之一,为专业群课程改革提供了制度支撑与保障。

(一)赋能增效:专业群课程变革为制度体系的完善提供动力

其一,专业群课程改革将重构职业院校的课程制度内容。课程改革离不开相关制度的规范,专业群是一项全息性复杂系统,高水平专业群的建设涉及多个层面、多元主体、多个维度的集体行动。其中课程改革的开展能够为职业教育完善国家资历框架、专业教学标准、课程标准以及专业教学资源库等提供良好的时代机遇,有助于国家层面、地方层面及学校层面加强对专业群课程制度的进一步优化。其二,专业群课程改革将重塑课程制度建设的目标。专业群课程建设秉持"一专多能"复合型技术技能人才培养的价值旨归,这同样也是新时代对职业教育人才培养目标的必然要求,职业院校的制度建设和其他治理行动也必然为这一目标服务,这为课程制度建设目标的重塑打开了新窗口。其三,专业群课程改革将优化职业院校的制度建设模式。专业群建设能改进职业教育普遍存在的"单一化""等级式"管理架构,转而走向"多元化""扁平化""网络化"的治理模式,这要求职业院校在课程建设过程中改变传统封闭、科层的管理模式,形塑开放性、弹性化的制度建设模式。其四,专业群课程改革强调的是以"群理念"为核心的资源整合,课程改革的关键是将传统的单一课程发展模式转向整合的结构优化的课程群,将有利于改变以往相互"割裂""定界"的行动文化,培育和发展多元"共生式""跨界融合"的制度文化。

(二)行动保障:课程制度建设可以为专业群课程改革的开展提供有力保障

新制度主义理论有两个基本命题,一是"制度有作用",二是制度是内生的。前者强调制度对规则、信念、行为乃至结果的影响与塑造;后者强调制度的形式与功能依赖于它们产生和发展的环境。据此可推论,课程制度在课程发展中起着关键的引领和规范作用,同时课程制度内生于专业群改革发展的时代场域和政策语境。课程制度的建设可以为专业群课程变革提供纲领性、方向性、规范性的行动指南。其一,课程制度的建设影响着专业群课程改革的规则、信念、行为乃至结果。在内部,课程制度通过制定相关课程改革的政策规范,塑造着课程改革的理念、行为,提升着课程改革的效率,影响着课程改革的结果;在外部,制度对行动者有着很强的"能使"(Enable)与约束作用。制度为组织和行动者提供了重要的合法性来源,设定了行动的边界,通过对利益相关主体的权、责、利的合理规范,可以增强利益相关主体在课程建设中的主体合作与主体参与。其二,制度建设可以有效解决多元利益主体在课程建设参与中的体制机制问题,促进政校行企的深度参与和行动耦合。否则,受制于职业院校制度乃至治理体系层面的种种约束,专业群课程建设主体只能开展表面性的合作,好比"戴着镣铐跳舞",无法充分发挥各个主体的主动性和创造性。总的来说,课程制度能够为专业群课程建设创设良好的外部环境。其三,课程制度的建设是专业群改革背景下确立新的课程秩序的有力保障。课程改革是一个系统工程,不可能一蹴而就,且课程改革不仅是课程观念和行为的转变,课程改革进行到深处还是课程制度的创新,这已经成为学界的一个共识。新的课程变革需要新建的课程制度来支撑与保障,实现课程变革的制度化,确立新的课程秩序。

需要补充的是,所谓"共演",不仅是"共同的"还是"演化"的。"共同"并非要求双方达成时间上的同时或瞬时,而是强调相互反馈机制的存在;"演化"则指变量之间的相互影响必须能够促使双方适应性特征的变化。我们想要强调的是,课程建设与课程制度是同步演进的关系,专业群建设背景下课程改革的推进对课程制度的适应性变化提出了迫切要求。

二、公共理性逻辑:职业教育专业群课程建设的"理性回归"

变革是一个过程,课程变革通常会经历启动、实施、制度化三个阶段。其中,课程变革的制度化是变革研究中最为薄弱的一个环节。可见,课程变革的制度问题事关课程变革的有效实现,如何建立起健全的、体现多元主体的"重叠共识"且深度"嵌入"当代教育治理体系的"制度丛",来规约课程改革朝着理性的方向发展,以保障课程变革的持续推进,成为课程变革的"公共难题"。课程制度唯有实现转换,才能给专业群课程建设提供基本的行为范式与行动框架,成为规范课程改革的"指南针"和"灯塔"。

(一)应运而生:课程制度建设是专业群课程变革的价值诉求

课程制度在课程发展中起着关键的引领和规范作用。课程制度是国家根据课程发展的需要,对课程改革中关键问题给予的行为准则体系,可以简单地理解为课程政策、课程管理体制等共同组成的制度体系。专业群课程作为一种新的课程组织模式,是对原有课程模式的"破"和对"群理念""群范式""群生态""群治理"等专业群建设背景下新的课程模式的"立",在这种"破"和"立"之间应该做什么,必须做什么,不能做什么,都离不开制度的规约和引领。以往研究中常见的"课程改革的关键在教师"的说法虽有其合理之处,但这既不符合事实又不公平。归根到底,真正对课程改革起关键决定作用的是课程制度,而非教师。合理的课程改革制度有助于形成课程改革的良好秩序;相反,课程改革如若出现制度缺失或制度不合理,则容易使课程改革陷入迷失、失序的泥潭。课程制度通过对权力的行使、利益的表达、博弈规则进行合理的规约与引导,有助于形成良性的课程制度秩序。

课程制度是现代教育治理体系建设的必然产物。从经济社会学的"社会建构"理论视角来看,课程制度的形成是与整个社会的经济治理结构相匹配的。专业群课程制度的核心表征是课程与制度的深度融合,是强调课程建设的各个方面与制度的各个组成部分的逐步耦合过程。将课程建设看成一个完整的网络结构,以"嵌入"的视角分析课程制度的形成具有重要意义。"制度嵌入"源自波兰尼提出的嵌入性概念及后来学者发展的社会嵌入理论。研究表明,企业的经济行为同样嵌入在其所处的社会关系和社会结构中,且受到所嵌入的社会关系结构的影响。这提醒我们,在分析社会现象时需要将其放置于所处的现实社会背景之中。基于此,仅仅考察单一课程制度对于专业群课程变革的影响并不够,对于制度的考察要嵌入在更大的制度、系统和文化背景之中进行。研究认为,专业群课程制度的建设是对当下以"人本"与"质量"为核心的社会治理体系的课程制度回应。任何制度建设的本质着眼点在"人",职业教育作为一种教育类型,专业群课程制度建设的本质是促进学习者的职业生涯发展,秉承以"人本"为核心的生涯发展理念,坚持将学生的能力发展和生命成长放在第一位,力求实现学生的一专多能和创新发展,满足复合型技术技能人才供给侧与需求侧的有机耦合,彰显职业教育发展的质量效能。显然,这与倡导"公平""效益""人本""效率""发展""技术"的社会治理价值理念和目标体系是相适应的。

(二)理性回归:课程制度是课程改革过程中公共理性的价值彰显

专业群课程改革作为一项全息性复杂系统工程,在改革过程中,改革的发起者或参与者,特别是拥有对专业群课程建设诉求进行"定义"的各个治理主体应该在制度自觉基础上,意识到课程改革各个环节所需的制度,以及已有制度的不合理之处,秉持公共理性精神,对原有制度进行及时修正,或建立新的合理的制度,使其符合专业群课程建设的需要。这是学校课程发展的理性诉求,其本质是以学校课程制度来形成人们自觉认同和遵守的公共课程秩序,体现的是一种公共理性。

专业群课程建设作为一个公共领域,呼唤公共理性的回归。课程制度产生于课程公共领域,是课程公共理性的凝练与表达,需要遵循公共阐释的规范性,确保公共理性运用到课程制度当中,促进多元主体对课程制度理解的重叠共识。公共理性是公共哲学发展的产物。罗尔斯认为公共理性是一个民主国家的公民的理性,其理性的目标是公共善。这是政治正义观念对社会制度的要求,也是这些制度服务的目的。可以说,公共理性是一种公共意志的理性,凝聚的是多方主体的共在利益表达。专业群课程建设作为一个复杂的公共系统,需要遵循公共理性的运行逻辑,秉持公共理性的整合性思维,凝聚全体成员对制度形成的正义能量与认可精神,建立善意共在的专业群课程建设制度,否则就会出现所谓的"合法化危机"。[①]

制度是公共理性的文本化表达,是基于共识的规范性说明,专业群课程改革亟须建立基于"重叠共识"的制度体系。制度通过赋予人们"身份",塑造群体的记忆和遗忘功能,对事物加以分类等方式,彰显公共理性。其一,制度建设过程中所强调的参与、信任、权力等内容,是对公共性价值追求的具体表现,公共理性是制度的价值引导和前置性条件。因此,有必要建立一种制度来解决未来多元认知的协同问题。其二,优良的制度是公共理性的产物。制度体现的是公共意志的规则,代表的是集体利益,是实现善治的最优选择,对于建立专业群课程秩序有着良好的助推作用。为此,对课程建设的参与者或规划者而言,亟须在专业群建设、职业教育内涵式发展背景下基于公正、公共性等价值特点,通过非人格化的规则来实现课程公共利益的理性,借助公共理性达成课程制度建设的共识,寻求彼此之间的相互理解乃至视域融合(a fusion of horizons)[②],以公共理性为核心理念进一步制定和完善课程制度建设。

三、本体性逻辑:职业教育专业群课程制度秩序的省思与再构

制度与秩序的关系构成了我们分析制度秩序的前提条件和理论基点。当前,关于制度与秩序的关系可以归结为三个观点:一是制度即秩序,二是制度

[①] 袁祖社.社群共同体之"公共善"何以具有优先性——"实用主义"政治伦理信念的正当性辨析[J].厦门大学学报(哲学社会科学版),2011(4):102-109.
[②] 童世骏.关于"重叠共识"的"重叠共识"[J].中国社会科学,2008(6):55-65.

是秩序的重要组成部分,三是制度促进秩序的生成。这三个观点并不是彼此独立互不相干的,而是彼此关联且相互契合的。无论是"制度即秩序",还是"制度是秩序的重要组成部分",还是"制度促进秩序",本质上都在强调制度与秩序的密不可分,这构成了制度秩序存在的合理性论据。

(一)"制度构成秩序":制度是秩序的重要内容

这种观点通常是从秩序的结构维度进行考察的,认为秩序是一个多维的复杂结构,其中制度是秩序的构成部分和重要维度。正所谓有什么样的制度,就有什么样的秩序。因此,不少研究者不约而同地强调制度作为秩序组成部分的重要性。可见,秩序的制度化是度量秩序的一个核心维度。从马克思主义哲学的角度看,社会秩序是由价值内核、社会规则和社会权威构成的有机整体。与此相似,邢建国、沈亚平等学者认为,社会秩序主要包括社会实体、社会规则、社会权威这三大基本要素。其中,社会规则是秩序的内核、实际内容与中心环节。可见,任何秩序的存续都离不开制度和规范对个体行为的规制,秩序的制度化程度是度量秩序的一个核心维度,且制度化程度与秩序的稳定性程度成正比。综上,如何从制度的角度来考察秩序的形成已经成为制度与秩序关系的重要分析视角。

(二)"制度促进秩序":制度是秩序形成的重要手段

制度为人类所有,从本质上来说,制度既为人类秩序所立亦是人类秩序的表征;从表征上来看,制度体现为对个体及群体行为有约束作用的规范、规则、规定或法律。可以说,制度的关键是增进秩序,所有的制度从产生、存在、变迁到终止,都旨在建立某种秩序。一般而言,人们对秩序的强烈需求往往会转化为对相关制度的需求,这种转化在社会转型时期显得尤为突出。对"制度促进秩序"的论证不妨着眼于内在机制,从历史与思想、现实与实践层面来呈现制度是如何促进秩序的。

制度秩序(Institutional Order)的提出,或者说制度之所以能够促进秩序,一方面是因为社会实践中存在一些本原性的秩序因素,成为制度生成的基础,也是制度作用于社会的基础;另一方面是源于制度本身所具有的许多能够实现社会秩序的功能。具体而言，其一，制度反映基本的社会共识，确认利益结构，调节社会矛盾，为实现合作创造了条件，而合作可以带来和谐稳定的秩序；其二，制度通过提供激励机制，引导人们采取可预测的因而是有秩序的行为；其三，制度凭借它确定的规则、规范与准则，提供人们在其中相互影响的框架，确定了彼此间的协作关系，进而构成一个社会；其四，制度抑制了人的机会主义行为倾向，这是制度的最大优势，而且这种持续性的意志避免了机会主义对市场秩序的破坏。因此，建立制度是基本社会秩序构建的必要条件，且制度规则覆盖面越全、越具体，对行为主体的约束力越强。

（三）"制度即秩序"：制度就是秩序本身

这一观点将制度等同于秩序，认为制度即规范，制度即秩序，制度本身的含义就是"秩序性"。鉴于一定的社会制度决定着一定的秩序，所以人们常常将制度等同于秩序。如有学者将存在于社会组织实体中的、用于保证组织正常有序运转的规章制度称为制度秩序[1]，这种制度秩序通过一定的管理系统、执行系统和物质系统保证制度的实施，这种秩序的形成是组织成员通过遵循特定的制度规则使人们的行为有序化、规范化的过程。任何组织的运行都离不开制度秩序的建构，组织结构越复杂，规模越庞大，对制度秩序的需求也就越强烈。

（四）对制度与秩序关系的再认识

我们无意去分辨以上三种观点哪个更合理更科学，但显然，无论是"制度是秩序的构成部分""制度促成秩序"还是"制度即秩序"，都表明制度与秩序密不可分。正是因为如此，韦森提出了"制序"(institution)的概念，强调由规则调节而建立起来的秩序。[2]此后，"制序"一词被引入教育领域，提出了诸如"大学制序""教育制序"等概念。鉴于此，我们提出"课程制度秩序"：

第一，要充分重视制度在秩序形成中的重要作用。好的课程制度可以有效推进学校课程建设共识的生成和学校课程建设共同体的形成，保障课程建

---

[1] 蒋永甫.农民发展70年：从"身份"到"契约"的演进[J].江汉论坛,2019(12):116-122.
[2] 韦森.文化与制序[M].上海：上海人民出版社,2003.

设的有序开展。秩序是制度的产物,课程秩序的维护首先依赖于课程制度的供给与保障。很多国家已经在顶层设计层面出台了课程目录与专业目录,这些课程目录、专业目录及专业教学标准都具有法定地位,通过对制约课程权力和资源分配、调节课程建设过程中人与人之间关系的规则体系及其课程行为,有效规范专业群课程的框架,促进课程秩序的形成。

第二,制度有不同的类型,秩序的生成需要不同制度的协同作用。以正式制度、非正式制度与制度实施机制为例,只有正式制度与非正式制度协调发展,才能更好地促成秩序。制度的制定仅仅为秩序的形成提供了可能性,要使这种可能性走向现实,还需要制度的贯彻与实施。因此,专业群课程建设过程中不仅要重视国家资历框架、专业教学标准、课程标准等正式制度对专业群课程建设的约束和引导,还要关注专业群建设背景下资源集成、管理集约等为核心的"群理念""群生态""群范式"以及"成人"的职业教育价值观等非正式规则对课程改革的影响,还要关注课程实施机制对专业群课程建设的影响。

第三,制度促进秩序并非单一的某个制度就可以实现的,而是需要"制度丛"的协同作用。课程改革制度是一个是由课程决策制度、课程管理制度、课程实施制度、课程评价制度等共同构成的制度系统或"制度丛"。只有发挥制度系统或"制度丛"的协同作用,才能合理地规约课程改革中的权力关系、利益关系和价值关系,确保专业群课程改革的顺利推进。

第四,制度作为一种外部性推进策略,需要系统内部的配合。单靠不断增加的制度促成秩序有一定的难度,有时候规则的激增易导致整个规则系统发生功能性障碍,这种情况下制度秩序会走向两难境地,原因就在于我们将秩序的生成思路集中于外部推动而忽视了系统内部的作用。

第五,制度对秩序的影响需要以"人"为中介。制度的关键功能是增进秩序,但制度并不能直接增进秩序,而是以"人"为中介发挥作用,即通过制度对人的预期、人的行为、人的合作等产生影响,间接地促进秩序的生成。就一般意义而言,课程制度的作用体现在由规范、规则等构成的符号系统,经课程建设者的认知加工,以反射性方式对其行为提供方向性指令,从而施加影响,实现制度执行。

鉴于此，在进行课程制度秩序建构时，不仅要考虑到制度层面的设计，还要考量课程内部的价值理念、结构问题；不仅要考虑正式制度对课程秩序的塑造，同时还需要考量习俗、理念等非正式规则以及课程实施的重要性；不仅要寻求某一项或几项制度对课程秩序的推动作用，还要构建网络化的"制度丛"保障课程制度作用的发挥；不仅要考虑外在的制度推动，也要关注学校课程内部的自组织演化。至此，这也基本从另一个侧面间接为我们描绘了所谓好的制度秩序应该是什么样的，也即制度秩序的应然图景。

第二节 制度结构：职业教育专业群课程制度秩序的应然图景

建构制度秩序的前提是对制度结构的剖析。学校课程制度是指以一定的价值观为指引制定的结构严密且相对稳定的规范体系，这种规范体系是学校课程建设参与者进行课程规划与开发、课程实施与管理、课程评价与校本教研等一系列活动的行为规范和运行保障。从结构层面来看，课程制度涉及理念、载体、规则与对象四大要素；从类别角度来看，课程制度包含了正式制度、非正式制度和实施机制；从过程与结果的层面来看，课程制度的建立最终指向制度化。

一、要素性图景：价值理念、权益分配、行为规则与表现载体的有机结合

任何一个制度都必须具备规则、对象、理念和载体这四大要素。依据此逻辑，专业群课程制度秩序从构成要素层面来看，是价值理念、权力分配、运行规则和表现载体四个方面的有机结合。

(一)价值理念层:以人为本,以群建制,认识专业群课程制度的本质

理念是制度规则所体现出来的价值判断和目标定位。一定的制度理念是制度得以产生的观念向导和价值观念。真正的课程制度建设不能仅仅停留在政策文本的发布等技术层面,关键要深化和回归于制度理念的创新和深化。不同的学科关于制度的定义有不同的着重点,但是各种界定共同指向"规范、规则",将制度的目标定位为"秩序",制度的活力则体现于"情境",涉及问题情境、问题解决和行动表现。要理解制度,就必须理解制度得以发挥的情境。在专业群建设背景下,课程制度必须具备两个基本理念:

一是"人"的理念,即将关注"人的成长"作为课程制度建设的中心,把促进学生的自由全面发展作为根本追求。"人"是一个常提常新的概念,在人的主体性日益高涨的浪潮下,越来越多的研究者将"人"作为制度建设的坐标原点,如"人性""完整的人""自我实现"等在课程建设中的提出和使用。马克思认为,人类社会存在两种根本的发展,即"物的发展"和"人的发展"。"物的发展"是服务于"人的发展"的,人的全面发展是衡量社会发展的根本尺度,是建构社会秩序的关键条件。这与"马克思个人全面发展的学说,是改革不可动摇的理论基础"这一理念是相契合的。从根本上来说,专业群课程制度建设着眼于人的全面可持续发展,体现在对人们期待"上好学、技艺精和能发展"价值诉求的满足上,这是与当前大的社会环境相适应的价值理念。可以说,职业教育发展的本质是促进学习者的职业生涯发展。职业教育领域复合型技术技能人才养成,需要学校提供与之相适应的优质、科学的课程群,而课程群的良好秩序构建离不开课程制度的保障。因此,专业群课程制度的设计与安排要秉承以"人本"为核心的生涯发展理念,力求实现学生一专多能和创新发展。可见,课程制度并不是一种"驭人之术",而是基于个体生涯发展的"成人之道",是技术框架与价值规范的统一。

二是"群"的理念,即充分彰显专业群建设背景下的"群"价值观。专业群建设背景下课程的改革与传统课程变革的不同就在于"群",课程改革的整个过程都是遵循"群"的价值观来推进课程变革的,"群"价值观作为专业群课程制度变革的理念,可以从"群理念""群生态""群范式""群制度"等维度加以认知。所谓"群"不仅表现为课程制度建设过程中的课程(集)群、资源集成和管

理集约,还表现为课程群建设过程中专业、专业群、专业群落、专业群系统等四大层级间人员如何调配、不同主体职责如何界定的生态性变革。更关键的是,"群"本质上还是一种范式性的变革,专业群课程建设并非小打小闹的临时性改革,而是一项包含职业院校治理体系重塑在内的系统"范式"变革。

(二)权益分配层:科学赋权,合理维权,明确专业群课程建设的主体角色

制度是调节人与人之间、人与社会之间关系的中介性存在。专业群课程建设涉及多元利益主体,无论是政府、企业、行业还是职业院校本身,每个参与主体都有自身的权、责、利。专业群课程改革就是他们合理地运用自身的权力,承担课程建设的责任,并在参与过程中满足其利益诉求的过程。因此,课程制度必须对这些主体的权、责、利给予明确规定和回应。只有合理分配不同利益主体的权、责、利,才能充分调动这些课程建设主体的能动性。因此,随着课程制度的发展,原本重视"权力导向"的制度倾向应逐步转向重视"权益导向"的课程制度。专业群课程建设背景下,课程制度应以权益为核心明确专业群课程建设的主体角色,具体而言:

一是"赋权"。这里的"权"指权力,强调的是政校行企在专业群课程建设中清晰的权责划分、结构化的组织分配和科学的激励手段。"赋权"不仅仅是授予权力,而且是让参与者在享有权力的同时承担责任、分享信息进而促进课程建设。因此,此处的赋权并非是人力资源管理领域的"empowerment",而是"determination, allocation and empowerment of right"构成的复合型概念,即课程制度建设要围绕课程建设的权责确定、配置与授予。[1]具体包括四个方面的内容:一是从专业群建设的目标出发,设计贯穿整个课程建设环节的课程权力分配和课程责任承担;二是设计相应的组织结构支撑课程权责分配的落实;三是针对相应的层级和岗位对政府、职业学校、行业、企业、课程专家、技术专家进行人员配置和授权,明确不同的个人或组织具备哪些权力,需在专业群课程建设中承担什么责任;四是对政校行企等不同组织和个人给予与其所承担责权成

---

[1] 罗仲伟,李先军,宋翔,等.从"赋权"到"赋能"的企业组织结构演进——基于韩都衣舍案例的研究[J].中国工业经济,2017(9):174-192.

正比的物质激励。赋权组织离不开高度理性化、制度化的制度体系支撑。为此，必须在制度层面明确主体责权利的分配。

二是"维权"。这里的"权"指权益，即课程制度的建设不仅要强调政校行企在专业群课程建设中的责任，关键还要注重维护他们的权益和价值诉求。很多时候不完全是企业行业缺乏与职业院校开展合作的积极性，而是我们没有找到企业行业参与合作的利益点且在合作过程中没有充分考虑企业行业的合理利益诉求。可见，缺乏以利益为枢纽的企业行业参与制度是没有生命力的，也不会有深入和长久的课程建设参与。企业行业作为市场主体，唯有合理地满足其利益诉求，才能充分调动企业行业参与专业群课程建设的内在动力。因此，课程制度建设过程中，一是要突出"责任共担"的利益驱动机制。协助职业院校开展复合型技术技能人才培养是政校行企的"共同责任"，但具体到每个参与者，其责任担当又是"有区别"的，需按照公平原则和权责利相一致的原则，明确不同主体参与课程建设的利益分配，促成不同利益主体平等协商通力合作；二是突出"制度保障利益"的建设目标，建立并完善相关课程制度，确保不同主体参与课程建设的基本利益。这是学者们在校企合作层次低、不持久等系列问题基础上达成的普遍共识，认为"只有将一定程度上矛盾的利益关系统一起来才能实现更深层、更持久的校企合作"[①]。专业群课程制度的建设中，需明确提出成立校企合作专门管理机构，设立专项基金制度，建立国家职业资格制度，设立国家职业教育荣誉制度等，确保不同主体在课程建设中的利益分配拥有管理体系、资金来源、行动框架及精神奖励等多重保障。

（三）行动规则层：整体设计，科学规划，提供专业群课程建设的行动指南

规则是一些基本的准则、标准和规定，它赋予某种事实状态以意义且具有约束力。文森特·奥斯特罗姆（Vincent A. Ostrom）认为，一切社会中的秩序模式都依赖于一套共同遵守的制度规则，这套制度规则使得大众和个人能够按照一种共同的知识去行动，进而把大众塑造成为一个有秩序的关系共同体。这

[①] 俞慧刚.政府介入下校企合作的利益博弈与利益分配格局演化[J].高等工程教育研究,2020(5):153-158.

种规则,既可以是社会习俗的积淀自发,也可以是权威部门的创制。基于跨界行为体的目标以及多层利益结构,政校行企以合作与相互依赖的方式建立正式与非正式的规则系统,并在平等沟通与跨界融合中形成具有内部契约性质和共识性质的规则体系,同时借助规则将各个主体的行为合理化、有序化和契约化。斯科特认为,制度是一套或多或少达成共识的行动规则,它具有意义并制约着集体的行动。制度的作用在于为课程建设共同体提供合法性依据和框架,专业群课程制度应对课程建设的程序和规则进行规定。在专业群建设背景下,课程改革应该如何规划、如何管理、如何评价等是需要明确和解决的问题。

课程规划规则是对专业群建设背景下职业院校课程改革建设目标、建设手段等的愿景描绘。专业群建设背景下的课程改革是对原有课程的再组织及对新兴课程的新开发,因此,课程规划规则是就专业群课程建设的基本问题进行的战略性的、前瞻性的、全面整体的设计与行动方案,不仅要确立专业群建设背景下课程建设的目标和方向,还要合理地规划原有课程资源的整合使用;不仅要通过对岗位能力的分析确立市场对学生技能、能力和素养的要求,还要借此确立课程内容的结构安排和实施机制。课程规划是一个系统工程,亟须从制度和规则层面对课程规划的理念、方法、过程、结果等进行规范,为专业群建设背景下课程建设的开展提供纲领性规划。

课程管理规则主要解决谁来管理、管理什么和如何管理三个问题,也就是课程管理的主体、内容与方式问题。就课程管理主体而言,职业教育虽也实行三级管理机制,但相对而言职业院校的管理责任主要在职业院校,职业院校相对具有较大的自主权,国家和地方教育行政部门不宜制定过于详细的管理制度。但职业院校内部亦需建构权责分明的专业群课程管理架构,明确界定各层级的管理范围、权限与责任。就管理内容而言,课程管理规则应涉及课程建设的全程,如专业群课程组建的目标设定、课程群组建结构、课程文件编制、课程建设主体参与、课程实施与评价等。就课程管理的手段而言,课程管理手段的科学性直接影响课程管理结果的有效性,可充分依托信息技术为教育带来的诸多便利,强化管理手段的科技化水平,将行政管理与专业引领相结合,凸显课程管理的服务性、民主性与科学性。

课程评价规则需明确专业群课程评价的理念、机构、标准和主体等。课程评价规则不仅是对专业群课程价值的再判断,而且是"以评促改""以评促学"的改革激励过程,更是为下一步的课程决策提供相关信息资料的理性抉择。为此,第一,评价规则需对课程目标的确立、课程结构的调整、课程群构成的科学性、课程实施、课程主体参与等进行综合评估;第二,评价规则要通过评价指标和评价模式的合理选择凸显其与传统的课程评价的区别,并以当今职业岗位所需的复合型能力素养为价值目标;第三,专业群课程评价规则要突出用人单位在课程评价中的参与,用人单位对专业群课程建设成效最有发言权。

(四)表现载体层:以规制性供给,规范性约束与执行实施为抓手,搭建专业群课程建设的政策框架

载体是制度的表现形式,有什么样的载体就有什么样的制度形式,如果没有制度的载体,我们便无法把握制度的现实样式。一定的载体对应着相应的制度形式,政策是理念的体现,也是制度的载体。制度最普通的载体和形式便是政策条文,但制度载体却远不止政策条文这一种。就专业群课程制度而言,大体存在三大类的制度载体。

一是以课程标准为代表的正式制度载体。专业群建设背景下关于专业群建设和课程建设的政策文本如课程标准、实施方案、行动计划等构成了专业群课程制度的表现形式和现实载体,这种政策文本为专业群课程的实施提供了基本的行动框架和制度保障。课程标准、行动计划等作为正式的课程制度载体具有一定的法定地位,规范着职业院校专业群课程的框架和设置。

二是以课程文化为标识的非正式制度载体。正式的规章制度显然只能形塑和约束课程建设的一部分,除了由权威机构制定的政策文本,在专业群建设过程中形成的"群理念"及职业院校课程文化等非正式的约束也普遍存在于专业群课程建设过程当中。这些长期在职业院校课程领域所形成的行事准则、价值信念、行为规范以及惯例作为正式课程制度的延伸、阐释和修正,往往成为职业院校专业群持续建设的合法性来源。这种潜在的、隐性的制度存在对专业群课程建设行动有更为深远和长久的影响。

三是以治理体系为代表的课程制度实施载体。仅有以上两大类载体并不

足以构成制度的现实形式,制度的落地离不开相应的实施机制。研究表明,治理体系是课程运行的制度载体和机制保障,且任何课程制度都需要通过相应的课程组织来体现。课程组织是课程制度的载体和化身,这些课程组织依照一套明确的具有约束力的运行规则组建,并为所有成员所认同和遵守。离开治理体系和组织机构及其他实施机制,任何课程制度尤其是正式的规则都难以落地。然而,任何一种制度要想有效规范个体行为都离不开强有力的制度实施机制。这三者通力合作为不同主体间的合作创造了条件,节约了交易成本。通过鼓励正向行为,规避机会主义行为,不同主体和客体在专业群课程建设中达成一种和谐、稳定、有序的状态。

理念、规则、对象、载体这四大要素并非彼此独立,而是在相互依存、相互作用、有机结合中共同构成了课程制度秩序本身。其中,理念是制度存在的灵魂和价值前提,规则使得制度具有了形式化的内容和规范性的基础,权力分配使得制度有了明确的运行场所和作用范围,载体则使得制度由抽象的存在变为具体的形式。可见,缺失任一要素,课程制度都不完整,更难以称为制度秩序。

二、类别性图景:正式制度、非正式制度与制度实施的有机耦合

制度是各种正式和非正式的"游戏规则"。诺斯认为,制度由正式的规则、非正式的约束和实施机制构成。为了研究的方便,人们一般将制度分为正式制度、非正式制度和制度实施机制三大类。从这个角度来讲,课程制度可分解为正式课程制度、非正式课程制度和课程制度的实施机制。选择正式的规则、非正式的约束并辅以实施机制,这是职业院校课程建设的行动者们通过集体的努力,选择符合社会利益的良好课程制度的过程,表现为从"行动秩序"中生成、沉淀和生发出"规则系统",进而"规则系统"又反过来维系和支撑着"行动秩序",这便是制度理性的彰显过程。

(一)正式制度:专业群课程制度的"规制性供给"

正式制度对于秩序的建构是基于明确的价值观念和理论理性而对事物进行的明文规定,简单而清晰是其主要特点。正式的课程制度是人们有意识创造的指导课程改革、约束个体行为的课程政策法规、条例准则、计划方案等,要对正式课程制度有深入了解,就必须了解正式课程制度的生成与扩散。

正式制度的生成以"供给主导型"机制为主。在制度的建立方面,形成了"诱致型制度变迁"与"强制型制度变迁"、"需求诱致型"与"供给主导型"制度变迁的类别共识,而强制型制度变迁本质上就是一种供给主导型的制度变迁。因此可以说,制度的生成基于制度需求与制度供给的互动,大体包括"供给主导型"和"需求诱致型"两大机制。正式制度的生成多是一种供给主导模式,是一种自上而下的政策主导下的强制性推动,其影响力往往是整体性的和突变性的。专业群建设是一项自上而下的国家行动,需要依托政府的政策规制,实现一种供给性的制度建构。课程制度的生成也多是从政府的资历框架、课程标准、专业教学标准等的供给为表征。事实上,专业群建设作为推进复合型技术技能人才培养的抓手,虽然得到了政府的高度重视,但作为专业群建设核心的课程,却并没有上升到"教育规划"甚至"政府法案"的实质性层面。[1]只有落实并保障课程发展政策的不可侵犯,专业群课程改革才能取得实质性成果。

正式制度通过强制性机制、规范性机制和模仿性机制得以纵向和横向扩散。专业群制度的创制是一个由中央发起的制度供给过程,中央政府起到了决定性的作用。与专业群各项政策、行动方案相伴的是各种形式的监督、奖惩等手段,这种从中央到地方的强制性机制,保证了专业群政策能够在较短的时间内实现在各个层级的落实。而专业群要想落地,必然离不开课程的重构。所谓规范性机制是指制度落实过程中产生的共享观念和思维方式迫使其他行动者做出制度供给者所期望的行为,行为者在趋同的过程中获得认可。在中央政府出台"双高计划"、颁布"双高计划"名单后,各地方政府通过积极的政策编制对中央政策给予回应,以此获得中央政府的认可。所谓模仿性机制,是指专业群课程建设过程中职业院校对成功范本的经验借鉴,既包含国内职业院校对国外先进经验的模仿,也包括一般职业院校对高水平职业院校或高水平

---
[1] 刘坚.新世纪课程变革:亲历者的视角[J].北京大学教育评论,2013,11(4):2-19.

专业群的模仿。"双高计划"名单的颁布其实就是试点—经验总结—经验推广的模仿过程。

正式制度唯有得到社会认可,并与非正式约束相容,才能更好发挥其特有的作用。非正式约束在专业群建设过程中发挥着更为潜在和深远的影响。

(二)非正式制度:专业群课程制度的"规范性约束"

非正式制度是指支配课程改革实践的法令、规章和条例产生的历史传统、价值标准和意识形态等,表现为对社会情境缄默的理解和认知,它通过对成员的内化产生影响。非正式制度以理念和价值的形式渗透其中。课程制度不仅包含正式的课程制度,还包括非正式的课程制度,如观念、传统和习惯。专业群课程建设的非正式制度框架有两个维度,一是处于先行引领的价值理念,二是标志专业群课程建设深度的文化变革。

非正式制度的文化形式存在——从"具象"的物质形态到"抽象"的文化变革。专业群建设背景下的课程变革与传统的课程建设的区别到底在哪里,这是整个专业群课程建设过程中始终萦绕在我们脑海中的一个疑惑。其一,很多研究者将议题焦点过多地聚焦在一些"具象"的物质形态的变化上,如课程门类、课时比例等的变化。这些直观的物质形态的变化使得我们能够直接地感受到专业群课程变革带来的变化,但这些并非质的区别。"就好比射击,这些变化虽触及到了靶子的四周,离靶心却很远。"其二,较为接近靶心的改革在于课程组织方式、课程结构、课程管理方式的变革带来的教学方式和学习方式的变革,这些都是专业群课程变革的题中应有之义。其三,专业群课程最为本质的追求是希望通过课程的重组和改革,建立一种基于"群理念"和"群范式"的新的课程建设模式和建设文化,高效益的资源整合模式,集约化的管理模式,并借此提升职业教育的整体办学效益。一般而言,组织的制度化包括结构整合、程序整合和文化整合三个阶段,而要使组织成员接受组织变革所倡导的规范及价值观的文化整合是最深刻也是最难实现的。可见,以"群"为核心的文化层面及其伴生的管理层面的变化是专业群课程建设的本质追求。

非正式制度的观念形式存在——从"制器"到"成人"的职业教育价值观。教育发展的根本在于"成人"而非"制器"。新时代职业教育的"成人"教育逻辑是指从片面发展走向全面发展,从"唯技偏修"走向"德技并修",以立德树人为育人根本,关注学生的职业生涯发展和可持续发展,关注学生的全面发展。遵照此逻辑,专业群课程改革并非仅仅培养学生的技术技能,而是力求实现学生能力与素养、"软技术"与"硬技术"、工匠精神和工匠能力的同步提升,着眼于人的全面可持续发展,实现从"制器""造工具""塑造人"到"以人为本"的教育观念转变,将关注"人的成长"作为课程改革的中心。这是对"立德树人""全面发展"育人方针的时代回应。专业群作为职业教育这一类型教育发展的重大战略,其实施的本质是促进学习者的职业生涯发展,其所蕴含的是以"人本"为核心的生涯发展理念,是将学生的能力发展和生命成长放在第一位,力求实现学生的一专多能和创新发展。这一理念贯穿于专业群课程建设的各个环节和各个阶段,是约束和规范职业院校开展专业群课程建设的内在理念和价值指标。据此,课程制度并非一种"驭人之术",而是基于个体生涯发展的"成人之道",是技术框架与价值规范的统一体。

非正式制度的行为模式存在从"被动选择"到"主动自觉"的个人教育选择。专业群建设旨在提升职业教育内涵式发展能力、增强职业教育的社会吸引力。自我国职业教育肇始,就被冠上了"差生教育"的帽子,职业教育发展身陷囹圄,且多是人们不得已的被迫的无奈选择,被人们视为"差生教育""平民教育"。经过专业群课程改革后,随着学生对复合型技术技能的掌握,职业教育能够有效推进个人经济性资本、符号性资本、缄默性资本收益的稳步增长,成为人们主动选择的一种教育类型。我们有理由相信,经过深入和持久的专业群课程改革,职业教育人才培养质量会显著提高,职业教育社会吸引力会明显增强。在课程建设过程中,学校与政府、学校与企业、教师与学生等不同主体之间建立密切合作、平等对话和有效协商的建设型伙伴关系,职业教育将真正成为与普通教育同等地位的教育类型。经过专业群课程改革的推动,专业群建设效益显著提升,复合型技术技能人才能够有效服务技术创新和产业的转型升级,社会的职业教育力明显改善,职业教育主动助推经济社会发展的能力显著增强。正是这样一种教育期许鼓舞着无数的职业教育人开展着这样或那样的探索,专业群课程建设亦是如此。

(三)制度实施:专业群课程制度执行的"最后一公里"

一般而言,教育变革的成功25%来源于课程方案的设计,75%来源于课程实施。制度建设的成败绝大部分也决定于制度实施机制的完善水平。很多时候,我们不是缺乏课程改革的制度,而是缺少课程制度的实施机制,或者是课程建设的实施机制不够健全。实施机制缺乏,就会导致制度建设出现制度扭曲、制度虚置、制度敷衍、制度附加、制度置换等现象;实施机制的不健全,则易导致制度执行的表面化、局部化、扩大化、停滞化等问题。可见,离开了实施机制任何制度都将失去意义。因此,将课程制度实施机制作为课程制度的有机组成部分是实践逻辑与理论逻辑相统一的必然要求。

在执行机制层面,一方面要突出课程制度的可操作性和程序化。研究表明:在实现政策目标的过程中,方案确定的功能只占10%,其余的90%取决于有效的执行。[1]制度的执行程度则取决于制度的可操作化以及是否能够落实到具体的程序层面,因为这在很大程度上决定着制度的执行力和落实程度。因此,如若说国家层面的课程制度与地方层面的课程制度对专业群课程建设主要发挥着宏观指导的作用,那么学校层面的课程制度则必须对专业群课程建设进行可操作化的处理,要让课程建设者明确知道他们的权、责、利。另一方面,要构建课程制度实施的信息沟通机制和监督机制。其中,交流机制的建立是获得奖惩实施信息依据的基础。因此,职业院校应及时向学生家长、社会和课程建设参与者公开课程制度,搭建"自上而下"与"自下而上"相结合的信息反馈渠道,增强课程制度执行的透明度,并构建课程制度执行的监管和问责机制,且将问责与奖惩相结合。

在执行机构层面,制度实施的关键在于建立科学有效的执行机制,职业院校的框架结构、运行机制、人员素质和组织文化都会影响执行效果。一方面,优化课程制度执行的机构设置。课程制度的有效实施依赖于职业院校组织机构的科学设置和执行能力,在课程建设过程中推进职业院校内部管理体制改革,通过学校董事会、理事会、教学指导委员会、校企合作委员会等内部组织结构的重新组合优化和协同发力,负责课程制度实施的统筹推进、组织协调和督

---

[1]沈洪涛,周艳坤.环境执法监督与企业环境绩效:来自环保约谈的准自然实验证据[J].南开管理评论,2017,20(6):73-82.

促落实,进而实现专业群课程变革发展的整体目标。另一方面,课程制度机构要努力将自身打造成学习型组织。在课程制度建设过程中,我们不仅要关注学校组织内部发生的改变,更要关注如何通过个人改变学校组织。课程制度作为一项不断优化和动态调整的政策文本,需要职业院校教师群体和制度执行人员不断激发自我的学习能量。这种从个体到群体再到组织的学习能量可以有效提升职业院校的自我更新和完善能力,保证课程制度的实时更新和制度执行的精准。

制度秩序形成过程中,课程文化等非正式规则作为职业教育领域长期存在的内在约束,在规范课程建设方面发挥着潜移默化的作用。但非正式约束存在着一定的局限性,这就需要正式规则来降低行动成本,促进复杂交换的发生。然而,任何一种制度要想有效规范个体行为都离不开强有力的制度实施机制。这三者应通力合作,通过鼓励正向行为、规避机会主义行为,使不同主体和客体在职业院校专业群课程建设中达成一种和谐、稳定的有序状态。

三、未来性图景:专业群课程制度的制度化与可持续性

制度化是现代化的重要标志,没有制度化就没有现代化。专业群课程建设的"现代性"体现在其制度化程度上。制度化是专业群课程区别于传统课程的重要标志,传统课程安排是缺乏规则约束的不成体系的,专业群课程建设应该是基于现代制度的理性选择。关于专业群课程制度的制度化,从空间的角度来看,意味着课程制度的规模化,专业群课程建设需要建立起系列的完善的制度;从时间的角度来看,意味着课程制度的可持续性和常规化,专业群课程制度建设的成效应该在更长的时间范畴内得以验证,且应该内化于师生的学习日常。

(一)就课程制度建立的"过程"而言,专业群课程制度的制度化意味着"持续性"

所谓持续性也可以理解为过程性和动态调整性。富兰将制度化命名为"延续"(continuation)、"吸纳"(incorporation)或"常规化"(routinization),他强调

那些变革措施在学校实践中产生的持续性影响和效果。这意味着,制度化追求的并不是某项革新措施的制度化,而是一个过程性、持久性的深层次变革(second-order change),也就是职业院校能够根据产业群和岗位群等市场需求的变化而进行自我更新,并将其付诸行动、稳定实施,且持续提高其改革的能力。其一,制度化既是一个发展的过程,也是一种建设的结果,但更多的应该被视为一种发展过程,是随着实践的需要渐进调整的变革过程。其二,课程变革的制度化是一个长期性的过程,应该在更大的时间范围内看待制度化的过程和成效。这种长期性意味着,所有制度调整最终是以促进学习为目的的,都是以复合型技术技能人才的培养为指向的,而不仅仅是外在的技术性改变。其三,制度化关心的是专业群课程变革方案在职业院校日常实践中产生的持续性效应和产生的常规化影响,即以"群"为核心的课程理念、集约化的课程管理模式等走向常规化,融入职业院校日常教学的过程,尤其是涉及学校文化、课程理念与行为模式的深层转变,这是课程制度建设的行动诉求和价值旨归。

(二)就课程制度建设的"结果"来看,专业群课程制度的制度化意味着"规模化"

在这个意义上,制度化可以理解为建立系统的、完善的制度体系的过程,同时也是组织将革新同化进组织结构的过程。在这个意义上,课程改革的制度化可以理解为职业院校通过制定一系列能够被课程改革的参与者认可和遵守的规则和程序,使课程改革行为本身逐步走向合理性和有序化的过程。专业群课程改革作为一项复杂的社会实践活动,需要建立起健全的和理性的"制度丛"来保障课程改革的顺利进行,这个建立"制度丛"的过程就是课程改革的制度化。从横向来说,专业群课程改革包括了课程决策制度、课程管理制度、课程实施制度以及课程评价制度等制度内容;从纵向来说,课程改革需要国家层面的课程制度、地方层面的课程制度和学校层面的课程制度;从类型角度而言,课程制度包括正式制度、非正式制度和实施机制;从结构要素来说,课程制度包含价值理念、权力分配、表现载体等。课程变革从来不是某一项或某几项制度可以实现的,而需要制度系统或"制度丛"的整体约束和规范。

第三节 制度路径:职业教育专业群课程制度秩序的行动框架

《国家职业教育改革实施方案》指出,要发挥标准在职业教育质量提升中的基础性作用,将标准化建设作为统领职业教育发展的突破口,持续更新并推进专业目录、专业教学标准、课程标准等的建设及其在职业院校的落地实施。

一、以国家资历框架为指导,增加顶层设计的系统性与深层性

(一)国家资历框架内蕴概览

资历框架制度最早可追溯到20世纪80年代的英国及新西兰。资历框架是全球化、学习型社会和终身教育时代的必然产物,随着人们学习方式和学习成果的丰富多元,各个国家同时面临着不同学习成果之间的转换累积、不同教育类型之间的沟通衔接乃至不同国家学习成果的互认和交流问题,资历框架制度正是促进不同学习成果进行转换、对不同教育类型进行更好衔接和沟通的制度工具。按照国际惯例,资历框架可分为局部资历框架、综合资历框架和区域资历框架三种。[①]其中,国家资历框架属于综合资历框架,通过资历框架强化人才培养已成为世界各国的普遍共识。截至2019年,全球已有161个国家建立国家资历框架,如英国的学分与资格框架(Qualification and Credit Framework,QCF)、澳大利亚的国家资格框架(Australian Qualification Framework,AQF)。在我国,香港、广东、上海等地率先开始资历框架的实践探索。2016年,"十三五"规划便已明确提出建立全国性的资历框架,但至今未得到落实。有关职业教育的资历框架还停留在国家政策的只言片语层面,这就容易带来职业资格证书的社会认可度低、普职无法互认、中高职无法衔接、劳动力人才需求与职业学校人才供给"错配"等问题,阻碍了职业教育的高质量发展。

尽管各个国家资历框架的建构维度、建构目标、建构机制等均不相同,但是国家资历框架大体包含以下方面。一是"学习成果"。学习成果是"资历"的

[①] 王海东,王全珍.我国国家资历框架体系建设研究综述[J].中国职业技术教育,2018(34):30-34.

别称,是个人获得某一层次或类型知识、技能和能力的综合反映,代表着一种"准入条件"或"具备资格"。国家资历框架对各层次学习成果所应具备的知识、技能和能力的界定能够为各级各类人才培养、技能培训及资历认定提供参考标准。二是"供需匹配"。国家资历框架的建立可有效推动教育系统与劳动力市场的匹配,这构成了国家资历框架实施的内在目标。国家资历框架作为一个复杂工程,需要利益相关方积极参与各级各类资历标准和学习成果认定基准的制定,这本身就在很大程度上实现了教育与经济需求的更好关联,促进劳动力市场的人才需求标准与教育系统人才培养供给的有效匹配。三是"学分互认"。国家资历框架的建立实现了不同类型、不同层级、不同场合、不同地域、不同国家学习成果的相互衔接、相互认可和相互转换,这构成了国家资历框架实施的外部目标。这三个方面构成了我们认识和理解国家资历框架的基本维度,因此,国家资历框架与专业群课程的内在耦合不妨也可以从"学习成果""供需匹配"和"学分互认"三个层面进行理解。

(二)国家资历框架与专业群课程建设的内在耦合

1."学习成果":国家资历框架可为专业群课程建设提供内容标尺

基于成果导向的资历框架建设被视为"职业的福音",可有效打破"重学术、轻职业"的传统教育观,将职业教育与普通教育放在同等地位上,且能够明确界定不同行业从业人员所需的知识、技能和能力标准。这符合职业教育作为类型教育追求高质量发展的初衷。可见,国家资历框架构建不仅可以有效提高职业教育的地位,还可以为各项学习成果的认定提供基准。

一方面,国家资历框架能够为职业教育"正名",这与专业群课程建设旨在提升职业教育的内涵式发展能力、增强职业教育吸引力的初衷相契合,均为职业教育改革提供了契机。国家资历框架的建立标志着一种新的教育政策话语体系的出现,这种话语体系是对各级各类资历进行分类、分级、认定、衔接的标准。这里的资历不仅仅是文凭、学历、证书和证明,还包括在岗积累的技能、知识和经验等过往的经历业绩,且认定的方式超越了传统的学习成绩,将所有反映个人知识、技能和能力的标准如成果、声望、名誉都纳入其中。可见,这一话语体系超越了传统的"唯文凭"论,将学习成果而非学历作为评价的指标,以资历而非仅仅资格作为评价的基础,将有关学习的经历均作为评价的单元,真正从根本上实现不同类型教育及不同类型的学习成果之间的"等价"转化,为职业教育社会地位的实质性提升提供了合法性政策工具。

另一方面,国家资历框架的颁布能够为专业群课程建设提供基本标准。专业群建设的目标在于服务产业转型升级背景下对复合型技术技能人才提出的需求,专业群课程建设迫切需要资历框架建设一个纵向能级清晰、横向边界明确的知识、技能和能力标准。国家资历框架是整体职业能力的通用性、一般性标准,能够对各种资历所应达到的知识、技能和能力标准做出清晰描述,有利于形成各层次教育的知识、技能和能力的统一评价标准。国家资历框架是指导不同企业行业制定相关标准的依据,同时也构成了职业教育领域课程改革的参考标准,间接地为职业院校复合型技术技能人才的培养提供了可实施、可比较、可应用的基准,为专业群课程建设提供了统一的标准引领,且在相当程度上确保了职业教育人才培养的社会认可度,有效解决了专业群课程建设的导向问题和人才培养质量参差不齐的问题。

2."供需匹配":国家资历框架能为专业群课程建设提供精准的市场数据

从参与主体来看,所有利益相关者的积极参与是国家资历框架建设的必然要素。国家资历框架建设既涉及学习内容、资源重组等教育内部要素的变革,又涉及劳动力市场等教育外部要素的变革,同时还需建立不同教育类型、不同层次、不同范畴学习成果之间的衔接和沟通机制。显然,国家资历框架的建立是一个复杂又艰巨的制度变革,并非政府部门这个单一主体能够完成的事情。这也就要求政府、企业行业、教育行政部门、学校系统、教育培训机构等利益相关者积极参与国家资历框架的内容设计与标准制定。多元利益相关主体参与的国家资历框架内容设计与标准制定过程本身就是教育系统与劳动力市场需求系统的对接与接洽过程。制定各层级学习者知识、技能和能力的通用标准和规格,为打破教育和劳动力市场的藩篱创造了可能,可促进劳动力需求侧与人才供给侧的有效衔接,提高人才供给侧与人才需求侧的有效匹配。

从构建初衷来看,国家资历框架的建设旨在促进教育系统与劳动力需求系统的有效衔接。尽管各个国家的资历框架内容有所不同,国内外学者对国家资历框架的界定也各有侧重,但几乎所有资历框架的建立都旨在促进教育系统和劳动力市场之间认证制度的衔接。在此影响下,大多数国家和地区将建构资历框架作为连接教育系统与劳动力市场的"立交桥",通过资历框架建构将资历信息公开化、透明化,帮助教育系统更好地了解市场需求,以便有针对性地开展人才培养。专业群对接产业群、职业岗位需求,课程建设与职业标准相对接是专业群课程建设的题中之义和核心要义,这种宏观诉求要想落地就需要专业群课程建设者对市场、产业链、职业岗位群的情况有充分的了解。在这个意义上,市场需求构成了职业教育专业群课程建设的关键依据。国家资历框架的建立能够为专业群课程建设提供准确的市场数据,实现复合型人才需求与人才供给的耦合对接。

3."学分互认":国家资历框架可为课程纵横结构设计提供合法性依据

纵向上,国家资历框架可促进职业教育不同学段的学分互认与累计,为构建现代职业教育体系提供合法性依据,使得纵向贯通的一体化课程设计成为可能。各国各地区建构资历框架最终的目的是希望通过设置一系列标准来重构本国本区域的教育系统,实现学校与学校、教师与教师之间教学活动的衔接,打破现有教育体系彼此独立、壁垒高筑的隔绝状态,搭建起不同学段之间的"立交桥",实现学生在教育体系中的自由流动。并通过不同教育层级之间的相互沟通和衔接,实现不同层次教育之间的互融互通,最大限度地减少资源的重复建设,实现教育高质量发展。无论是国家资历框架还是现代职业教育体系建设,都可有效实现中高职课程、教学、实训资源的一体化设计,真正实现中高职课程建设的贯通、衔接、立交、融合。

横向上,国家资历框架可实现职业教育不同场合学习成果的互认,为复合型技术技能人才成长提供良好的政策环境,这就使得建设工学结合的学习内容成为可能。职业教育作为一种不可替代的教育类型,是企业与学校的跨界协同合作,是产业与教育的链接整合,是真正的"跨界"教育,需要开展校企双元结构协同育人。国家资历框架下学分的转换、互认与累计制度,使得工作场所的学习成果、创新创业、企业培训等均得到充分的认可,可实现各类学习成果间的相互认可和多维转换,鼓励和带动了职业院校教师和学生到企业、工厂进行顶岗实习抑或开展现代学徒制式的培养,拓宽一专多能人才的成长渠道,为职业院校复合型人才的培养提供政策基础。

综上,国家资历框架对于推进专业群课程建设意义重大。当前,国家资历框架制度的建设虽然已经被提到议事日程上,但因各种因素影响导致国家资历框架的建设尚未完成。《国家职业教育改革实施方案》指出,要将标准化建设作为统领职业教育发展的突破口,推进资历框架建设,进一步增强教学标准意识和质量意识,深入挖掘国外成熟完善的资历框架构建的成功经验并加以本土化尝试、调整和完善。国家资历框架建设任重而道远,但意义重大,亟须付诸实践。

二、以国家专业教学标准为依据,促进培养内容的精细化与融通性

(一)国家专业教学标准的理论与实践样态

专业教学标准体系是对一个专业的职业能力标准、专业教学内容、学习标准、课程框架、实施要求等专业教学要素的制度化规定。[1]自20世纪90年代开始,在国家层面开发专业教学标准已经成为世界各国职业教育发展的共识。21世纪初,德、美、英、澳等国均已建立起完善的职业教育专业教学标准体系。专业教学标准在我国大体经历了经验借鉴—地方试点—地方探索—国家行动的实践探索历程。2012年,教育部发布《关于借鉴国外先进经验开展职业教育部分专业教学标准开发试点工作的通知》,我国开始了在上海和天津两市的试点工作。截至2017年,教育部组织完成了19个专业大类410个高等职业学校专业教学标准以及16个专业大类230个中等职业学校专业教学标准的修订和制定工作,分别对不同中高职专业在入学要求、修业年限、职业面向、培养目标、培养规格、课程设置、学时安排、师资队伍、教学设施、教学资源、质量保障、

---
[1] 徐国庆.职业教育课程、教学与教师[M].上海:上海教育出版社,2016:2.

以及中职的课程结构及其与高职、本科的接续专业做出了详细的规定。同时，广东、江苏、河南等地及各职业院校也启动了专业教学标准制定工作，专业教学标准建设成为从国家到地方再到学校的集体行动。

现有的专业教学标准制定虽已取得一定的成果，但多是基于经验层面的，缺乏足够的理论与技术论证，各类标准质量参差不齐，完整性与规范性都有待提升。基于此，《国家职业教育改革实施方案》提出要"发挥标准在职业教育质量提升中的基础性作用……巩固和发展国务院教育行政部门联合行业制定国家教学标准、职业院校依据标准自主制订人才培养方案的工作格局"。鉴于此，一方面，专业教学标准的制定是一个漫长的过程，一个专业教学标准的形成往往需要几年的时间，国际经验也验证了这一点。因此，目前专业教学标准所取得的成果更多的是标准建设的开始而非结束。另一方面，专业教学标准建设工作难度之大、过程之复杂、任务之艰巨，并非地方教育行政部门或职业院校可以担当的，唯有上升为国家行动才有可能取得实质性成效。因此，从国家层面建立一套统一、规范、科学、严谨的专业教学标准已然成为职业教育发展的时代要求。

(二)国家专业教学标准之于专业群课程建设的价值意蕴

1.国家专业教学标准作为新的教学治理体系的"构成要素"，是课程制度建设的实践表征

制度是课程的重要维度，课程改革的制度实施往往伴随着教学治理体系的改革。专业教学标准可有效填补我国专业教学的制度性缺失，推动职业教育现代教学治理体系的构建。从纵向治理体系构建而言，在宏观层面，教育部是国家专业教学标准制定的主导且能够集中全国各界力量开发国家专业教学标准，专业教学标准建设的思路、内容、方向均由其规划和推动。在中观层面，企业行业对新技术、新业态、新产业之于人才素质的影响最为了解，是专业教学标准建设依据的供给方，科研机构是专业教学标准制定过程中科学理论与方法的供给者。在微观层面，职业院校的聚焦点在于依据国家专业教学标准、结合学校特色和区域经济社会发展需求开发具有自身特色的人才培养方案，

这构成了职业教育现代教学治理体系的基本架构。从横向治理协同拓展看，国家专业教学标准制定是职业院校开展专业群课程重组的基本依据，亦是教师明确课程目标、组织课程内容、实施教学的基本规范，是学习者选择专业和开展学习的重要参照，是专业群建设背景下教育行政部门评估复合型技术技能人才培养的重要标尺，还是用人单位选用毕业生的有力参考。

2.国家专业教学标准开发作为课程建设的"基础环节"，是专业群课程改革成果的集中体现

国家专业教学标准作为课程建设的基础环节，主要通过"两大机制"保证职业院校课程与产业发展的动态耦合，并通过"三大方式"实现其对课程改革的积极助推。一是动态调整与主动调整方式之下的适应机制。根据产业转型升级、岗位集群化发展的需要，专业教学标准要主动对接产业集群化发展的需要，对专业教学标准进行对照性的动态增补和主动调整，以保证专业教学标准主动跟进产业的发展需要，是一种被动适应的发展机制。二是趋势预测之下的积极引领机制。通过在大数据、大规模专业调研和科学研究基础上对产业发展趋势的主动预测，重点增设符合经济社会发展潜在趋势的相关专业，这是职业教育对产业发展的积极引领。专业教学标准的主动调整和积极引领，本身就是宏观的课程改革举措，对专业群课程建设具有规定性、规范性与建设性作用。所谓"规定性"，即国家专业教学标准的制定能够对专业群建设背景下职业院校的人才培养、课程设置、教学资源等做出统一的规定，划定课程建设的基准；所谓"规范性"，即国家专业教学标准的制定能够为专业群课程建设的质量提供基本保障；所谓"建设性"，即国家专业教学标准能够为职业院校开展专业群建设、课程内容重构、课程结构调整以及课程的实施等提供基本的内容依据和原材料。

3.国家专业教学标准作为职业院校课程改革的"上位法"，是专业群课程建设的关键依据

国家专业教学标准的框架设计包括了专业的职业面向、培养目标、培养规格、课程设置、师资队伍、教学设施、教学资源等要素，是指导职业院校课程建设的纲领性文件，能够从根本上解决职业院校专业群课程建设的两个问题。

一是解决课程开发的内容标准依据问题。概括来说,一份完整的国家专业教学标准包括职业能力标准、人才培养指导方案、课程标准和专业实施条件四大要件。[1]因此,国家专业教学标准的制定是基于大规模专业调研基础上,参照职业岗位序列和技术等级确定的职业标准和岗位要求,这就为课程目标及人才培养规格的确立提供了关键前提;根据职业岗位群定位、某一岗位职业生涯纵向发展与横向拓展的路径所确立的职业生涯发展与职业岗位迁移的知识、技能和能力结构,为专业群建设背景下课程体系与课程结构的架构提供了重要依据。二是解决课程建设所需的原材料问题。理想的、规范的国家专业教学标准对人才培养规格和教学内容均有详细的、深入的、可操作化的、精准的描述,能够为课程改革提供重要的原材料与可落地的规范。但事实上,既有的国家专业教学标准对人才培养规格等问题的描述都比较模糊,难以有效指导职业院校课程的建设及教师的教、学生的学。

三、以课程标准为基础,促进课程设置的规范化与灵活性

关于标准的价值和意义,教育史学家戴安娜·拉维奇(Diane Ravitch)的观点可以为我们提供借鉴,她认为"标准明确规定教学的内容以及哪种成就是为人所期待的,标准可以促进成就……国家标准提供了有价值的统一功能……标准和评价通过向学生和家长提供充足的信息……标准和评价为学生、家长、教师、雇主和大学提供了重要的标示工具"[2]。标准建立在理论研究和实践经验基础上,旨在促进最佳社会秩序。标准本身就是现代化教育非常重要的标志,加强课程标准建设是我国深化职业教育领域综合改革,加快职业教育治理体系和治理能力现代化的必然选择。对于专业群课程制度而言,仅将标准建设落实到专业层面是不够的,还需具体到课程标准层面。

---

[1]徐国庆,唐正玲,郭月兰.职业教育国家专业教学标准开发需求调研报告[J].职教论坛,2014(34):22-31.
[2]弗雷斯特·W.帕克,埃里克·J.安科蒂尔,戈兰·哈斯.当代课程规划(第8版)[M].孙德芳,译.北京:中国人民大学出版社,2010:191.

(一)从"专业"到"课程":职业教育标准建设深化的应然路向

课程标准比专业教学标准更能聚焦质量核心。教学质量标准需要从专业层面深化到课程层面,专业群课程改革的标准建设需要从"专业层面"的专业教学标准过渡到"课程层面"的课程标准。课程标准是专业教学标准在课程领域的深化、细化和具体化。相比之下,专业教学标准更倾向于是一种人才培养的质量标准,课程标准是更为具体的课程建设标准。其一,课程标准是对课程目标、课程内容、课程组织、教材编写、实施要求等要素的规定文本,课程标准是把课程价值理念转化为课程内容与实施要求的关键桥梁,能够使微观课程建设有依据,宏观管理有标准。其二,课程标准是课程改革的"施工图",有了这个"施工图"人们才能清晰地知道专业群课程改革这一"大楼"的外形、规模、材料、功能等,才能顺利"施工"。其三,课程标准是课程资源建设的"指南",是实训基地有序建设、教材质量有序提升、教师教学有序开展的依据,是各类资源使用和建设效率提升的保障。凡此种种,都意味着效率、效益,而效率和效益的提升根本上是一种质量的聚焦。

建设课程标准是深化专业群课程改革的切入点。其一,课程标准是将国家专业群改革的核心思想、专业群课程改革的行为模式落实到实践层面的关键抓手,是提升专业群建设水平、增强专业群课程建设效果的重要方式。这是一种"从政策文本到行动指南"的政策执行的思路,是依据专业群政策和实践推进的需要,根据专业群政策的核心思想制定课程标准的过程。其二,专业群建设背景下课程建设价值理念、课程目标、课程结构等要想确定下来并成为全面提升职业教育教学质量的重要手段,同样需要建立课程标准,这是一种"从实践经验到政策文本"的经验总结的演化思路。人们经过广泛的专业群课程改革的理论研究与实践探索,积累了大量的可借鉴和学习的实践经验,将这些经验凝练和升华而制定成课程标准,以备进一步的实践推广。其三,当国家大力助推,课程改革如火如荼开展时,理论探索也会实时跟进,为课程标准建设提供理论依据和方法支持,这是"从理论到实践"的思路。这三种思路反映的是课程标准产生的三大基础:一是政策基础,二是实践基础,三是理论基础。唯有当国家大力助推,专业群课程实践探索取得一定的经验并需要进一步推广,课程标准的理论成果达到一定深度,对课程标准的需求才会凸显出来。无论是哪一种思路,课程标准的产生都能为专业群课程改革提供行动框架,成为专业群课程改革的切入点。

(二)从"标准"到"群标准":专业群课程标准建设的必然转向

形成与专业群课程改革相适应的课程群标准是专业群改革的必经环节。产业转型升级背景下,如何适应岗位群聚化职业能力复合化发展需求,培养学生一专多能的复合型技术技能,成为职业教育改革的共同诉求。在这种趋势下,围绕专业群建设和复合型技术技能人才培养研制课程标准,理应成为专业群建设的重要环节。专业群课程改革与传统课程改革的不同之处就在于"群",这就意味着专业群建设背景下课程发展不能简单套用过往以单门课程为基础建立起来的课程标准,专业群课程改革对课程标准的建设有着更高更复杂的要求。传统的课程标准只能考察组成群的单个课程是否达到了优秀的标准,但是无法掌握整个课程体系的整合情况以及课程之间的横向联系与纵向衔接情况,这样的课程标准也就难以成为专业群课程建设的行动指南。由此,形成与职业教育专业群改革相匹配的课程标准是规范课程设置、细化课程内容、优化教学过程的前提和基础。专业群建设背景下的课程标准是以课程群为单位整体规划课程标准的,不仅需要对组成课程群的单门课程的建设情况进行说明,还要考察课程群建设的理念、性质、规模,组成群的课程的横向联系与纵向衔接情况,师资团队构建,实训资源共享以及预期达到的建设目标等指标,并把这些指标列为核心指标。

基于复合型技术技能人才培养的课程标准有自身的建构逻辑。从宏观布局上来看,课程群标准建设依照"大课程"的布局对课程进行规划,主要追求课程群体系的完善,课程间的相互贯通、相互补充和相辅相成,其目的是避免课程资源的重复建设进而提高课程实施效率,这是对原有课程解构基础上的重构,是对课程的再设计、再整合与再优化。为此,课程群标准既要体现各门课程知识系统的相对独立性,又要体现群内课程知识的有机融合,注重教学大纲的常态维持与动态修订相结合。从微观内容上来看,课程标准要对模块化、系列化的课程群进行引领性开发,对群平台课程门数占全部专业课程门数/课时的比率,群实践课程门数占全部综合实践课程门数/课时的比率,群拓展课程门数占全部拓展课程门数/课时的比率进行规定,同时对专业群课程体系结构的合理性进行论证,强调校企共同设计科学规范的专业群课程体系,校企合作开发活页式、新型工作手册式教材,实施多元化的课程教学模式,建立功能丰富的群资源库,为课程群内容的关联性和整合性提供支撑。

当前,职业院校的课程标准主要在院校层次,未能上升到国家标准的层次,我国尚没有一套完整的职业教育专业课程标准体系。考虑到国家课程标准的统摄性和规范性作用,国家要加强对专业群必修课程和专业核心课程的课程标准建设。这些课程是不同职业院校共有的课程,也是课程专家共识度较高的课程,符合在高层次进行课程标准建设的条件。在国家层面开展专业群必修课程和专业群核心课程的课程标准建设,对保障专业群课程建设的质量大有裨益。

第六章 职业教育专业群课程"主体秩序"

职业教育课程秩序的存在离不开主体的参与,专业群课程建设主体及彼此间的关系,必将引发课程秩序的变化与更替。此处的"主体"泛指职业教育课程建设中的个人、组织、群体乃至政府。毋庸置疑,各课程建设主体内部及其之间都存在着某种秩序。

第一节 主体识别:专业群课程建设主体的理性选择

谈到职业教育专业群课程主体秩序,首先需要解答的问题便是哪些组织或群体是职业教育专业群课程建设的参与主体,这些组织或群体为什么是职业教育专业群课程建构的主体。这些问题用利益相关者理论的话语进行转换后,即:谁是职业教育专业群课程建设的利益相关者?这些利益相关者对职业教育专业群课程建设有何价值诉求?简言之,识别专业群课程建设中的各参与主体,并对其主要利益诉求进行判别,是进一步分析专业群课程主体秩序的必要前提。

一、理论基点:专业群课程建设主体理性选择的依据

利益相关者理论源于企业管理领域,产生于20世纪60年代并发展于20世纪80年代。随着利益相关者理论的快速发展和深化,这一理论被广泛运用于其他学科领域。

利益相关者对应的英文即Stakeholder,这一概念是在自由、权利和积极创造的条件下产生的,他们在组织活动中的合作、参与以及责任划分上突显出复杂性。利益相关者是组织生存的重要支撑,他们与企业之间是相互依存的关系,他们想要通过企业来实现自身的目标,企业也需要依靠他们来实现更好的发展。因此,在企业的各项事务和活动过程中,必须将股东、工人、顾客等利益相关者的价值诉求纳入考量范畴,避免企业目标与利益相关者的诉求,以及利

益相关者之间的利益诉求冲突。关于利益相关者的定义多达三十多种,其中最为经典、认可度最高的定义来自爱德华·费里曼(R. Edward Freeman),他提出了"理论层面—程序层面—交易层面"的三维利益相关者的分析框架,认为所谓利益相关者就是那些能够影响或者受组织目标实现影响的任何团体或个人。通过这三个方面的分析来解决"谁是利益相关者""利益相关者需要做什么""怎样管理利益相关者"等核心问题。米切尔(Mitchell)则将利益相关者的类型划分与评估相结合,提出了利益相关者分析的"权力性—合法性—紧迫性"三大维度,以及由此衍生的确定型、预期型和潜在型的利益相关者三分法。结合利益相关者理论,职业教育利益相关者的出现有其必然性。

一是教育治理发展的必然趋势。职业教育是一项准公共产品,其公共性决定了教育活动存在着一个利益相关者系统,教育活动是一项由多元利益相关者参与的集体行动。当前,政府和非政府组织的联合努力要比单独一方的努力更有效。因此,任何行为的责任划分、资源配置以及制度设计都已经从"单一政府责任"转向了"多元社会责任",从"一维管理"走向了"共同治理"。这构成了当下教育治理的必然趋势。考虑到多元参与主体的文化不同、理念差异等因素,在教育活动的开展过程中要多方考虑利益相关者的价值诉求,以实现各利益相关者的利益平衡及教育活动的效益最大化。回归到职业教育专业群课程建设的实践当中,课程建设仅依靠职业院校个别教师的力量不可能实现。

二是职业教育的"跨界"属性使然。作为一种"跨界"教育,职业教育需要同时跨越职业与教育、企业与学校、工作与学习、中职与高职、职业教育与其他类型教育、教育学与其他学科之间的界限,要统筹教育与学习的规律、工作与职业发展的规律。可以说,无论是在职业教育实践中还是在理论研究中,"定界"已经难以满足职业教育的发展需求,"跨界"的职业教育必须突破单一的主体,超越不同主体之间的界限。专业群课程的建设亦如此。利益相关者理论非常强调利益相关者与组织之间的交互影响关系,重视利益相关者在参与组织战略分析、规划设计与规划实施过程中的作用,这与职业教育的"跨界"需求不谋而合。

二、主体识别：专业群课程建设利益相关者的理性选择

多主体合作的本质是利益的合作，要充分考虑经济活动与职业教育的相互依存关系，建立利益共同体。职业院校专业群课程建设的利益相关者需要具备以下条件：一是该组织本身对职业教育专业群课程建设有着一定的价值诉求，且通过参与职业教育专业群课程建设可以在一定程度上满足其价值需求，二者之间的价值互动关系是确定利益相关者的基础。二是利益相关者对职业院校专业群课程建设的各方面"投资"会对职业院校专业群的建设产生关键的促进作用，这些利益相关者与职业院校专业群课程建设是利益捆绑的关系。职业院校的专业群及其课程建设就是一个典型的利益相关者行动，专业群课程的建设离不开政府的支持、学校和企业的参与、行业平台的搭建。职业院校专业群课程建设的过程是其利益相关主体参与，由这些利益相关者共同承担、共同管理、共同监督、共同分享资源并实现公共利益最大化的过程。如图6-1所示。

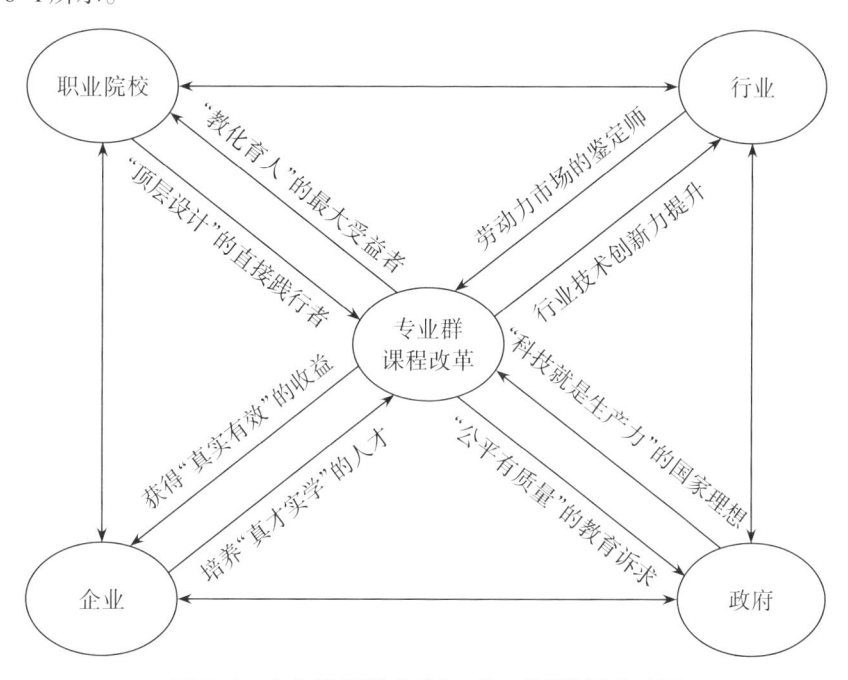

图6-1 专业群课程改革"五位一体"协同共建图

(一)学校:"顶层设计"的直接践行者和"教化育人"的最大受益者

作为专业群和课程建设的实施主体,职业院校是专业群课程建设的最直接利益践行者和受益者。第一,专业群作为一种人才培养模式的变革,根本上服务于"教化育人"的教育行动逻辑,职业院校是专业群课程建设的直接载体。事实上,改革在实质上是每个学校自己的事情,最有希望的改革方法就是寻求开发学校自身的能力来解决自己的问题。职业院校在专业群课程建设过程中处于基础性的核心地位。原因在于,职业院校对专业群课程建设过程中所存在的问题有着最直观的体验和体悟,作为亲历者和最直接的实践者,且对通过专业群课程建设提升职业教育内涵式发展能力、增强职业教育吸引力的需求最为迫切,具有最强烈的改进愿望和价值诉求。第二,正式的学校教育组织都是具有教育性和政治性的"双核结构"系统,职业院校是政府"双高计划"和专业群相关政策的直接落实者,也是这些政策文件的直接受益者。随着人才培养质量提高带来的人口红利,职业院校将是专业群变革的直接受益者。然而,仅靠职业院校一己之力显然难以有效地开展专业群课程组建,专业群课程的建设离不开其他利益相关者的参与。

(二)企业:培养"真才实学"的人才并获得"真实有效"的收益

企业是职业教育专业群建设的重要参与者,应依法履行实施职业教育的义务,利用资本、技术、知识、设施、设备和管理等要素参与职业教育。企业应该把职业教育人才视作一种"可持续发展的资源"而非近期需求的"短缺性资源"。其诉求主要表现为:第一,通过深度参与课程建设,更好地助推职业院校人才培养的方向朝着企业想要的类型和质量转型,满足企业对人才的能力素质要求,帮助企业更好地、更有针对性地为自身储备优质人力资源,满足企业对有真才实学的复合型人才的真实需要。第二,通过课程群的组建及专业群其他层面的资源整合,实现技术技能人才的"KSA"(knowledge、skill、ability)的复合型发展。这种复合型发展有利于将潜在的技术转化为现实生产力,实现关键技术的立地式研发,间接或直接地帮助企业实现技术转型升级,加速企业的投资及创新进程,增强企业的市场竞争力。第三,企业的天职是追逐利润,但企业也必须承担一定的社会责任。参与课程建设助推复合型人才的能力养成是企业承担社会责任的表现。此外,通过校企合作,企业也可以获得诸如"金融+财政+土地+信用"的组合式奖励,因参与职业院校课程建设而产生的成本增加可获得相应的税收优惠、财政补贴、贷款优惠及其他专项资助,社会认可度和社会影响力也会因此提升,获得校企合作的"真实有效"的收益。

(三)政府:"科教兴国"的国家理想与"公平有质量"的教育诉求

政府是职业教育专业群课程建设的间接利益相关者,其主要利益诉求是期望通过专业群课程建设培养一专多能的复合型人才,实现社会公共效益最大化。具体而言:第一,政府积极助推专业群的建设根本上是要服务国家经济结构调整和地方经济发展,实现"科教兴国"的国家梦想。第二,通过专业群课程的合理有效安排,培养适应高端产业和产业高端需要的高素质技术技能人才,实现中国的人口红利走向人才红利,满足"科技就是生产力"的国家理想。第三,"公平而有质量的教育"是当前全社会共同努力的重要目标和时代使命,职业教育专业群课程的组建对于人才培养质量的提升有重要的促进作用,可以直接促进人才培养质量和职业教育吸引力的提高,对于实现教育的公平而有质量发展,保证学生"有学上"且"上好学"大有裨益。此外,专业群课程建设还有助于促进学生的就业和创新,实现劳动人口的安居乐业和社会的稳定发展。

(四)行业:劳动力市场的"鉴定师"和行业技术创新的需求

行业在课程建设中的参与进路如下:第一,行业协会作为本行业的"代言人",是各个行业规则和职业资格标准的制定者,在技能鉴定上有着不可替代的话语权。为此,行业协会可以通过制定行业标准,服务于本行业的技术创新,助推本行业的稳定发展,实现行业竞争力的提升。第二,行业协会对本行业发展的趋势、面临的问题、核心技术、市场发展和人才需求有着精准的把握,承担着劳动力市场的"鉴定师"的角色,可以在企业和学校之间发挥牵线搭桥的沟通功能,将有利于专业群课程建设的资源、资金等带给职业院校,将优秀的人才和项目引入企业,实现学校—行业—企业的良性互动,并在专业群课程建设的参与中确保行业内技能传承的秩序。第三,在中央对职业教育的顶层设计和框架性的规划之外,需要各地方政府和职能部门积极配合,但还需要一类功能性部门、组织进行配合与协调,这一功能应该由行业协会及其相关组织承担。第四,行业协会可以通过行业力量影响政府的优惠政策制定。

第二节 主体样态:专业群课程建设的主体性与主体间性

专业群课程主体秩序需要回答的是"课程秩序由谁来建设"的问题,在回答完"哪些组织或群体是专业群课程建设的参与主体"之后,需要回答的便是这些主体之间是什么关系的问题。这构成了职业教育专业群课程主体秩序的第二个前提性问题。对于这一问题的回答,认识论的主体性与主体间性能够提供相应的借鉴和参考。

教育现代化的重要标志是由单一主体性走向主体性与主体间性的融合。[①]主体性明确了课程建设参与者作为主体的参与,能够保证课程建设的每个主体对自身的角色与任务有明确认识。这是每个利益相关主体自觉地参与到课程建设,认识到自身价值,取得自主地位的前提。主体间性维度的课程建设主体则能够通过对话、交流与合作,最终建立一个共同认可的行为模式。主体间性的缺失会导致主体性的发挥失去合理性尺度,主体性的不在场则会使得主体间性失去存在的现实根基。

一、职业教育专业群课程建设主体的主体性

作为一个哲学概念,主体性是活动主体所具有的特性,是人在自觉活动中的自主性、能动性、创造性,主体性维度上的职业教育专业群课程建设主体能够保证各个主体对自身的价值诉求和需求有充分的自知之明,是各个主体主

[①] 岳伟,王坤庆.主体间性:当代主体教育的价值追求[J].华东师范大学学报(教育科学版),2004(2):1-6.

动参与职业教育专业群课程建设的实践,并在课程建设中积极发挥其主观能动性和创造性的前提。职业教育专业群课程建设主体的主体性可以从以下两方面进行理解:

(一)主体性表现为活动主体的"主观能动性"与"自觉目的性"

主体性的自主性与目的性即一个从主体利益出发的需求满足过程。主体性包括使客体为主体服务的价值关系和"为我"关系。[①]职业教育专业群课程建设的各主体一定是从各自的实际情况出发,以企业和政府为例即可窥知一二。政府立足于"科技就是生产力"的国家理想和"公平有质量"的教育诉求,通过政策供给和财政投入,规范和鼓励专业群课程的建设;企业在专业群课程建设中的参与则是为了满足产业集群化及转型升级背景下对复合型技术技能人才的需要,以及在参与过程中获得税收、资金补贴和社会认可度的提升,通过深度参与工作任务与职业能力分析会,对专业群建设背景下的职业院校课程目标构建等进行深度参与。可见,专业群课程建设主体的主体性发挥首先表现为主体的主动性和目的性,即从自身所具备的主客观条件、自身的价值诉求、特有价值观念出发参与课程建设,最终满足自身价值诉求。

(二)主体性是活动主体使客体发生"合规律性"与"合目的性"变化的实践属性

主体性不仅表现为主体目的性的实现,更是使客体发展合规律性、合目的性变化的实践改造过程。主体性一方面表现为对主体价值诉求的满足,一方面也表现为客体经过主体的实践改造获得新的功能。这是主体力量的确证,集中体现了主体的主体性。专业群课程建设过程中主体性的发挥一方面表现为政府、行业、企业、学校追求自身价值诉求的过程,另一方面也表现为政校行企积极参与专业群课程建设,并努力提升专业群课程建设效益的过程。正是这个对主体客体化过程与客体主体化过程的相互作用,才使得专业群课程建设主体的主体性得到了充分发挥并在实践过程中不断增强。

进入职业教育专业群课程建设领域,我们不仅要明确主体的主体性是什

[①] 王玉樑.论主体性的基本内涵与特点[J].天府新论,1995(6):34-38.

么,还要明确主体之间是何关系,及如何建构主体间关系。第一个问题已经用主体性理论得到回答,第二个问题则可以借助主体间性理论进行解答。

二、职业教育专业群课程建设主体的主体间性

要在职业教育的多元主体之间兼顾共性和个性的价值诉求,就要考虑职业教育专业群课程建设主体的另一个重要维度,即主体间性。主体间性强调的是不同主体之间的对话与互动,尤其是主体与主体在交往过程中所体现出的共主体或交互主体特征。这构成了职业教育专业群课程主体秩序形成的前提和保障。主体间性哲学源自近代主体性哲学的深刻危机当中,是对主体性哲学的反思和超越。它所凸显的"主体—中介—主体"或"主体—主体"的思维模式为职业教育专业群课程建设主体的理论探索提供了新的理论视角。主体间性理论摒弃了传统的主客体关系、双主体关系,认为参与职业教育专业群课程建设的都是"主体",课程建设活动是主体间的交往、对话和互动的过程。将主体间性哲学运用于专业群课程建设主体秩序的建构当中有着重要的意义。

(一)强调对话,关注多元主体的"互识"与"共识"

主体性是主体间的"互识"与"共识"。"互识"是指主体之间的相互认识和相互理解,代表交往中的差异性;"共识"是指不同主体对同一事物所达成的相互理解,代表交往中的统一性。[1]按照现代社会心理学的观点,共识等规范的形成一般要经历各抒己见、优势意见形成、理解与认同三个阶段。[2]但无论是基于差异性的"互识"还是基于"共识"的统一性,都要求在各抒己见、优势意见形成和理解认同阶段建立主体间的对话机制,同时要贯穿专业群课程建设的前、中、后。其中,建设前的主体间对话旨在明确各利益相关主体的利益诉求,确立基于共识的建设方案;建设中的对话,目的在于通过平等对话和多方沟通,了解课程建设的真实情况,提高职业教育专业群课程建设的效力;建设后的主体间对话,主要是通过反馈,对课程建设中各方的参与情况及其他各个方面进行总结和反思。

---

[1] 岳伟,王坤庆.主体间性:当代主体教育的价值追求[J].华东师范大学学报(教育科学版),2004(2):1-6.
[2] 熊川武.论后现代主义观照的教育主体现代化[J].华东师范大学学报(教育科学版),1998(4):8-16.

(二)强调互动,关照多元主体间的"共容利益"与"共生关系"

主体间性是主体性得以实现的前提,主体性从本质上说是活动主体相互作用中所表现出的功能特性。换言之,真正的主体形成并存在于主体间的交互之中,只有主体之间彼此尊重和认可,主体性才得以存在。因此,主体间的互动就显得尤为重要。多元主体间的互动是基于"共容利益"的"共生关系"。"共容利益"(Encompassing Interests)与"狭隘利益"(Narrow Interest)相对,由经济学家奥尔森(Mancur Lloyd Olson)提出。他认为共容利益是指某位理性追求自身利益的个人或拥有相当凝聚力和纪律的组织,如果能够获得社会总产出中的相当大的部分,同时会因该社会产出的减少而遭受损失,则他们在此社会中拥有共容利益。专业群课程建设过程中,政校行企之间的利益结构不是孤立的、分散的,而是交叉重叠的,这些重叠的部分就是共容利益。重叠的部分越大,利益共同体就越稳固,集体行动也就更具可能性。政府、行业、企业和职业院校在专业群建设中各有各的利益诉求,但专业群课程主体之间必须在共容利益指引下使用权力并承担责任,通过共容利益这只"看不见的手"使各个主体实质性地参与到专业群课程建设当中,在多元共治中实现专业群课程建设多元利益的有机协调。政府在专业群课程建设主体中扮演着重要的"桥梁"作用,可以将重要的资源、项目、税收优惠和资金流等引入开展专业群建设的职业院校、企业行业。同时,通过复合型技术技能人才的培养,满足企业对一专多能型人才与技术创新需求、行业稳定发展和转型升级需要、政府"公平有质量"的教育诉求和群众"有学上""就好业"的社会诉求,在这种多边互动和多向交流的过程中,利益相关主体之间相互协作,彼此支持以谋求集体行动的利益最大化,满足交往各方的期望与需求。通过信息共享和行动联盟,多元利益主体的共生关系得以产生和维系。

哈贝马斯认为,在人与人交往中可将主体与交互主体以一种内在建构的范式彼此连结,来显示自我与他人在共同处境知觉中的彼此差异以实现其互补形态,创建一个由政校行企构成的课程建设共同体,促进各利益相关方专业背景、价值规范、思维认知等的融合与互补,达成利益相关者参与课程建设的共识。简言之,坚持主体性与主体间性的统一,目的是追求更高层次的课程建设主体合理性。我们从主体性与主体间性的角度来解读政府、行业、企业和职业院校等利益相关主体在专业群课程建设中的作用,并非要为他们当中的任何一个"正名",也不是要给哪个群体或主体以名分。这种正名和委任对于职业教育专业群课程的建设裨益甚微。事实上,职业教育专业群课程建设主体是历史的、具体实践情境中的,是在持续的实践过程中得以"确证"的。也就是说,主体地位的确立取决于他们主体性发挥和主体间关系的有序安排,也就是主体秩序。

第三节　主体秩序:专业群课程建设的"主体之维"

当前,专业群建设已然成为职业教育特色化、高质量、内涵式发展的关键抓手,课程体系重构是专业群建设的关键。作为一项由多元主体参与且涉及多重要素的复杂系统工程,课程建设仅仅依靠职业院校及个别教师的力量势必不可能实现,多方力量共同参与课程建设已然成为专业群课程改革的一项重要内容。然而,不同主体之间角色的混乱和职责担当的无序,必将影响着专业群课程建设的成效。课程建设是一项由多元主体参与的涉及多重要素的复杂系统工程,我们有必要对国家、行业、企业及职业院校的课程建设行动做出区分,即哪些任务是要在国家层面解决的,哪些任务是需要企业行业参与的,哪些是要在职业院校层面解决的。为提高专业群课程改革的实践成效,有必要从学理层面厘定国家、行业、企业、职业院校参与专业群课程建设的逻辑基础,进而概括归纳出不同主体参与专业群课程建设的行动框架。

一、分析框架

秩序不是凭空存在的,它源自个人、集体、社会和国家等不同主体相互间的行动关联。任何秩序的产生、运行与维系都离不开各个主体的共同参与和胶着形塑。课程秩序构建是国家、社会、个体各方面的共同行动,涉及教育行政管理人员、课程专家、课程实施者、课程接受者等不同主体的利益,课程秩序的构建意味着一定的主体及主体之间关系的存在,"主体"构成了课程秩序的重要分析维度。

根据主体的不同,秩序可以划分为计划秩序、自发秩序和自然秩序三个层面。正如哈耶克所说,所有社会型构的秩序不是生成的就是建构的,秩序可能是通过一体化的命令机构实施控制、设计或指挥的,也可能是人们在实践中自我探索并逐步建立的。可见,秩序既有计划的秩序,亦有自发的秩序。在相对简单的系统中,自上而下的计划秩序可有效协调和促进组织的发展与合作,但随着组织的复杂性日益增加,自发的秩序逐渐凸显出其优越性。哈尔蒂·布荣在哈耶克的基础上指出,除这两种秩序之外,还有一种独立于人之计划与人之行动之外的自然秩序。综上,课程秩序的主体包括了由政府主导的计划秩序,行业、企业、职业院校等主体基于市场机理互动生成的自发秩序和职业院校自组织的自然秩序,这三类秩序之间的和谐共生即构成了职业教育课程秩序的主体之维。高水平专业群课程秩序主体三维的分析框架,如图6-2所示。

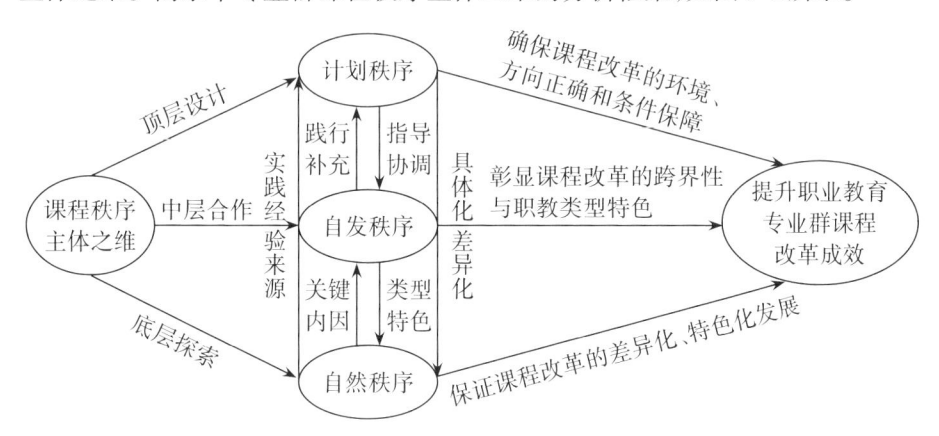

图6-2 高水平专业群课程秩序主体之维的分析框架

主体秩序建立的目的在于理顺专业群课程改革过程中政府、学校、行业、企业各自及其之间的关系,便于政府、学校、行业、企业等利益相关者各司其职、各归其位,彼此之间既不越位,也不缺位,更不错位。由政府主导的计划秩序侧重于"顶层设计",这种"顶层设计"是从宏观层面间接地对专业群课程改革施加影响,其目的是在科学规划的基础上保障专业群课程改革的基本条件和外部环境,保证课改方向的正确和各利益相关主体的参与。由企业行业等利益相关者合作构建的自发秩序侧重于"参与合作",是彰显职业教育专业群课程改革类型特色的有效"助推器"。专业群课程改革离不开政府的顶层设计,只有政府的顶层设计能够触及到专业群课程改革中的根本性问题,但顶层设计并非是全包全揽的,而是给行业、企业、学校留有余地和空间的,加之职业教育的跨界属性,企业行业也需承担起职业教育课程改革的职责,在与职业院校、政府共同参与工作任务与职业能力分析,以及人才培养方案、课程标准制定和课程资源建设的过程中,以政校行企等相关主体协同合作的自发秩序呼之欲出;由职业院校主导的自然秩序侧重于"底层探索",职业院校作为专业群改革的关键阵地,对于专业群课程改革发挥着关键性的作用,职业院校应基于学校已有基础和优势特色积极开展摸着石头过河的行动探索,开展差异化、特色化的课程体系构建。综上,由政府顶层设计构成的计划秩序、由政校行企多主体合作构成的自发秩序和职业院校实践探索构成的自然秩序共同构成了专业群课程改革主体秩序这一整体。

"市场机制有效,微观主体有活力,宏观调控有度"为新时代职业教育多主体参与机制建设指明了发展方向。[①]专业群课程改革是以政府的顶层设计为核心的计划秩序、以职业院校的底层探索为核心的自然秩序和以多主体合作为核心的自发秩序的统一,唯有三者协同发力,专业群课程改革才能深入开展下去。

二、计划秩序:政府提供建设方向的顶层设计

计划秩序是政府依法治教的体现,是提升国家教育治理能力和治理体系现代化的必然举措,通过直接凭借外部权威,依靠指示和指令来建立秩序以实现一个共同目标。政府通过对专业群课程改革的顶层设计实现对课程改革的方向把控、统筹规划、政策引导、监督管理和服务提供,其基本趋势是从微观管理走向宏观指导,从直接指导走向间接管理,从管理走向服务。

[①]任占营.新时代高职院校强化内涵建设的关键问题探析[J].中国职业技术教育,2018(19):53-57.

(一)秩序意蕴:计划秩序的理论基点

计划秩序是指在专业群建设过程中学校行政权力的强化以及国家对专业群课程建设的影响的加大。政府作为公权力的代表者,是"竞赛规则"的制定者、解释者和规则执行的裁判者,其存在的首要意义在于依据社会公共利益来供给社会秩序。政府作为各项教育政策的顶层设计者,是专业群建设和课程变革的合法性来源。

1.知识逻辑:"谁的知识最有价值"的政治回答

索尔蒂斯认为,我们如何思考知识,在很大程度上影响着我们如何思考教育。[①]同理,我们如何思考知识,在很大程度上亦影响着我们如何思考课程。知识是课程最直接的一级制约因素,课程的本质是知识。知识本身就是一种有关意识形态和价值的社会建构。为此,我们在关注"什么知识最有价值"时,也要关注"谁的知识最有价值"这一问题。可见,关于课程知识的选择问题不只是一个教育问题,关于课程知识的选择应该超越技术层面而走向政治层面。事实上,知识从来都是和一定的价值理性、意识形态相关联,是一种根植于权力关系联结之中的社会建构。鉴于此,课程说到底代表着主流阶级的价值观念、意识形态,实际上是一种官方知识,是社会对其成员加以影响的一种法定的文本性中介。

2.科层逻辑:自上而下的行动变革

教育体系具有明显的"科层化"特征,其具体方式是通过行政指引、资源调配、制度规范、规划契约等方式,以制度为核心,通过"中心化、等级化、下级服从上级"的方式形成科层化结构。时下,专业群建设日益成为一项"自上而下"的国家行动,它对应的行动模式就是马克斯·韦伯所说的"科层官僚制"。科层制所具有的向上负责和人员晋升机制能够增强地方政府和职业院校对中央政府下达的专业群建设任务的敏感性和重视程度,在一定程度上保证了专业群建设指令下达和落实的有效性。然而,政府作为专业群建设的主体之一,只在宏观层面发挥影响,仅通过《关于实施中国特色高水平高职学校和专业建设计

---

① 瞿葆奎,等.教育学文集:智育[M].北京:人民教育出版社,1993:62.

划的意见》中所提出的"引领改革、支撑发展、中国特色、世界水平"为专业群及其课程建设提供了总体性的框架和行动方向,而未制定详细的专业群建设要求、课程标准等政策文本。这就使专业群课程建设面临不可预测的内生与外生性变量,地方及职业院校在具体的专业群建设过程中可以围绕总体框架上下波动,且科层制运行过程中的放权和分权使得中央的总体框架存在碎片化的风险。因此,政府作为高水平专业群建设的顶层设计者,除为专业群建设提供整体方向外,还应就专业群课程建设提供纲领性的总体目标,使专业群课程建设也成为一项由政府发起的国家行动,使政府成为影响课程建设的重要力量。

3. 秩序逻辑:课程决策的顶层供给

综观已有研究,有学者提出了政府秩序供给的三条路径,一是专制集权化,二是法律制度化,三是伦理道德化。[1]如果政府仅根据自己的意志来规划和指导职业院校课程建设,职业院校课程决策权力就会呈现出"金字塔"结构,国家是课程的决定力量,地方和学校几乎没有决策权,这就极易导致对职业院校运行的客观规律和真实市场需求的忽视,职业院校课程建设的活力会受到限制;而法律制度化的秩序虽具有形式上的合理性,但执行上有强制性,因而这两者均被称为"虚假的秩序"。真正的职业院校课程计划秩序从根本上来讲应该是在政策供给基础上对人的能力的价值改造。政府通过对产业链、行业需求等的大规模调研和分析,制定职业教育专业群课程标准,并颁布相关政策文件指引职业教育专业群建设,促进职业院校毕业生复合型能力的可持续发展,进而使职教学生能够在众多的职业岗位、岗位群乃至社会发展过程当中找到自己的位置,将人的生涯发展和服务经济社会发展有机统一,培养德智体美劳全面发展的社会主义建设者和接班人。

(二)行动逻辑:计划秩序的实践向度

计划秩序的核心要义在于,专业群课程改革改什么、如何改、怎么改是由政府决定的,政府拥有课程建设所需的大部分资源,并通过出台相关政策、标

---

[1] 张康之.道德化的政府与良好的社会秩序[J].社会科学战线,2003(1):181-187.

准来统筹规划课程改革的方向、提供课程改革所需的各种条件,监督并规范课程改革中的各种行为。与此类同,联合国教科文组织发布的"教育2030行动框架"指出,国家是教育事业的责任主体,国家的作用是制定和调整规范及标准,有必要在国家层面设置相关基准,在教育内容、方法、结构等方面做出适当调整。为此,计划秩序的实践向度分别可以从宏观层面的标准建设、课程建设所需资源的提供以及对课程改革的元治理三个层面进行理解。

1. 标准建设:开发从"国家资历框架"到"专业教学标准"的顶线设计

作为职业教育的主要举办者,政府在职业教育发展过程中承担着制定利益相关者行动的共同准则,确立利益相关主体行动的大方向和行为准则的重任。没有政府的规划与领导,职业院校的专业群课程建设就不可能获得实质性的改变。为此,一是要开发与国际接轨的国家资历框架,增加课程顶层设计的系统性与深层性。一方面,专业群课程建设迫切需要资历框架建设一个纵向能级清晰、横向边界明确的知识、技能和能力标准,为课程结构设计、课程内容选择提供合法性依据;另一方面,多元利益相关主体参与的国家资历框架内容设计与标准制定过程本身就是教育系统与劳动力市场需求系统的对接与接洽过程,能为专业群课程建设提供精准的市场数据。二是开发高水平国家专业教学标准,促进课程内容开发的精细化与融通性。专业教学标准是专业群课程建设的基础性文件,可以有效规范专业群建设。因此,在国家层面构建我国职业教育专业群课程框架,构建中高职一体化的国家专业教学标准,是当下职业教育专业群建设的关键。尽管目前教育部已组织完成了19个专业大类410个高等职业学校专业教学标准以及16个专业大类230个中等职业学校专业教学标准的修订制定工作,但更多被视为一种底线标准,开发一批接近国际水准的专业教学标准任重而道远。

2. 资源开发:提供从"需求侧数据"到"课程开发团队"的宏观支撑

职业教育是一个横跨"职业域""技术域""教育域""社会域"的开放性教育系统,其课程开发与实施的复杂性凸显了国家平台的重要性。具体而言,大规模的产业经济发展预测数据、人才需求数据、横跨不同领域的专业人员组织作为一项涉及场域极广泛、技术水平要求极高、人力物力财力投入巨大的社会性活动,是个别的职业院校、研究机构难以完成的。因此,政府要做到以下两点:一是要研究并发布技术技能人才需求和职业院校专业发展状态相关数据。通过国家力量获得产业经济发展的预测报告、产业变革的趋势预测,为职业教育专业群课程建设提供产业行业人才的层次需要和类别需要的相关信息,是政府参与职业教育课程建设的重要职能之一。二是要组建职业教育专业群发展背景下课程开发国家团队。在原有的专业教学指导委员会人员框架基础上,建立包括职业教育课程研究的理论专家、岗位专家、技术专家、工程师、行业代表、优质企业代表等在内的课程开发国家团队,夯实专业群课程建设的国家课程研究与开发队伍基础。

3.角色彰显:践行从"规范制定"到"实践纠偏"的元治理身份

计划秩序的合理性之一在于,组织的权威能够促进成员之间的合作,且强大权力的存在又能有效规避成员的失范行为可能带来的损失。当前,多元主体参与办学已成为职业教育发展的新常态和必然趋势。但多元主体参与职业教育办学同样容易遭受危机,出现失灵现象,因此,由政府实施的元治理就显得十分必要。元治理是对治理的治理,是政府为保证多元主体的有效协作而放弃权威地位,转而以元治理者的身份直接参与自身建构的游戏规则的治理过程。其一,真正从立法层面明确职业教育利益相关主体参与职业教育的责任、权利和义务。充分借鉴德国经验,以立法的方式明确利益相关者的权、责、利,尤其是地方政府,可以就专业群建设过程中学校、企业、行业的责任、权利、义务、合作规则、方式、程序,以及奖惩、风险承担等进行相应的规范。其二,针对专业群课改实践的误区和偏差,进行及时纠正。为此,要完善奖惩制度,强化企业行业在专业群课程建设中的责任,将校企合作纳入政府资源配置的考量范围,激发企业行业参与职业教育发展的内生动力,将企业行业参与职业教育从感情机制、随性机制转向利益机制、组织机制、奖惩机制、评价机制。

三、自发秩序:主体追求行动效益的中层合作

自发秩序的理念源于对人类理性有限性、个人知识分立的深刻洞见。自

发秩序重视不同个体的智识和经验,因为任何人都不可能把握指导社会行动的全部知识,每个个体或组织对所有其他人来说都具有某种优势。每个人都掌握着独一无二的信息和知识,而基于这种信息的决策只有每个个人做出或由他积极参与做出,这种信息才可以被利用,如此才能得到"远远多于任何一个个人或组织的群体所拥有的知识"。可见,如何将存在于不同人心智中的分散知识进行综合是哈耶克自发秩序思索的核心。鉴于此,如何将不同个人所掌握的分立知识进行综合,进而发挥各自的行动优势也构成了专业群课程改革自发秩序的立论基础。专业群课程建设的自发秩序是不同主体在市场机制作用下经过长期的交往、互动、博弈,相互适应、相互协调自发形成的,是不同行为主体在追求各自利益与目标时不经意产生的结果。

(一)秩序意蕴:自发秩序的理论基点

自发秩序出现在政府、行业、企业、职业院校、课程专家等自愿行动的平等主体当中,当不同的主体在市场机理的作用下,自愿地服从一些共同的制度且在某一些方面可以自由决定做什么时,自发秩序就出现了。这种自发秩序是一种间接地以自发自愿的协同方式建立起来的秩序,是人们通过交往自然形成并遵守的规则状态。通过多元主体的战略伙伴关系可以破解单一主体的治理困境,实现不同主体目标间相互支持和利益融合,关注多元主体的参与与协调、责任的明晰与共担、合作渠道的灵活与创新、激励的整合与共享等。这些优势与特色无不指向传统课程建设模式无法突破的治理困境。可见,专业群课程的多主体合作协同具有重要的意义与价值。

1.协同逻辑:实现多元课程主体的优势互补

自发秩序具有更大的整合功能,"在这一秩序下,有可能比中央指导制造的任何秩序下,能在更大程度上使用所有社会成员的知识和技能"[①]。因此,如何通过不同主体之间的协同互补优势整合,实现整体效用最大化成为论证自发秩序合理性的依据之一。

第一,利益相关主体在教育资源上可以优势互补。政府的强有力的政策

---
① 陈湘文.哈耶克的"自发社会秩序"观及其与马克思的分歧[J].南京师大学报(社会科学版),2001(1):21-27.

资源和资源掌控力可以为专业群课程建设及其主体合作提供良好的制度环境;企业先进的生产设备、实训资源,前沿的技术水平,生动的实习环境为复合型技术技能人才的培养提供了鲜活的"课堂";行业则掌握着精准的行业发展数据和项目等发展资源,能为课程建设提供合理的变革方向。反过来,职业院校复合型技术技能人才的培养也能为政府、企业和行业提供高水平的人力资本。为此,在专业群课程建设过程中,就要争取提高政府政策的牵引力、行业认证的指导力、企业参与的渗透力,多主体协同为专业群课程建设及其人才培养提供支撑。

第二,利益相关主体在文化上实现协同互补。利益相关主体的深度合作不局限于资源的供给和技术共享,最关键的是在文化层次的深度融合。具体而言,职业教育的"育人文化"与企业"用人文化"相融合表现为,职业教育的专业理念、专业精神、专业标准与企业的生涯发展理念、工匠精神、岗位要求等相对接,其目的在于创设一种凸显职业教育特色的教育情境,使课程体系、课程结构更符合企业岗位需求和学生复合型职业能力的培养。可以说,文化的融合与协同互补是开展校企深度合作、产教高效融合的必然选择。为此,在专业群课程建设过程中,就要创设饱含工匠精神和现代学徒制的文化环境和制度环境,在课程设计、课程结构安排、课程实施等环节将专业文化、企业文化、校园文化等有机结合,建设兼具企业文化与教育文化的现代专业群课程。

2.共生逻辑:构建和谐的课程命运共同体

自发秩序所赖以存在的认识论基础是自由主义理论,他们认为个人的活动是以他与其他人的合作为基础的,合作的心理基础在于人的自利本能,只有合作才能带来利益,在自发秩序的作用下人们的行为不仅利己而且利他。专业群课程的建设有赖于政校行企等利益相关主体之间的相互协作,互利共赢。因此,要建设高水平的专业群,势必要求政校行企等利益相关主体通过共同的利益与共同的责任形成专业群课程建设命运共同体。共同体的所有成员在利益、责任、信念等方面都处于共享共建状态。

一是基于"共容利益"的课程建设"利益共同体"。专业群课程建设过程中,政校行企之间的利益结构不是孤立分散的,而是交叉重叠的,这些重叠的部分就是共容利益,重叠的部分越大,利益共同体就越稳固,集体行动也就更具可能性。政府、行业、企业和职业院校在专业群建设中各有各的利益诉求,但专业群课程主体之间必须在共容利益指引下使用权力并承担责任。专业群课程建设所指向的复合型技术技能人才培养,能够有效满足职业院校提升职业教育内涵式发展能力、增强职业教育吸引力的需求;满足企业可持续发展的人力资源需求,间接或直接地帮助企业实现技术转型升级,加速企业的投资及创新进程,并获得"金融+财政+土地+信用"的组合式奖励;满足行业技术创新和竞争力提升的需要,以及政府"公平有质量"的教育诉求和群众"上好学""就好业"的社会诉求。在这种多边互动和多向交流过程中,政校行企通过信息共享和行动联盟相互协作以使共容利益最大化并使利益共同体的关系得以产生和维系。

二是基于"共同责任"的课程建设"责任共同体"。如果仅有基于利益的共同体,那么政校行企在课程建设上的共同体关系就很容易破裂。因此,多元利益相关主体参与专业群课程建设要跳出利益或人情关系的层面,达到社会责任的层面。高水平职业教育和专业群建设成果共享新局面的形成有赖于成本的合理分担与成果的有效分配,依据"谁受益,谁分担"和"谁推动,谁分享"的责任与成果分担原则,职业教育课程建设的责任理应由政校行企等多主体进行分担。

(二)行动逻辑:自发秩序的实践向度

职业教育课程自发秩序是一种合作性的形塑,只有各方合作到位,才能以和谐的秩序达成课程目标。可见,调动和整合政校行企等多方力量共同参与课程开发,是专业群课程建设的一项重要内容。专业群课程自发秩序的建立要求将不同的课程开发主体整合于一体,充分调动和整合政校行企等多方力量共同参与到专业群课程建设工作中。

1.多维拓展,强调政校行企课程主体的"能量耦合"效应

高水平专业群建设要求打破割裂的、单一的课程建设模式,从多个层面、多个维度、多元主体方面实现课程建设资源的有效整合和深度互融。能量系

统理论认为所有系统均可视为能量系统,能量在不同系统之间进行有效传递的过程中可以发挥能量耦合效应。政府、企业、行业、学校等多元主体的多方整合,能够促进专业群课程建设的能量释放和耦合增长。为此,专业群课程建设就要打破闭门造车的格局,拓宽与政府、企业行业合作的路径。政校行企之间可以通过开展多种形式的合作,拓展专业群课程建设的实践场域,从不同层面全方位推进专业群的课程建设。多元利益相关主体的合作既可以是个体层面如技术专家的合作,也可以是组织层面的合作如行业协会对专业群课程建设的参与。其中,个体层面的合作主要出现在经济发达产业基础良好的区域。这些区域可以提供大量的技能水平高、社会责任感强的技术专家。既可以是基于课程内容的合作,也可以是基于课程制度的合作,还可以是基于课程结构的合作。其中,课程内容或原有课程的重组与结构优化是专业群课程建设的关键,且专业群课程建设的开展离不开相关制度的规约与保障,课程结构的优化是一专多能人才培养理念落地的重要保障。专业群课程的建设既可基于课程内容建设的合作,也可基于学校治理体系优化的合作,需要学校治理体系的同步共演。多方合作,可以拓宽合作路径,优化合作内容,提升主体合作的有效性和全面性,促进不同主体的潜能激发、能量释放和耦合增长。

2.行动自觉,发挥政校行企课程主体的"场域协同"效应

哈耶克认为,在自发秩序之下,人们不仅能够有效地运用他们分立的知识,而且能够有信心地预见他们能够从其他人那里获得的合作。政校行企这四个场域彼此独立且在空间上开放、在利益诉求上相互关联,共同构成了整个专业群课程建设的主体场域。政校行企的场域协同,不妨从个体层面和组织层面分别进行理解。

个体层面,在经济发达产业基础良好的区域,职业院校可以直接与技术专家、工程师开展合作,邀请他们深入参与到专业群课程改革当中,这样就可以避开繁琐的机制性障碍而可以开展更多具有实质性意义的合作。相对于组织层面的合作,这是一项更加实惠且高效的举动。之所以强调产业基础良好和经济发展的区域,是因为只有在这样的外部环境下才更可能孕育出庞大的技能水平高且社会责任感强的技术专家群体。

组织层面,主要是企业行业参与专业群课程建设。"一专多能"的人才培养要求和职业教育类型特色的凸显,要求学校与企业行业协同共建。企业层面,一是召集相关企业专家进行工作任务与职业能力分析,阐明企业对人才培养的要求,同时将新技术、新工艺、新规范等元素充分融入课程标准和课程内容,力求将岗位能力要求转化为课程标准。二是在课程实施阶段与学校共建开放、共享、资源丰富、设备齐全的实训场地,拓展职业院校实践育人的教学场域,在真实多样的工作实践情境中构建和完善职业院校的"知识创生螺旋"[①]。行业层面,一方面,行业协会或行业主管部门可以通过开展行业需求预测,参与制定职业资格标准,为教学标准与课程标准的制定以及课程设计、课程内容的开发提供有效依据;另一方面,要发挥行业协会的作用,行业协会主动协调企业的经济和教育行为,发展其在现代社会治理体系中的中间层力量。总的来说,企业行业参与职业院校的课程建设的目的是帮助职业院校更好地在课程建设过程中保持与市场需求的对接,实质推进协同育人。

综上,职业教育课程自发秩序是一种合作性的形塑,只有各方合作到位,才能以和谐的秩序达成课程目标。可见,调动和整合政校行企等多方力量共同参与课程开发,是专业群课程建设的一项重要内容。专业群课程自发秩序的建立要求将不同的课程开发主体整合于一体,建立有效的课程开发互动联合体。

四、自然秩序:院校遵循课程规律的自组织演化

自然秩序是事物自身运动、变化和发展规律的直接体现。物质运动规律只有凭借着宏观的物质系统才能体现出来,外化成自然秩序,因此自然秩序的构成要素包括自然物及其运动规律,前者是自然秩序的物质载体,后者则是自然秩序的内容。基于此,职业院校的课程构成了课程自然秩序的物质载体,课程发展演变规律则构成了自然秩序的内容。专业群课程是一个系统,这个系统一旦形成,就有其自身的生长逻辑,即专业群课程的自然秩序。课程的建设离不开环境因素的作用和影响,但某些时候却无需外界特定指令而能自行组

---

① 周洪宇,胡佳新.知识视域下的实践育人及其意义向度[J].教育研究,2018,39(8):19-27.

织、创生与演化,进而从无序中形成时间、空间和功能上的有序。从这一角度来说,专业群课程自然秩序是在自组织过程中形成的,又可称为自组织秩序。可见,职业院校课程的建设最终还是要从系统内部着手,从系统自身所具有的特色入手,这样才能找到秩序形成的根本方法。

(一)秩序意蕴:自然秩序的理论基点

1. 自组织建构是职业院校专业群课程秩序生成的根本途径

职业院校是复合型技术技能人才培养的责任主体,是专业群课程改革的直接践行者,主导构建全员、全过程、全方位的专业群课程改革体系。职业院校专业群课程自然秩序的构成要素包括职业院校的课程和课程发展演变的规律。基于这一认识,职业院校专业群课程建设最终需要职业院校内部系统的践行,而构成课程的职业知识内在的特征与成长逻辑应成为专业群课程建构的逻辑起点。

自组织建构是职业院校专业群课程秩序生成的根本途径,"视野向内"成为专业群课程自然秩序构建的必然要求。自然秩序是一种自我实现的秩序,是一种远离平衡态条件下的开放系统的自组织秩序。自组织秩序的形成并非完全不受外部影响,而是强调这种秩序在很大程度上是由人们根据特定的情况自主灵活应对而形成的。因此,专业群课程秩序建构的根本力量在系统内部,自组织的机制才是专业群课程自然演化的主导性机制,自组织的动力才是课程秩序生成的最根本动力。专业群课程秩序的形成在很大程度上是职业院校根据自身的情况自主灵活选择的结果。专业群课程怎么建、建什么最终也是在职业院校自组织的过程中形成的。单单依靠政府、企业行业这些外部力量构成的"他组织",难以形成可持续的职业教育专业群课程秩序。原因在于,"他组织"的外力一旦消失、弱化或调整,专业群课程秩序体系就会相应地发生波动和失稳,这将导致高水平专业群课程秩序建构的根基不稳甚至被迫半途而废。因此,通过自组织建构的方式来推动专业群课程秩序建构,成为专业群课程体系可持续发展的内在需要。

2.知识生产逻辑:职业知识的"再情境化"组织需求

知识本身是课程建设的核心依据,"职业教育应教授什么样的知识"应成为推进一切职业教育课程改革的内在动因。任何职业教育课程改革与发展不仅仅是技术的进步引发的,改革背后隐藏的知识观的变革与发展才是推动课程改革的根本动因。传统的"学科本位"知识观、"职业标准本位"知识观、"工作过程本位"知识观都难以满足专业群课程建设的需要。

职业知识内在的特征与成长逻辑应成为专业群课程建构的逻辑起点。课程改革的着力点不在于谁掌握着课程的开发权,亦不是一味地追求校企合作,而是要"视野向内",充分地认识到职业知识对于学科知识和纯粹的工作知识之间的独特价值,依据职业知识自身的独特属性对专业群建设背景下课程体系进行开发才是专业群课程改革的核心。职业知识是工作知识与学科知识的整合,职业教育专业群课程的改革以完整的职业知识的获得为课程内容组织和排序的价值旨归,按照职业知识的表征方式对课程内容进行组织和调整。为此,一方面要摆脱传统的学科本位的课程模式,避免"所学非所用";另一方面,也要拒斥传统的工作本位学习模式。

职业知识的"再情境化"构建原则应成为专业群课程建构的关键原则。职业教育存在的价值不是让学生掌握学科知识,也不仅仅是让学生获得工作所需的知识和技能,而是要超越"一时一地一境"的学习,习得完整的职业知识及其建构的思维与范式,实现职业知识学习的终身化。麦克·杨(Michael Young)认为,职业知识的获得必须依赖独特的教学策略,需要将理论知识融入工作实践中,通过构建理论知识与工作知识之间的桥梁——"再情境化",将理论知识融入实践情境中,实现理论知识和实践知识的有机整合。通过"再情境化"的课程模式,不仅可习得当下工作所需的知识,还能掌握未来"再情境化"所需的方法论知识。这种情况下学生习得的职业知识便是超越具体工作经验的系统化的"有力量的知识",是"可携带"可迁移的知识,是能够活用的生动的知识,可以帮助学生应对未知工作场所的挑战。

(二)行动逻辑:自然秩序的实践向度

秩序未必意味着整齐划一,自然秩序就是在自然规律支配下的多样性和差异性表现。[①]同时,当代所形成的从整体、复杂、动态变化层面认识自然的方式,使得我们对课程自然秩序的认识也需要采取持续优化的思维方式。综上,如何建构差异化特色化的课程体系,建构课程持续优化机制成为职业院校专业群课程自然秩序构建的行动向度。

1.职业院校基于课程生长的自然秩序建设差异化、特色化的专业群课程体系

回归自然秩序,职业院校才能各安其位,各展其长,办出特色。由于区域产业发展以及职业院校自身发展的差异,各职业院校应在"市场调研—专业群定位—典型工作任务与职业能力分析—归纳行动领域—总结核心课程形成学习领域—解构学习领域形成学习单元"行动逻辑指导之下,依托学校的资源环境特色,在课程组建过程中精准确立专业群之下各个课程的定位,采用差异化发展策略实现课程的错位发展。这种差异化的发展战略是基于职业院校自身所拥有的资源特性及发展能力的客观定位,是课程发展与职业院校所处资源环境相契合而进行的"自然选择"结果。由于区域产业发展以及院校自身发展的差异,职业院校不可能建设出完全一致的专业群,要避免课程建设的"高大全"、平均发展和机械模仿,要形成特色,突出重点。借鉴生态学强调生物与周围环境的互补互摄和协同进化所蕴含的整体、多样、平衡、和谐的发展思想,专业群课程建设应依托学校课程自身的能力要素,认识课程的本质属性与发展规律,依据学校的资源环境特色,在课程组建过程中精准确立每个专业群课程的正确定位,保持课程之间的差异化竞争,减少因课程趋同造成的生态位重叠以及课程之间的过度竞争和资源配置的低效。具体而言:

横向上,依据不同课程类别采取差异化的发展战略。就职业院校内部课程而言,可以将专业群课程简单地分为特色课程与新兴课程,优势课程,支撑课程与传统课程这三大类。第一,对"人无我有"的特色课程和"人有我新"的新兴课程采取"窄生态位"的发展模式。特色课程是职业院校"人无我有"的课程,新兴课程是"人有我新"的课程。所谓窄生态位,即这类课程的环境适应性较强,但鉴于这类课程在技术、人力、管理等资源方面的有限性,这类课程的发

[①] 周作宇.大学治理行动:秩序原理与制度执行[J].清华大学教育研究,2020,41(2):1-29.

展主要关注其发展的专业化程度,通过又专又精的建设范式,力求使特色课程在专业群建设及复合型技术技能人才培养中发挥领跑的作用。第二,对"人有我优"的优势课程采取"宽生态位"的发展模式。所谓宽生态位,即这类课程拥有更大的适应范围和更低的适应效率,面对外部环境的变化,这类课程趋向于多元化的集群式的发展模式,适合在课程群当中发挥核心课程或主干课程的核心引领作用,同时以支撑课程或其他传统课程为依托,深入拓展新的资源和发展空间,最大限度地利用专业群建设过程中的师资资源、实训设备等形成大规模、集约化的建设模式,在课程建设水平、建设质量等方面形成持续的竞争优势。第三,对支撑课程和传统课程采取"生态位协同"的发展模式。支撑课程是在专业群建设过程中发挥支撑和辅助作用的课程,传统课程则是职业院校自身发展历史较为悠久的课程,这类课程在专业群建设过程中要采取"生态位协同"的发展策略。换言之,支撑课程和传统课程要主动与优势课程、特色课程及新兴课程加强合作,实现课程的协同进化。

纵向上,在课程建设的不同阶段均需强化课程的特色化发展。让家长知道学校通过怎样的手段和渠道来实现学校所有教师都知道且认同的主张和价值取向在学校转型中是非常必要的。[①]对于专业群建设背景下想要实现高水平发展的职业院校而言,课程特色化是非常关键且必要的渠道。在前期调研阶段,要充分结合区域经济业态,充分了解产业转型、企业发展对人才素质和结构的需求。同时要对同类职业院校的同一专业群及其课程建设情况开展充分的前期调研,广泛借鉴学习他校先进的专业群课程体系,但要警惕"拿来主义",要保证错位发展和突出特色。从课程建设目标来说,要突出自身课程在人才培养模式、校企合作、培养质量上的特色,强调培养学生在某些素质或技能方面优于其他学校同一专业的学生,且得到用人单位的广泛认可。从课程开发来说,要开发"人无我有,人有我优,人有我新"的课程,即最大限度地组建或开发本校有且优于同类学校的独特优质课程体系,形成学校内部课程间及不同职业院校课程间的错落有致、相互依存与共同进化,实现专业群课程建设的异质性。从课程实施层面来说,既要体现课程标准和专业教学标准的基本

---

① 李希贵,郭学军.普通中学学校转型:路径选择与实施策略的研究[J].课程·教材·教法,2014,34(4):3-11.

要求,又要突出学校课程特色,将硬性要求与柔性规范相结合,学校要根据自身已有课程或专业特色进行适当调整。同时要适当增添符合产业发展和人才需求未来发展趋势的要素,突出对学生技术创新能力和"再情境化"职业知识学习能力的培养,强化课程建设结果对市场的主动引领。在课程评价层面,要积极借助人工智能、大数据及"互联网+"等信息技术,开展基于海量、动态、及时、准确、全面的大数据进行深入和精准的"全样本"课程分析,提高专业群课程评价的科学性和有效性。

2.职业院校基于课程生长的自然秩序持续优化专业群课程体系

当代认识自然的方法,以整体、复杂、动态变化突出特点。为此,专业群课程体系应以整体性课程观为指导,依托工作过程系统化思想,建立包括"底层共享"的基础平台课程、"中层分流"的专业方向课程模块、"高层互选"的专业群拓展课程模块在内的课程体系。产业发展的技术要素、工艺要素、方法要素、材料或设备要素的任意变化,都将引发专业群课程的变化。高水平专业群建设项目有周期,而高水平专业群建设工作无止境,专业群课程改革永远在路上。要保证专业群课程建设的有效性,就需要建立基于课程生长的持续优化的课程体系。所谓"持续",就是要建立专业群课程的可持续发展机制;所谓"优化",则体现于课程建设与产业群、岗位群、职业能力、职业素养等的动态耦合。

其一,要加快建立课程建设动态耦合机制。产业转型升级背景下,要达到"以不变应万变"的目的,必须深刻地意识到,唯一"不变"的只有"变化",要适应产业集群动态演变、产业链变动不居的时代环境,职业院校专业群课程建设必须建立起课程群、专业群与产业群及市场需求的动态耦合机制,让课程群、专业群跟着产业群的变革"动起来"。为此,第一,要组建专业群课程建设动态管理委员会,负责校内各专业群课程的规划与调整,以体制机制的设立和改革助推专业群课程建设。第二,要建立高水平的职业院校、高水平的专业群甚至于高水平的课程群的动态调整机制,就必须着眼于面向未来职场的专业群课程建设理念,做到专业群建设与产业链更迭同步,课程建设与岗位能力共频,保持专业群课程建设与市场需求的动态适应。第三,以深度的校企合作健全专业群课程动态调整机制。高水平专业群课程建设要与行业标杆企业、重点产业进行深度合作,主动与产业集群、岗位群的融合发展相对接,及时梳理新技术、新工艺、新规范等产业要素,适时分析职业岗位关键技能、职业素养和职业资质的发展趋势,并将其融入课程建设,保持人才培养供给侧与产业发展需求侧的全方位动态融合。

其二,要加快建立课程的可持续发展机制。专业群不是临时的表面性调整,专业群课程也不是为应对"双高计划"的权宜之计,而是一项长期的、深入的、全面的、复杂的变革。这意味着,一方面,任何教育改革的效果都具有滞后性,专业群课程建设对于一专多能复合型技术技能人才的培养的助推效应,应该放在更长的时间范围内来检视;另一方面,可持续发展意味着要让专业群建设过程中倡导的"群理念""群生态""群治理""群范式"等上位概念和资源集成、效益提升、专业集群、管理集约等下位理念走向常规化,充分且深刻地融入师生的教学过程,且这些措施和理念将对职业院校的课程开发与实施、课程目标与管理、课程主体与评价产生持续的影响。为此,对专业群课程建设的论证、管理、审核和评估等各项措施,均应该着眼于专业群课程建设的长期优质发展,真正树立起质量意识和人本意识,坚持在实践中持续改进建设方法和提升建设水平,有计划、有步骤、有节奏地持续推进专业群课程的动态建设,建立起系统的专业群课程可持续发展机制。

综上,高水平专业群课程改革离不开政府的顶层设计,只有政府的顶层设计能触及专业群课程改革中的根本性问题。因此,以政府顶层设计为核心的计划秩序能够对多主体合作及高职院校的专业群课程改革进行规范、指导和协调,保证专业群课程改革的外部环境、主体参与和资源供给。顶层设计并非全包全揽,而是给企业、高职院校、行业留有余地和空间,加之职业教育的跨界属性,企业行业需与高职院校、政府共同参与工作任务与职业能力分析,以及人才培养方案、课程标准制定和课程资源建设。因此,以政校行企的合作为核心的自发秩序是对政府顶层设计的有效践行和必要补充,能够有效规避单纯的政府指导带来的弊端。同时,政校行企的合作保障了专业群课程改革的实践属性、应用导向和能力本位。因此,以政校行企合作为核心的自然秩序成为彰显职业教育类型特色不可或缺的一环。政府的顶层设计遵循"实践—政策

—理论—政策—实践"的行动逻辑。因此,高职院校的底层探索不仅成为专业群课程改革的关键内因,亦构成了政府顶层设计的直接经验来源和具体化执行,是构建去同质化、特色化专业群课程体系的关键。这三者构成了高水平专业群课程改革的主体之维,如若缺乏顶层设计,那么专业群课程改革则是无头的苍蝇,没有目标、方向和保障。如果缺乏中层合作,那么高职课程改革的类型特色则难以有效彰显;如果缺乏高职学校的实践探索,那么专业群课程改革只能停留在愿景层面导致无功而返。

第七章 职业教育专业群课程「实践秩序」

关于课程秩序的认识，除了需要回答"建设什么样的秩序"和"谁来建设秩序"之外，还有必要从实践层面回答"什么样的秩序是合理且良好的课程秩序"，这就要求我们回归"课程"和"秩序"的本质。当前，关于"课程"的理解已经形成了"课程是教学科目""课程即计划的教学活动""课程即目标""课程即预期学习结果""课程即学习经验""课程即文化再生产""课程是教学内容及进程""课程即社会改造"等代表性观点。由此可得出以下推论：首先，课程是一个由教材、学科、教学内容、实训基地等构成的实体性存在。其次，课程是一个需要国家与地方、专家与学者、企业行业与职业院校师生共同参与和建设的关系性存在，正是在不同主体的多元共治和共同参与中，推进了课程的建设。最后，由于不同的课程建设主体的交互作用，相互之间发生着这样或那样的关系，要维持课程建设中这种稳定且协调的关系，就需要相关规范的约束，将可能的冲突维持在一定的范围内，更好地明确不同主体的行为界限，这构成了课程的规范性存在。综上，课程是实体性存在、关系性存在和规范性存在的总体。课程秩序是一种特殊的社会现象，职业教育课程秩序的本质必须体现在这三个层面的有机统一。

秩序是社会生活中存在的某种一致性和恒久性，进程的连续性和发展的确定性。西方学者对秩序的理解大体可以概括为社会的可控性、社会生活的稳定性、行为的互动性和社会活动的可预测性这四个范畴。[1]综合而言，秩序是事物存在和发展中所表现出来的有序状态，通常包括活动的一致性状态、关系的结构化状态和规范的约束性状态。[2]那么，要描述实践层面的专业群课程是否有秩序，就要看课程活动是否具有一致性，课程建设中的关系是否处于结构性状态，以及课程相关规范是否具有约束性。当课程的实体、活动和关系三个层面分别达到一致性、结构性和约束性要求时，专业群课程秩序就是存在的。如图7-1所示。

---

[1] 邢建国,汪青松,吴鹏森.秩序论[M].北京:人民出版社,1993:2.
[2] 高峰.社会秩序的本质探析[J].学习与探索,2008(5):108-111.

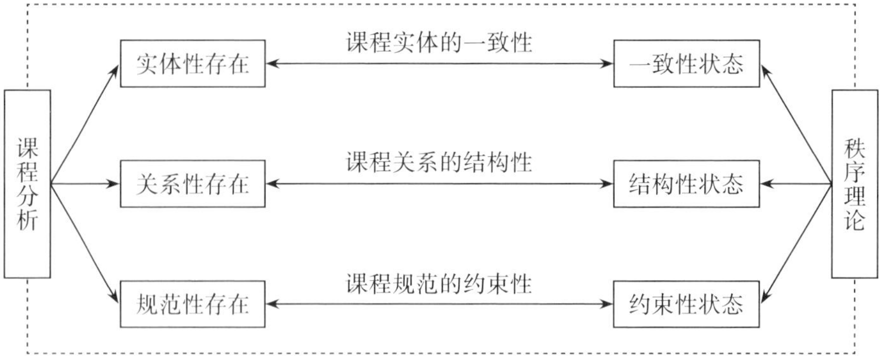

图7-1　专业群课程秩序"实践之维"的分析框架

那么,如何评价课程实体的一致性、课程关系的结构性和课程规范的约束性就成为我们接下来需要思考的问题。这就需要结合课程评价的研究结果,在对课程评价要素进行解构的基础上,重构课程秩序评价的维度。换言之,对于课程秩序的评价问题,一方面要用秩序理论构建课程秩序评价的基本框架,另一方面则需要用课程评价的理论进行诠释。其中,课程评价的条件要素包含了师资、实训设备、课程资源、产学合作。根据秩序的要素,可以将产学合作归结为课程建设过程中主体关系的结构性问题,也就是我们所说的产教融通;其他三者则是为保证课程实施的有效性而提供的师资、设备和资源支撑。课程评价要素中的结构与内容要素则可以归结为课程知识关系的结构性维度。之所以将课程内容的评价主要归结为内容的结构性评价,原因在于,专业群课程内容的选择是根据典型工作任务和职业能力所做出的,而在保证课程设计与市场需求对接性的层面就已经确保了工作任务和课程内容来源的合理性。职业教育课程设计应将产业链、职业岗位群的需求作为出发点,保持与市场需求的对接性;且课程评价的实施要素的关键则在于规范的约束和保障。综上,本书的课程秩序的评价本质上是对课程评价要素的解构与重构。如图7-2所示。

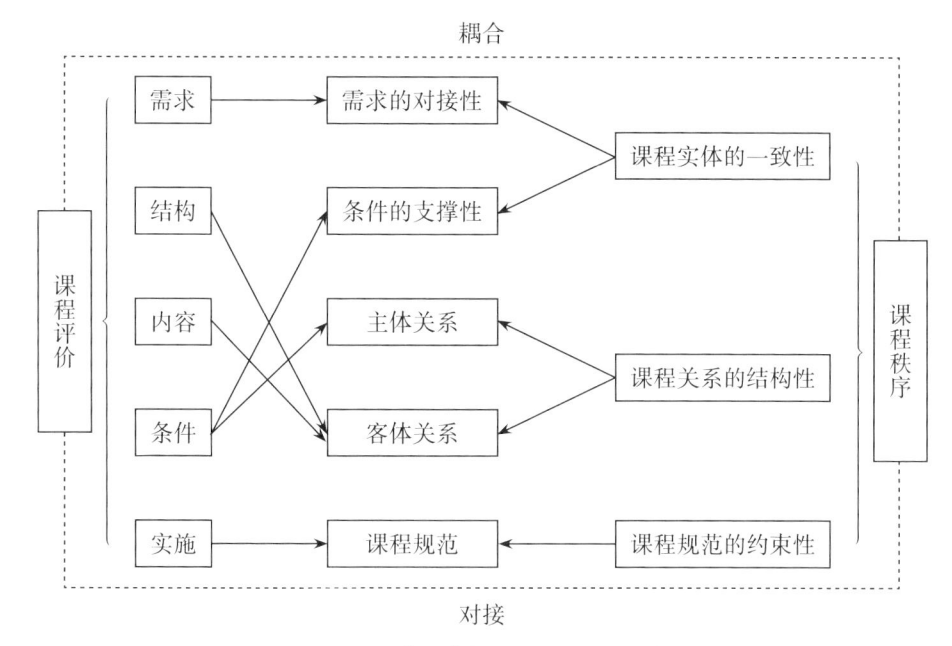

图 7-2　课程评价要素与课程状态秩序的耦合性

本着"以评促建、评建结合"的原则,作为专业群建设关键抓手的课程该如何评价成为本章要解决的问题。对于专业群课程建设的成效评价,首先要衡量专业群课程作为不同于传统课程模式的新生事物形成的科学性,其次要关注专业群课程改革作为一个独立跨界内容与主体形态建设的协同性,最后要从院校发展的治理体系高度考察其发展的贡献度。

第一节　一致性状态:以组群逻辑的科学性和组群资源的支撑性为抓手

事实上,一致性并非完全的相同,而是专业群课程变革内部所拥有的共同愿景与目标一致,也就是人才培养规格的基本统一。同时,这种一致性还指向专业群课程建设逻辑与建设基础需遵循原则的一致性。当然,这种一致性并非静态的一致性,而是动态的一致性,也就是根据市场发展需求适时更新和主动跟进。要保持这种一致性,首先需要增强课程设置对劳动力市场需求的对接程度。职业教育作为与经济社会发展关系最为紧密的教育类型,唯有从产业群、职业岗位群及其对人才的素质、层次要求出发才能够建设出高水平的专业群并开展高质量的课程建设,从专业群课程组群逻辑与市场需求的对接性,来保证组群逻辑的科学性。其次,职业院校需提供课程实施所需要的师资团队、实训设备、课程资源和产教融通等条件,为人才培养规格的基本统一提供前提条件和行动保障。结合已有研究提出的职业教育课程评价的五要素模型(需求、结构、内容、条件、实施)[1],本书将课程设置时市场需求的对接性和课程实体的支撑性作为一致性状态的评价指标。

一、基于组群逻辑,评价需求对接的科学性

专业群课程改革的实质就是将原有彼此独立的课程按照"群"的模式进行解构和重构,是专业群建设之下课程群的重新组建和构造。组群逻辑是否科学关乎专业群课程改革能否可持续发展,保持与市场需求的基本对接是专业群课程组群逻辑的关键衡量指标。所谓需求是指所设置的课程在劳动力市场的需要水平,也就是说学生学习了这些课程之后是否能够找到相应的工作,或者找到对应工作的可能性。需求对于专业群课程设计的重要性不言而喻,需求调查是职业教育课程开发的第一步,保持与市场需求的基本对接是职业教育课程设计的基本要求。我们并不是排斥职业院校课程对市场需求的引领性,而是认为只有在准确反映市场需求的基础上,才有可能通过人才的技术技能创新实现对产业转型升级的引领。换言之,引领是建立在需求满足基础之上的。假设某个地区根本没有汽车,那么职业院校所设置的汽车维修课程也就没有任何价值可言,更谈不上职业教育对汽车行业的引领。

需求的对接性要求专业群课程要做到与产业结构、职业岗位结构相对接,其背后所反映的一方面是指专业群课程建设要与产业结构、职业岗位群结构保持一致,另一方面是指专业群课程组建时的建群规律的大体一致。这是符

---

[1] 徐国庆.职业教育课程论[M].上海:华东师范大学出版社,2015:185.

合当前职业教育课程改革的发展趋势的,实现了从教育理论、学科系统、学术要求出发到立足于产业链、职业岗位群对人才要求的建设逻辑转变,这既是职业教育课程改革区别于普通教育的一大特点,也是专业群改革对职业教育课程建设的必要要求。当然,强调专业群课程改革与市场需求的对接性并不是排斥个人需求和课程自身的发展规律在课程评价中的作用。而是我们相信,当个体从自身需要出发选择某个职业教育时,其最大的需要就是获得在某岗位纵向可持续、横向可迁移发展的本领。所以职业教育专业群课程改革要主动对接产业发展,只有更好地保持与产业群、职业岗位群的对接,才能更好地满足个体发展的需要。那么,如何评价职业院校课程与市场需求的对接性呢?我们显然无法直接对这种"需求是什么"做出判断,因为每个时段、每个行业的市场需求信息都是难以捉摸的,我们只能提出这种需求的基本线索,也就是说,在专业群课程设计中需要关注与哪些需求的对接。

(一)反映职业岗位群的基本需求

按照"专业与产业相对接,课程与职业岗位相对接"的原则,职业岗位群对人才的能力、素质和知识要求构成了课程改革的基本出发点。专业群课程建设应该对接产业群中优势产业链上的一组职业岗位群,那种试图保持职业院校课程与全产业链的所有岗位群无缝对接的想法,既不科学又不现实。因此,每个专业群在产业链中的定位应遵循适当聚焦、不能无限扩展的原则。依据职业岗位群需求,也就是人才培养的职业定位、岗位方向将相关的专业组织起来形成专业群。这类职业岗位群主要指向一些所处产业链条较短、行业界限清晰但工艺流程衔接紧密的岗位群。课程建设一方面要根据消费市场需求特征更新课程内容,另一方面要根据就业市场的人才聘用要求调整专业群课程内容、比例与结构。这类课程设置不仅要以职业岗位群对人才知识、技能和能力的复合型要求为出发点来调整专业群课程内容与结构,而且要根据市场需求特征将某一职业岗位群所涵盖的新技术、新工艺和新规范及时更新到课程内容中。

(二)保持与产业链的全面对接

专业群建构的动力源自于产业向产业群、产业链的演进趋势,在此背景下建设专业群旨在适应产业转型升级的新需求。产业集群化、链条化是当前区域产业发展的重要特征,产业群是指"在某一特定领域的相互关系的、在地理位置上集中的公司和机构的集合"[①],产业链是一种顺序性的纵向链条,以某种产品为核心包括从该产品的研发设计到生产制造,再到实现商业价值所包含的物流、售后等各个环节。

为更好地满足国家重点产业、区域支柱产业和战略新兴产业的转型发展和技术革新的需求,专业群课程的设置可以将与产品生产线直接相关的原材料加工、生产制造、物流、售后等专业的课程组织到一起,围绕产业群构建专业群的课程内容。这类专业群课程建设的关键在于:其一,要保持专业群与区域经济内重点产业群的对接,通过分析并总结出产业的人才需求规格与素质,寻求各专业的人才培养规格,为课程群对接奠定基础;其二,考虑到区域产业群包含若干产业,规模庞大,形态复杂,专业群课程不可能与所有产业群全面"无缝对接",因此课程改革应根据所对接产业群中的某个重点产业链的特征,将相关课程知识进行解构,并依据职业岗位群的要求进行重构,使专业群内各个课程实现横向与纵向的多维度衔接。这个过程就要求学校有着充足的资金支持和深厚的专业底蕴,能有效实现链条上各个环节的有机整合。

(三)基于产业技术基础的相近

产业转型升级本质上是技术的转型升级,产业技术是职业教育技能培养的出发点。鉴于此,专业群课程改革要跳脱表层的产业群或职业岗位群,进一步挖掘专业群所面向的产业、行业、岗位链等背后所蕴含的技术链特征,基于技术技能基础的相近来组织和设计课程,保持课程内容与科技发展趋势的对接。为此,职业院校在前期的市场调研和工作任务与职业能力分析推进会中,应加强与企业的深入交流,从当下企业生产的核心技术出发,对课程资源进行更新完善。

从逻辑基础层面来看,那些具有共同的专业技术基础的课程便可以构成

---

① 郭淑芬,高策.产业群:概念解释与发展阶段划分[J].经济问题探索,2005(10):41-43.

一个群。如此,就可以共享师资、实训基地。基于此,专业群课程建设要借助行业协会和学校在产业和学科领域的优势,了解当下产业集群发展中的前沿技术,与企业共同研发创新。从服务面向来看,专业群课程的建设不仅要以技术基础的相近来构建课程体系,同时还要通过课程内容的革新来直接或间接地服务于企业的技术研发和产品升级,这与《国家职业教育改革实施方案》所提出的"重点服务企业特别是中小微企业的技术研发和产品升级",以及"双高计划"提出的"打造技术技能创新服务平台"的精神实质是一致的。实际上,专业群课程的构建必须对接科技发展的趋势,以技术技能积累为纽带,充分利用专业群课程建设过程中的产教融合、校企合作的制度优势和学校复合型技术技能人才优势,为企业的技术进步、新产品研发和产品升级换代提供帮助。

(四)保持专业群课程知识基础的一致

尽管对接职业岗位群、反映产业链的发展要求和科学技术的发展趋势都为专业群课程设计提供了合理性依据,这些逻辑告诉我们应该将哪些课程组建成为课程群服务于复合型技术技能人才的培养。但也有研究者指出,从根本上来说,应该以知识逻辑为依据构建课程群。因为所谓产业的一致性、岗位的一致性等并非出于一个层面,且只能作为编组的线索而非是编组逻辑本身。[1]当然,知识逻辑主要指向高等职业教育领域的专业群课程改革。

长期以来,人们对高等职业教育的价值判断大体是在"不失水准"与"不乏特色"间寻求平衡点。所谓"不失水准"是指高等职业教育要达到高等教育的水准,"不乏特色"则是指高等职业教育还是要凸显职业教育的本色。可见,高等职业教育既属于高等教育又属于职业教育。作为高等教育的重要构成部分,知识传递与生产是其重要功能之一;作为职业教育,它与高等教育的区别主要在于生产知识的比例与类型差异,它主要传递和生产的是面向工作世界、面向工作情境的知识,而非学术知识与科学应用知识。

职业教育的专业以知识间的逻辑关系以及技术与职业为参照点。专业是课程的载体,课程是知识的集合。高等职业教育专业群课程建设应立足复合型应用人才的培养去寻求知识的逻辑,该类课程建设逻辑能够满足强学科背

---

[1]徐国庆.基于知识关系的高职学校专业群建设策略探究[J].现代教育管理,2019(7):92-96.

景下学生对于专业知识纵向深化与横向扩展的需求。与高等教育单纯的学科逻辑所不同的是,职业院校的知识逻辑倾向于应用,着眼于应用技能的培养和应用研究的开展,但也很容易陷入到学科知识教学的逻辑陷阱,失去职业教育的类型特色。

二、基于组群资源,评价课程改革的可行性

专业群作为一种新型的专业建设模式,其课程改革的实现离不开其他课程教学资源的支撑。专业群课程建设秉持"专业群与产业群相对接,课程群与岗位群相对接"的原则,这也就使得专业群课程建设天然地趋向于建设高度共享的教师团队、实训基地、课程资源库等。为此,现有资源对课程群组建是否具有支撑性也成为专业群课程建设的重要评价指标。当然,是否具有高度共享、密切关联和彼此互补的教师团队、实训基地和课程资源库不仅是支撑专业群课程改革深入推进的重要基础,也是高水平专业群课程改革成效的外在表征。基于专业群之间生而有之的"相似性"和后天建设的"集聚性",职业院校专业群课程建设资源要素的共享性成为必然,具体而言,需要达到教师团队、实训基地和课程资源的共享。

(一)教师团队的结构性

推动职业教育专业群课程改革,教师是主力军。专业群课程改革背景下,教师资源的群内共享不仅成为专业群课程建设的支撑条件,而且也是考察专业群课程建设成效的重要标准。组建高水平、结构化的教师教学创新团队,探索教师分工协作的模块化教学模式,对于提高专业群课程建设成效具有积极作用。

团队素质方面,职业院校的教师是否具有广阔的知识视野和扎实的知识基础,是否具有较强的知识整合能力、跨学科视野、校本课程研发能力,关乎专业群课程改革的成败。专业群课程是对原有课程的重新规划和设计,整合是专业群课程建设的基本特征。因此,参与课程建设的教师也需要更强的知识整合能力。具体而言,一是教师的专业群课程建设理念。所有教师对专业群

课程的建设规划要有较为深入的了解和认同,原因在于教师关于课程目标、内容、组织与评价的认识直接影响着课程设计与实施的成败。事实证明,在日常的教育工作中,教师总是在自己的教育观念、思维方式和价值取向指导下开展着这样或那样的教育实践。许多国家过去的改革实践表明,如果教师的课程价值取向与创新理念不一致,自上而下的教育改革就很难达到预期的效果。教师作为专业群课程变革的主要推动者和关键实施者,在真正开展专业群及课程群建设之前,需要将专业群改革的理念融入到自己的价值体系当中。二是教师专业群课程教学能力。专业群课程改革源自产业群和职业岗位群对复合型技术技能人才的迫切需求,要求学生具备岗位迁移能力,也就是对学生的跨专业学习提出了要求,这也就要求教师需要具备跨学科、跨课程教学的能力。教师只有具备了跨学科、跨课程教学的能力,才能满足学生复合能力培养的教学需要。三是专业群课程校本研发能力。教师是校本课程开发的主体,只有教师才能够把握课程的所有复杂因素和学生需求。这意味着,教师不仅要关注"如何教",还要关注"教什么",教师已经从传统的"教书匠"成为重要的课程开发者。市场需求的变动不居对课程的动态调整提出了要求,课程的动态调整总是通过教师的努力而实现的。这就需要职业院校教师具备校本研发的能力,以便对课程进行动态性跟进。这一维度的考察指标有:(1)职业院校教师对"群"理念的认同和理解程度;(2)职业院校教师了解群内课程的内容,并能够胜任至少两门课程的教学;(3)教师结合专业群课程建设,开展相关研究的能力。

  团队组织方面,是否以课程为纽带,形成了以专业群带头人为总负责人,以骨干教师为主力,课程负责人主导的"专业化"的专兼结合、"双师型"专业群教学团队。职业院校要团结和带领全体专业教师,围绕专业核心技术,组建由专业群带头人、骨干教师和课程负责人共同组成的专业群教学团队,围绕课程开发、课程实施、课程研发工作开展课程建设各项活动。其中,专业群带头人负责组织课程开发及专业间的协调与联系,其作为课程建设的组织者和策划者,要具有对前沿技术的把握能力,既要熟悉产业发展形态,掌握产业技术发展态势,又要有较高的专业造诣,具备整合专业群发展所需的校内外资源的能力,能够带领整个团队开展专业课程体系开发、指导专业实训基地建设;课程负责人负责落实课程资源建设与教育教学改革,负责专业群课程建设的总体规划、人员调配、经费使用等工作,并负责多门课程的教学;骨干教师是专业群教学团队的根基,负责共同研讨课程标准、确定教学内容、开发课程资源、合作实施课程教学,按照课程改革的要求对课程体系和内容进行协同和设计;一般教师则在专业教学标准和课程标准的指导下实施教学。鉴于此,这一维度的考察指标主要有:专业群是否形成了职责分明的教学团队,教学团队分工是否明确,教学团队的专兼比例是否合理,等等。

团队结构方面,是否形成了年龄结构、职称结构、学历结构等趋于平衡合理的教师结构。职业院校要充分考虑教师队伍的稳定与发展,使教师队伍的年龄结构、职称结构和学历结构趋于平衡,形成以中青年教师为主体、具有高水平双师素质和发展潜力的教师队伍。推动固定岗流动岗相结合、校企兼聘兼职的人事管理改革,开启校企人员流动的"旋转门",充分发挥不同类型、不同年龄、不同职称、不同学历教师的优势,如青年教师应充分发挥其对新技术接受快的特点,积极学习新技术、新内容,构建错位发展、能力互补、结构优化的教师团队。鉴于此,这一维度的衡量指标主要有:专业群教师数量占比,专业群师资队伍的硕士及以上学位比例,专业群教师的高级职称比例,专业群师资队伍中双师教师比例,专业群教师的行业建制比例,等等。

团队培养方面,是否建立与专业群课程改革相适应的教师分配和培养机制。其一,职业院校是否打破专业限制,根据不同职业岗位面向,根据不同课程模块组合,组建结构化的教师团队。其二,是否通过"外引内培"的方式加强教师队伍的建设。职业院校需通过特聘、直聘、共育共享、储备兼职等形式引进新教师,或利用实训、技能大赛等建立教师发展中心,着力提升校内教师双师素质和教师团队协同能力。其三,是否建立高效团队合作机制,鼓励教师参与课程研发,构建教师发展性评价体系。鉴于此,专业群师资成长率,获得职称晋升、教学名师、专业带头人、优秀教师等称号的人员比例成为这一维度的考察指标。

(二)实训基地的共享性

职业教育课程建设指向学生技术实践能力的培养,职业教育专业群课程改革要实现这一最终目标,必然离不开通过实训基地给学生直接"操练"的机会,让学生不仅"知道"而且"会做"。可见,实训设备不仅是高水平专业群课程改革的基础和基本要求,而且是高水平专业群课程建设成果的外在表征。职业院校的课程质量是以设备为保障的,好的设备条件可以大大提高课程质量,构建共享型、综合型实践教学基地是推动专业群课程实施的有力举措。为配合专业群课程改革,实训基地需要进行适应性改革:一是要基于专业群课程建设目标,根据不同模块的课程属性和建设需要,分类组建实训基地,其目的在于以专业群课程改革为参照对实训基地建设进行改革,提升专业群课程改革的质量与效益;二是基于合作性的形塑,无论是专业群内的共享、校企共享抑或校社共享,都旨在回归专业群课程改革的魂——"群",增强资源的集群化利用程度,在专业群课程建设的同时提升实训基地的教学功能、校企合作功能和社会服务功能,最终提升实训基地的效用。

  基于专业群改革目标,分类组建实训基地。尽管职业院校的实训基地可以通过校企合作解决,但是职业院校自己拥有的实训基地是课程改革与实施顺利稳定开展的基本保障。专业群课程改革背景下,对于实训基地和设备的关注点应主要放在实训基地服务专业群改革的功能上,也就是职业院校是否根据专业群改革和课程建设的需要对实训基地进行适应性调整。为此,第一,职业院校应依据专业群课程建设的需要,以专业群为单位整体设计实践教学体系,整合实践教学资源,解构并重构面向专业群的实训基地,使实训基地符合专业群课程改革的功能定位。以专业群内各专业的通用技能、特定技能训练为基础,对实训基地进行重新规划和建设,实现优质资源的充分利用与共享。第二,专业群实践教学基地要统筹规划,建立包括专业群公共技能型、专业技能型、综合技能型、创新型和生产型实训基地,使实训基地既能满足专业群内各个专业实践教学的共性需求,又可以满足不同专业个性化的实践需求。总的来说,职业院校应根据专业群面向的技术领域,在原有单项功能的实训设施基础上,将实训基地组合和建设成具有综合技术应用功能的实训平台,为职业院校实训教学水平的提升提供基础设施。鉴于此,这一层面的考察标准为:(1)实训基地的类型、配置与专业群课程实施要求的匹配程度;(2)实训基地设备的丰富性和完善程度。

基于合作性的形塑,建设共享型实训基地。专业群建设背景下,以资源的群聚化理念为指导,职业院校应立足学校、面向企业、服务社会,通过政校行企共同参与的系统论证,合作共建功能延展、对象多元的综合性共享型实习实训基地,面向专业群开展教学,满足专业群的多专业实践教学需要。按照共享范围和对象的不同,实训基地建设大体包括以下三种类型:一是构建"群内共享"通用性的实训基地。这一共享型实训基地的建设是按照专业群技术领域和产业领域构建的需要,打破专业壁垒,经过系统设计、统筹规划和对实训资源的有效整合,力求实现各个实训中心的相对独立和相互共享,建设符合专业群内不同专业的教学需要和功能定位的通用性实训基地,加强跨专业实训项目与一体化教学项目的开发。这样一来,就可以有效打破传统实训基地的单点式、条块分割式的资源分布以及缺乏系统性规划、利用率低的实训基地建设模式,有助于实现完善的实训设施功能、较低的建设成本和维护成本以及资源的充分利用,实现了群内资源利用最大化。二是建设"校企共享"的实训基地。考虑到实训基地建设的昂贵性,高成本投建的专业实训设施可以通过校企共建实现,通过建构"校中厂""厂中校""产学研一体化"实训基地模式,让实训基地既服务于学校的教学,又服务于企业员工培训和技术研发等,使职业院校的教学过程与企业生产过程紧密结合,实现教学环境与工作环境的一体化,实现职业院校教学过程的"再情境化",提升专业实训设施的利用率,降低创建的经济成本与修护成本。三是建设"校社共享"的实训基地,这一维度主要是强调实训基地的社会服务职能。综合性实训基地在服务于职业院校实践教学开展的同时,还可以面向社区中小学建立职业教育和劳动教育启蒙中心,在实现职业教育人才培养职能的同时兼顾职业教育的社会服务职能。综上,与传统的实训基地建设不同,专业群实训设备的建设与调整主要考察实训基地的共享程度。鉴于此,这一维度的考察指标主要有:(1)本专业群校内共享实训基地的数量;(2)本专业群校企共享实训基地的数量;(3)本专业群校社共享实训基地的数量。

(三)课程资源的共享性

专业群课程的有效实施,不仅需要硬件的支持,还需要软件的支持。课程实施的软件资源指的就是如网络、教材、手册等课程资源。

一是要以专业群课程为核心,建设共享型课程资源。将与课程相关的课程标准、教学录像、教学设计、案例剖析、教学项目、作品展示、电子教案、教学课件等课程资源以及新技术、新工艺、新规范等集中起来建成资源库,着重将企业行业的优质资源转化成教育资源,一方面为专业群教师提供优质的教案、教学案例等课程资源和素材,另一方面帮助学生理解工作内容、训练工作能力,使实训资源同时服务于教师的教学、学生的自主学习以及企业员工的学习与培训,进而实现群内教师协作共享、群内师生交流共享、校企共建共享。因此,为配合专业群课程的建设,职业院校需对原有的资源库进行解构,并重构开发包括企业案例库、视频库、动画库、图片库、课件库、元器件库、仿真实训平台、电子指导书等课程资源,以及虚拟仿真实训平台、工作过程模拟软件等多种形式的职业教育数字化课程资源,建成教学资源平台、电子阅览室、数字图书馆等综合资源平台,创设先进的数字化学习空间,实现课程教学资源的广泛共享。广东省新能源协会开发的"都来学吧"微信公众号平台,将每个工作任务做成与任务相关的教学微课并将其上传至平台,学生只需要打开手机登录平台即可观看学习,可以让使用者通过观看微课和学习数字化资源,结合教材和工作页展开学习。同时,该平台将不断更新的题库放到平台,可有效满足学生学习理论知识的需要,通过这种微信公众号复习平台,天天刷题,理论考试的通过率基本在80%以上,极大地提高了技能考试的通过率。此外,该平台不仅服务于学生的学习和教师的教学,还可以进行职业技能鉴定考试,如人社部门组织的初级工、中级工、高级工、技师、高级技师考试,他们即将开发一系列1+X证书考试的学习资源,以进一步提升平台的建设与服务质量。目前,40多个城市的汽车相关人员都在使用这个平台。职业院校、企业行业应该依托人工智能、"互联网+"、大数据等信息技术,不断开发这样的资源平台,增强课程资源的丰富性、共享性、创新性和教学功能的有效性。为此,这一维度的考察指标主要有:(1)课程资源的丰富性;(2)课程资源的共享性和可获得性;(3)课程资源支撑教师教学的有效性;(3)课程资源支撑学生学习的有效性。

二是校企共建共享型的工作页式教材。教材是实现课程目标、开展教学活动的重要资源,职业院校应鼓励教师编写有特色、高质量的讲义,结合教学实际,建成由文字教材、电子教材、网络课件、试题库等构成的立体化教材体系。但严格意义上,职业教育不存在真正的"教材",教师可以自己开发校本教材和工作页,也可根据学校的实际情况编写校本教材。职业教育与经济社会发展有着密切的联系,必须保持与市场需求的紧密对接。如果采用市场购买的教材,那么学生所学内容有可能要落后市场,等学生三年后毕业,所学的知识和技能可能落后于市场需要。一般而言,职业教育采用工作页的模式,意味着"我学什么我讲什么我做什么,我讲的东西一定要是现在企业里面在做的,讲完以后学生学习然后再去企业里面做事情来验证我讲的对与不对"(Y-G-Z-D-10)。因此,职业学校的教材基本是采取工作页的模式且需要根据市场发展不断更新。因此,这一维度的考察指标有:(1)是否形成专业群内各专业相互渗透、共享开放的教材体系;(2)工作页是否有利于实现工作要求与学习内容的有效对接,是否形成了与市场需求基本对接的工作页。

综上,一致性状态主要指向专业群课程建设的人才培养规格、课程建设理念、支撑条件的大体一致,在复合型技术技能人才的目标指引下,职业院校基于与产业群对接、岗位群对接、知识基础的一致、技能基础的一致等原则,开展课程建设。但事实上,这里所谓的产业群、职业岗位群主要指向职业院校对应的区域经济,不同地区的经济发展侧重点有所不同,不同学校的办学条件、已有基础也有差异。因此,职业院校的专业群课程建设归根到底在于培养目标与建设理念一致的基础上凸显区域特色和院校特色的"和而不同",而非完全同质与趋同。

第二节 结构性状态:以客体结构的合理性和主体结构的协同性为依据

所谓结构性,既包括客体的结构性还包括主体的结构性。所谓主体的结构性是指不同的课程建设参与者基于不同的利益诉求在专业群建设的各个环节所形成的相对稳定的角色分配和关系网络;所谓客体的结构性是指在专业群课程建设过程中通过遵照特定的范式而形成的相对协调和稳定的组合方式。从一定意义上说,专业群课程的变化集中体现在课程建设主体之间和课程内容方面的这种结构性变化当中,课程其他方面都会因为这种结构性关系的变化而变化。

一、基于课程内容安排,评价课程客体结构的合理性

按照结构功能主义的观点,影响知识习得的并非是知识的具体内容,更为关键的是这些知识之间的组织关系。

第一,课程结构与工作结构吻合程度。"专业与产业相对接,课程与职业岗位相对接"是职业院校专业建设的基本原则,这也就要求职业院校改变单纯按照知识本身的相关性来组织课程的学科课程模式,转而以工作过程系统化来组织课程,课程内容的组织要按照工作结构进行设计,这既是专业群课程区别于传统课程结构的地方,亦是职业教育专业群课程与普通教育专业群课程组建模式的不同之处。第二,课程结构达成人才培养目标的完整性程度。课程群内课程是否能够完整地反映工作任务与职业能力分析的结果?是否有利于促进学生的"一专多能"?是否能够满足市场对复合型技术技能人才的基本知识、能力和素养要求?这就需要考察课程结构安排是否建立在充分的市场调研基础上,是否经过了系统的工作任务与职业能力分析,是否有充分的市场参与,企业行业参与课程设计的比例是否合适。第三,课程结构是否与职业教育的类别层次结构相符合。也就是说,课程内容是否与学校的办学层次相一致,中职与高职的课程内容安排有所区别,各有侧重,其反映深层次问题的是学习内容与学生的认知发展水平、身心发展特点的一致性,即各门课程的安排要充分考虑学生的认知、能力发展规律和水平。为此,要保证课程结构与职业院校的办学层次的基本适应。第四,课程群之间的关系是否逻辑紧密,相互衔接、相互配合。具体来说,也就是要看专业群课程内容横向与纵向结构是否符合复合型技术技能人才职业生涯发展路径,能否反映职业岗位群分工的逻辑关系,能否满足特定职业岗位群人才需求的层次与类型。具体而言,横向结构是否有利于学生的能力复合,是否有利于学生进行岗位迁移,纵向结构是否有利于学生逐层递进地开展学习,是否有利于学生职业技能的递进增长。第五,群

内课程结构的合理性是专业群课程区别于传统课程的关键所在。是否建立了底层共享、中层分流、高层互选的课程结构,且底层共享的课程内容是否反映了专业群共同素质要求,中层分流是否反映了专业群各典型工作任务专项能力要求,高层互选是否有利于学生的通用能力的培养,这些都是判断群内课程结构合理性需要考察的内容。第六,群内课程的组建是否充分考虑到了职业院校各个课程的基础。对于特色课程、传统课程、新兴课程应该采取不同的建设模式,且这些课程在群内所扮演的角色有所区别。第七,是否建立了专业群课程的教学诊断与改进机制,是否能够根据产业群、岗位群的发展变化适时调整。专业群课程应保证课程结构与市场需求的动态耦合,确保课程结构与职业岗位群结构、课程内容与产业要素的对接度。

专业群课程建设是将原本相互独立的课程按照职业岗位群联系组合在一起,课程群之间、群内课程之间均是协同的关系。专业群课程改革并不是要取代或代替课程,而是提供了一种全新的课程建设路径,让原本离散的单体课程发挥协同作用,助力复合型技术技能人才的培养。

二、基于产教融通的深度,评价课程主体结构的协同性

各种课程建设者之间的组合关系构成了影响课程秩序建立的主要因素。这些主体在专业群课程建设过程中的交往必然会结成某种关系,这种关系在一定的时间和空间内,会逐渐形成某种相对稳定的结构化状态。当然,实现这种结构化关系需要有一定的前提,即各主体都遵守职业教育专业群课程建设规则,按照利益最大化的理性原则构建自身的行为模式。产教融通是确保职业教育课程质量的重要条件,产学深度合作、产教高度融合是高水平职业院校建设的基础,亦是高水平专业群课程改革的前提条件。高质量的产教融通能够为专业群课程改革提供必要的物质资源、师资、课程、实训资源和管理服务等,关乎职业教育复合型技术技能人才培养的质量,是当前国家实现"技术立国"的重要制度安排。[1]然而,在专业群课程改革过程中参与产学合作、产教融通的企业的数量等表面性问题不应该成为专业群课程主体结构评价的主要关

---

[1] 匡瑛."双高计划"背景下高职高等性意涵及其实现[J].高等工程教育研究,2020(1):148-152.

注点,产教融通在专业群课程改革过程中所发挥的实质性作用才应该成为我们评价专业群课程主体结构的主要关注点。

一是合作平台的建立。如校企合作共建技术技能创新平台、协同创新中心、技术研发中心,推进企业的技术研发和职业院校的技术创新,帮助职业院校在课程设计、课程实施、人才培养过程中进行工艺创新、应用创新,从前人或别的行业已经解决的类似方案中寻求其解决原理并为我所用,使技术创新反哺课程开发和课程实施,形成技术创新与教育教学的良性循环,进一步促进科学技术的有效转化。校企合作共建专业群课程信息中心,建立人才需求信息平台和人才培养数据平台,联合进行市场人才需求预测、专业布局调整和课程内容设计,为专业群课程的科学设计提供平台依托和数据支持。二是合作项目的成立。校企双方应以专业群课程改革为纽带,开展基于课程改革的1+X证书制度试点,建立校企合作生产性实习实训基地。其中,1+X证书制度试点是重构专业群课程的重要制度依据和实践基础,开放、共享、资源丰富、设备齐全的实训场地则能够有效拓展职业院校实践育人的教学场域。当然企业也可以通过捐赠设备的方式来支持专业群实践教学的开展。三是合作开展复合型技术技能人才的培养。当前智能化的生产体系所需要的技术技能人才的培养离不开企业的深度介入,这就需要在复合型技术技能人才的培养上采取一贯制培养体系,以现代学徒制为支点合作进行人才培养。当前,大量的实证研究表明,一种完整的学徒制能够大大提升青年的就业机会。因此,校企双方要通过订单、定向、委托等方式培养复合型技术技能人才。四是合作进行标准开发。标准是引领专业群课程改革规范化、高质量进行的重要尺度,能够为专业群课程开展提供基本的方向、框架和指标,校企合作开发出企业行业认可的技术标准、专业教学标准、课程标准等将成为衡量产教融通产出的重要指标。五是利用企业的智力资源支持职业院校开展课程建设。产教融通的最高水平并不是职业院校能利用企业的生产设备对学生进行实训,而是能利用企业的智力资源进行课程开发。为此,企业行业深入参与工作任务与职业能力分析,提供工作过程中所需要完成的任务,以及完成这些任务需要的职业能力的意见,阐明企业对人才培养的要求,在岗位及任务能力分析时加入引导语"企业在用人过程中,会让职业院校的学生做哪些相关岗位,会让他们承担哪些系列任务,为此他们需要具备哪些复合型的能力",为课程内容当中应当体现的新技术、新工艺、新规范提供智力支持,更好地助推职业院校课程改革朝着高质量方向转型。为此,这一维度的衡量指标主要有:(1)协同平台的建立,如技术研发平台、协同创新平台;(2)协同项目的数量,如校企合作共建实训场地的多少;(3)协同开展人才培养的数量,如现代学徒制培养人才的数量;(4)协同研发标准体系,如专业教学标准、课程群标准的建立;(5)协同参与课程建设,如联合进行市场调研、工作任务与职业能力分析,协同制定专业群人才培养方案。

此外,专业群课程改革也需要基于学校内部体制改革予以保障和配合。职业院校是否建立了适应专业群课程改革开展的组织架构和管理运行机制,是否建立了校、院(系)、专业群、教学团队的教学管理组织模式,是否妥善处理好校内专业、专业群、二级学院之间的关系,进而实现校内各级管理结构之间在课程建设活动上的协同,也就成为评价职业院校内部协同性的重要指标。

第三节 约束性状态:以人才培养质量的提升和课程特色的凸显为标准

所谓约束性,强调的是课程规范的约束作用。这里的课程规范是指课程建设过程中形成的对参与主体具有普遍约束力的行为规则。课程规范显然并不只是有约束作用,但是约束作用无疑是课程规范的最基本功能,也是人们制定课程规范的出发点。"制度有作用"是新制度主义理论的两个基本命题之一。这也就意味着,制度能够阻止人们去做在没有制度的情况下他们会做的事情,或者促使人们去做在没有制度的情况下他们不会去做的事情。从这个意义上来讲,课程规范在实践场域有可能起作用,也有可能不起作用。我们建立课程规范的意图在于让其发挥约束作用。从制度主义的视角来看,对课程规范是否处于约束性状态进行话语转换,是对课程规范是否真实有效的衡量,其本质上是关于制度绩效的问题,也就是说制度在多大程度上实现了预期的制度目标。然而,要想对制度绩效进行衡量和评价有着很大的难度,但对制度设置和制度安排的绩效及其合理性的考察应诉诸综合评价的共识早已达成。在实际操作过程中,制度绩效可转化为对课程制度目标和功能实现程度的评价。归根到底,课程制度绩效评价的最终目的是通过对课程建设效益的提升而促进人的发展。对高水平专业群建设而言,课程秩序建构的最终目标指向的是学生复合型能力素养的养成,其核心目标指向的是职业院校专业群课程品牌特色的形成。

一、基于人才培养目标,评价课程制度对办学质量的贡献度

贡献度在经济学中有着广泛的运用,但是在教育领域却应用较少。所谓课程制度对办学质量的贡献度是指:伴随着专业群课程改革的进行和课程制度的建立,职业院校学生复合型技术技能人才的数量、规模、结构和质量等方面,体现出适应产业转型升级的时代变化和"一专多能"复合型技术技能人才市场需求,有效助推职业院校办学质量的贡献程度。课程制度的作用关键是看其在多大程度上促进了人才培养质量的提升,就专业群课程制度的功能实现程度而言,关键是看在这些制度影响下的课程建设在多大程度上促进了职业院校学生的"KSA"[即知识习得(knowledge)、技能掌握(skill)和能力养成(ability)]发展。

一是人才培养质量。专业群课程改革的方向是满足学生复合型技术技能的养成需要,人才培养质量和成效是检验职业院校办学质量的根本标准。目前,发布人才培养质量年度报告逐渐成为职业院校改进人才培养质量的重要抓手,也成为了解学校人才培养质量的重要窗口。高质量人才培养不仅要让学生掌握知识、习得技能,还要培养学生进行技术创新技术改进的能力,以及进行跨岗位、跨领域工作的能力。因此,人才培养质量的衡量指标有:(1)学生在职业技能大赛、创新创业大赛的获奖率。(2)毕业生1+X证书的获取率。这既是考察学生复合型技术技能习得的程度,也是考察学校专业群课程改革成效的重要标准,1+X证书的获得有助于学生在工作岗位上进行迁移和升迁,满足市场对学生可携带技术技能的基本需求。(3)就业率。就业率已然成为当下评价学校人才培养质量的重要标准,如果在接受了一定程度的教育之后学生难

以找到工作,必然在一定程度上说明学校的人才培养是有问题的。(4)本地区就业率。区域就业率是反映专业群改革服务区域经济社会发展的重要指标。(5)职业院校吸引力。其最直接的表现就在于新生质量的提升,如专业群新生数量增多、招生规模排名领先、新生第一志愿录取率提高、新生报到率和中高职贯通培养比例显著提升、合作企业年度接收毕业生就业人数增加等。

二是就业质量。质量是职业教育改革发展的核心,职业教育的发展已从增加数量迈向提升质量。以就业为导向,职校毕业生和家长对职业教育的期许也从"有业就"转向了"就好业"。学校的办学质量最直接的体现就在于学生的就业质量上。不同的研究者对就业质量的测量采取了不同的维度,国外对就业质量的探讨始于20世纪70年代,与就业质量相关的概念如"工作生活质量"(Quality of Work Life)、"体面劳动"(Decent Work)、"工作质量"(Quality in Job)、"高质量就业"(High-quality Employment)先后出现。随着就业质量概念的发展,国内外诸多学者和国际组织对就业质量的内涵和要素进行了研究,大体认为就业质量包含人—职匹配度、就业满意度、工作特征满意度(如工作薪酬、职业发展机会)等维度。因此,就业质量的衡量指标为:(1)就业岗位与个人所学专业的耦合度,即职业匹配度。职业匹配度越高,就业满意度越高,就业质量也就越高。(2)学生的就业满意度,这是学生自身对就业情况的反馈,是就业质量最直观和客观的衡量指标。(3)就业报酬,这是反映就业质量的重要维度,就业报酬高,就业满意度就高。(4)职业发展机会,这是毕业生工作岗位的基本特征,也是衡量就业质量的关键维度,直观的衡量标准可以采用毕业生毕业三年后职位晋升率。以上维度的衡量单单依靠职业院校是难以完成的,需要与行业协会、第三方评价组织合作,进一步开展第三方社会评价,推进专业群办学质量监测与人才培养质量评价,完善学生成长跟踪评价、毕业生跟踪反馈、用人单位满意度调研等反馈机制。

事实上,无论是关于职业院校学生的人才培养质量还是就业质量,绝大部分都需要放在一个较长的时间范畴内来进行考察。正所谓十年树木,百年树人。关于课程制度的约束性作用应该放在更长的时间范畴内进行考察,因为制度的作用往往具有滞后性和复杂性。制度从设计到落实是有时间要求的,因为无论政策和规则制定得如何详细,现实环境的复杂性与多变性都将远远超出规则制定者的想象力。

二、基于品牌辨识,评价课程制度对课程特色的贡献度

除了在提升复合型技术技能人才培养的促进作用方面,制度的约束性还可以表现为专业群课程本身的建设成效,即专业群课程建设对职业院校办学特色品牌辨识度的贡献。在竞争逐渐激烈、发展模式趋同的情况下,专业群课程建设应该成为职业院校特色发展、错位发展、差别化竞争的战略选择。是否在专业群课程建设过程中突出学校的差异性特征,是否建设有"人无我有、人有我优、人优我特"的课程体系成为对专业群课程制度约束性的一个考察点。

一是专业群课程特色与创新维度。专业群课程建设不仅要反映区域经济发展特色,更要体现学校自身特色。为此,应考虑专业群课程建设是否做到了以下几点:第一,是否形成了具有区域特色和学校风格的专业群课程。专业群课程改革要根据学校自身的师资、实训、专业、课程基础,注重学校长期办学过程中所形成的优势和传统,尤其要突出办学前景广阔、产学研结合紧密、师资力量强、具有地方特色、在社会上有知名度和美誉度的专业与课程,形成"人无我有,人有我优,人优我特"的专业群课程建设的特色。第二,通过专业群课程改革对区域或同行产生了显著辐射示范作用。一方面,在专业群课程建设过程中形成原创性的经验和范式,在省(区、市)内及国内同行中产生重要影响,"底层共享,中层分立,高层互选"的课程体系模式被应用于学校其他专业群课程改革或被其他学校采纳,有效支撑人才培养模式改革;另一方面,专业群建设成果及成功经验受到其他学校或其他专业与社会的广泛关注,综合性实训基地、团队化师资队伍、结构化课程体系等经验被上级部门采纳或被新闻媒体报道。第三,课程建设成果突出。如专业群科研成果转化率显著提高,各级各类改革立项成果突出,核心专业建有国家级或省级精品课程,以专业群中核心课程群的建设统领课程体系建设,积极开发群平台课程、专业方向课程、专业群拓展课程,形成各个专业间彼此联系并具有鲜明专业群特色的课程体系。

二是专业群课程改革实现社会服务职能维度。第一,职业技能培训方面,以综合性实训基地和教学团队助推职业教育的社会服务,并承担相关职业技能培训。第二,社区公益方面,职业院校可以通过开放一定的实训场地和实验室等发挥职业教育的教育服务职能,如面向中小学生开展劳动教育,面向社区青少年开展职业启蒙教育。第三,服务企业方面,通过高层分流课程当中的工匠精神和创新创业类课程,提升学生的技术创新能力,进而使学生在日常学习和实习实训过程中参与企业行业技术项目研发与服务。职业教育难以直接对产业转型升级产生作用,但是可以通过学生创新能力的提升和技术创新水平的提升来间接助推经济社会发展。

第八章 职业教育专业群课程秩序的实践生成

在职业教育持续深化改革、强化内涵建设和实现高质量发展的时代背景下,职业教育如何通过专业群建设实现自身的高水平发展已经成为理论界和实践领域热切关心和探讨的话题。在政策推动、示范引领等职业教育改革力量的驱动下,职业院校纷纷开始了专业群建设。在这样的背景下,课程作为专业群建设的重中之重和核心环节日益受到理论界和实务界的关注,进而职业院校针对课程建设的价值转变、体系构建、制度建设、主体参与等也纷纷被提上日程。然而,变革的意义总是"新"的,因为变革是人类永远充满活力的追求,专业群课程变革可谓任重而道远。但是,无论是在理论研究还是在实践探索中,都可以肯定地说,教育改革改到深处是课程,课程改革将成为职业院校专业群建设的核心行动,也将成为深入凸显职业教育类型教育、助力职业教育高水平发展的关键环节。前面几章已经从理论与实践的层面尝试阐述了"职业教育专业群课程秩序应该是什么"的问题,但是这并不足以解决"应然的职业教育专业群课程秩序如何维持和实现"的问题,倘若关于职业教育专业群课程秩序的研究仅仅停留在"是什么"的层面,而不进一步落实到"怎么做"的层面,那么这样的探讨无异于画饼充饥。鉴于此,本章讨论职业教育专业群课程秩序的实践生成问题。

第一节 职业教育专业群课程秩序的生成条件

将环境纳入课程改革实践的构成要素是必要的,这种必要性扎根于这样的事实:所有的课程改革都离不开外部环境所给予的条件支撑,即外部环境条件不仅影响课程改革,而且在一定意义上也构成了课程改革的重要组成部分。

一、认识论条件:基于分类发展的类型改革环境

类型身份强调的是不同类型事物之间某一因素的差异。对于分类的理解可以从两个层面进行:一是归类,二是对这些类别进行安排。"职教20条"从国家顶层设计层面肯定了职业教育是与普通教育不同的教育类型,这不仅是类

型学理论的实践运用,更是中国职业教育类型化改革的理论出发点。[1]

职业教育专业群课程改革具有显著的类型特征。其一,"双高计划"不同于高等教育领域的"双一流",职业教育的类型化改革是基于"大职教观"的现代职业教育体系建设。其二,职业教育的专业群不同于高等教育的专业群。众所周知,本科院校领域早已开始了专业群的实践探索,学术性是高等教育的突出特征,其专业群建设服务于学科体系的重构,是以学科体系的划分将原本分散的专业组织成专业群;而职业院校的专业依据"专业与产业相对接"的原则展开,是依据对社会"岗位群""职业群"所需技能、知识与态度的一种"科学编码"[2],应用性是职业教育的典型类型特征。因此职业院校的专业群建设必须保持与区域产业集群发展的紧密耦合,要及时反映产业发展的新业态、新技术、新规范。其三,职业教育的专业群课程改革不同于高等教育的课程改革。高等教育的课程是基于学科知识系统化的静态的课程结构,其课程构建是服务于高深知识的传承,职业教育则是基于工作过程系统化的动态的课程结构,其课程设置和人才培养是服务于职业生产和实践的。因此,职业教育的专业群课程改革需要从市场调研入手,以工作任务与职业能力分析为着眼点和关键依据,以1+X证书制度、专业教学标准、课程标准等为制度依据,以校企合作、产教融合为主要方式,以工学结合、理实一体化、活页式教材为课程实施的主要依托。凡此种种,显然与普通教育不同,两者有本质性的差别。为此,专业群课程改革要从职教自身特色与发展规律出发,回归"实践属性、应用导向和能力本位",以职业教育类型特征为出发点,建立类型特色突出的职业教育专业群课程秩序。

不同区域、不同行业的职业教育具有不同的特点,分类发展势在必行。我国幅员辽阔,区域间经济文化差异较大,职业教育发展的现实差异悬殊。其一,职业院校的行业基础、体制机制、所处区域的经济文化情况千差万别,不同区域、不同行业、不同体制机制的职业院校难以在发展指标上采用同一标准。其二,反观职业教育系统内部,职业教育作为一种教育类型,其体系内部既有职业教育的一致性特征,也有类型之间的差异性特征,尤其是中职和高职的专

---

[1] 李鹏,石伟平.中国职业教育类型化改革的政策理想与行动路径——《国家职业教育改革实施方案》的内容分析与实施展望[J].高校教育管理,2020,14(1):106-114.
[2] 姜大源.职业教育教学思想的职业说[J].中国职业技术教育,2006(22):1.

业群课程改革差异显著。随着升学率的不断攀升,中职需要同时考虑升学和就业两种导向,如何在兼顾升学导向的同时更好地对接产业链、职业岗位群的需要是中职专业群不得不面对的现实。为此,关于职业教育专业群课程改革要充分考虑职业院校所处区域、行业、学校的现有基础,结合职业院校自身特色进行考量。

综上,对于职业教育专业群课程改革不能采用"一刀切"的评估标准,而应该积极探索分层分类的改革验收标准。为此,一方面,政府层面应该制定出所有专业群建设院校在专业群建设过程中的基本要求,也就是"标准化红线"。[1] 这是专业群建设各项任务的底线要求。在这个底线标准基础上,职业院校可以根据自身的实际情况进行适当调整和改进,"因校施评""因课施评"。另一方面,还应该建立分层分类的课程改革评估指标,根据中高职不同类型、不同起点的职业教育,在组织类型和组织目标的水平分类基础上形成纵向分层验收标准,实现资源的有效配置。

二、方法论条件:基于信息技术驱动的课程改革

方法是人们用来理解和解释事物时所运用的程序,那么这种研究程序的逻辑依据就是方法论。方法论通常不给人们提供具体的步骤,而是作为一种研究途径存在。课程改革的方法、工具的选择直接影响着职业教育专业群课程改革的开展,专业群课程改革的方法和工具选择也是提高职业教育专业群课程改革实效的重要前提性条件之一。如今,随着大数据、云计算、人工智能等新兴信息技术的快速兴起及其在社会各领域的广泛应用,它们正在全面地推动着教育变革。教育的每个环节无不体现着信息技术的身影,专业群课程改革也不能例外。可见,现代化的信息技术势必将成为专业群课程改革不可忽略的重要元素。与此相应,《中国教育现代化2035》指出要利用现代技术加快推动人才培养模式改革。《职业教育提质培优行动计划(2020—2023年)》提出职业教育要主动适应科技革命和产业革命的要求,以"信息技术+"升级传统专业……鼓励职业学校利用现代信息技术推动人才培养模式改革,大力推进

---

[1] 李鹏."双高计划"的治理逻辑、问题争论与行动路径[J].高等工程教育研究,2020,182(3):126-131.

"互联网+""智能+"教育新形态,推动教育教学改革创新。职业教育专业群课程建设必须考虑信息技术和教育的高度融合给课程带来的便利和挑战。

人工智能、大数据、云计算、"互联网+"等信息技术通过其强大的数据库存、先进算法和多元服务,能够克服当前专业群与课程建设过程中面临的诸多问题,助推专业群课程改革的智能化和智慧化。因此,在专业群课程改革过程中要充分利用现代信息技术,让信息技术助力专业群课程改革的科学顺利进行。在前期市场调研阶段,人工智能、大数据和移动互联网等信息技术能够实现对市场数据的准确感知、对产业岗位的科学探测以及对专业布局、课程内容动态调整的及时预警;在课程建设阶段,大数据和互联网技术可以有效打破时空限制,实现不同地区、不同领域课程建设主体的线上沟通和线下引导的"双线联动",实现课程建设方案的整合发布、服务跟踪、动态管理;在课程实施阶段,现代信息技术有助于开发基于职场环境与工作过程的虚拟仿真实训项目,建成设施一流、科学组合、功能集约的信息素养、大数据与人工智能等公共基础实习实训平台,"虚拟工厂"和"虚拟仿真实训室",有效弥补当前专业群课程资源不足的现状,加大课程供给,实现对教育资源的精准配置和课程改革过程的可视化;在课程治理环节,信息技术可以促进内部治理体系改革,通过建立校本大数据中心,健全数据管理与应用机制,有效实现互联网和大数据支撑下的课程治理模式改革,促进课程改革的绩效提升;在专业群课程评价环节,可对专业群课程改革与实施进行过程诊断和精准测度,并对课程建设是否符合一致性、结构性和约束性的标准实施基于大数据的客观评价。综上,当前信息技术的发展可以有效地为职业教育课程改革提供整体的技术方案。当然,新时代的专业群课程改革虽离不开技术,但是也不能完全依赖技术。因为专业群课程改革作为相对微观和新兴的领域,人工智能、大数据、云计算等信息技术能真正发挥作用的空间并不充分。因此,专业群课程改革在使用现代信息技术的同时离不开传统课程建设方法的支持。

三、本体论条件:基于动态稳定的课程秩序建构

如何理解秩序、解释秩序,是专业群课程秩序建构的首要问题,直接关系

到专业群课程秩序构建的立场和认知视角。秩序的本体论就是要回答秩序是什么,对于秩序的不同理解立场构成了不同的秩序本体论,也会带来不同的课程秩序思想与构建行为。秩序是本书的落脚点,职业教育专业群课程秩序的生成应该以对"秩序"本身的正确理解为前提。为此,不仅需要厘清"秩序"一词在本书中的作用和价值,还需要避免对"秩序"一词的错误理解。

一方面,秩序不仅构成了本书的方法论指导,而且是职业教育专业群课程改革的建设目标。本书以"秩序"为核心来研究当前职业院校的专业群课程改革,一是将秩序作为一种分析问题和解决问题的理论工具,将实践和日常生活中的"课程的重新安排与布局是专业群建设的核心"这一问题上升到"课程秩序重构是专业群建设的关键抓手"这一理论高度。本书试图用秩序理论来建构专业群课程改革的理论研究框架。二是将秩序作为课程改革应达到的一种应然状态。也许有人会认为与秩序相对应的应该是"无序""失序",但事实上,本文用秩序一词想要表达的不仅是秩序词源方面的一种顺序和安排,而且是课程建设主体、结构、价值理念、制度等各个要素在结构、功能等方面所形成的相对稳定的结构功能协调。

另一方面,本书所指的秩序是稳定的一致性与动态的变动性的有机耦合。从"秩序"一词的表面意思来看,人们很容易将其与僵化、静止对等起来。事实上,秩序并不是静止状态的,课程秩序也并非一成不变,而是通过在专业群课程建设过程中遵循职业教育专业群课程秩序的规律性,采用渐进性的建设方式和稳定的主体关系,最终达成的课程系统各要素、各方面所形成的一种相对稳定的结构功能协调,是动态发展过程中的相对平衡。显然,秩序与某种社会稳定性是一致的,但是我们首先应该将其理解为动态的稳定性,而非僵化的静止和一成不变。从哲学的角度来看,课程系统本身是一个包含历史形态课程要素与共时性课程要素的系统,前者要求课程建设是基于长时间的市场调研、工作任务与职业能力分析等构成的动态的研制过程;后者则认为课程是一个由多元要素构成的立体结构系统,是将工作过程的内容结构要素纳入其中的立体系统。只有在持续意义上的稳定性才可能带来秩序。因此,课程秩序应当是与动态的稳定性联系在一起的,尤其是职业院校由传统的专业建设模式向专业群建设模式的转型背景下,只有动态的并且稳定的可持续的课程改革才能带来与之协同的课程秩序。课程秩序的生成是有一定条件的,如果专业群课程改革的外部条件发生了根本性的变化,那么课程秩序也会随之发生变化。因此,课程秩序的稳定性是相对的,是一定条件下变动性基础上的稳定性。

四、实践论条件:基于实践情境生成的课程秩序

关于专业群课程建设的理论探索是重要的,但理论研究最终的目的是服务于实践改进,而绝不能仅仅停留在理论的建构层面。总的来说,实践不仅是理论研究和个体认识的直接来源,也是理论研究的直接归宿和目的,课程秩序这一选题的提出源自实践,同时也是在实践中不断生成的。同时,专业群课程改革也不是一蹴而就的,现实的实践情境必然是丰富且复杂的,课程秩序需要在充满复杂性和不确定性的实践情境中加以重新建构。

实践是认识的来源和目的,课程秩序通过实践在改革中生成。课程秩序从来不是从观念层面演绎而来的,而是从"实践的对象化"中产生的。我们对职业教育专业群课程秩序进行探讨,最终指向的是专业群课程改革实践活动的改变。因此,职业教育专业群课程秩序不是从任何的科学观念中演化来的,而是在职业院校专业群课程改革实践活动中创生出来的。同时,秩序应是由人作为主体在实践中通过"实践—认识—实践"的不断反复才得以建构起来的,唯有将科学的专业群课程秩序理念落实到职业院校专业群课程改革实践当中,才能使专业群课程秩序模型在实践中得到检验和修正,也才能促进课程秩序的生成。

专业群课程改革实践需要对充满复杂性和不确定性的实践情境加以重新建构。本书只是初步提炼出了专业群课程改革的实践要素,但事实上,现实的专业群课程改革实践情境往往是错综复杂的,是充满不确定性的。这也就要求职业院校的专业群课程改革建设者对现实情境中的因素进行综合考量,运用个体的实践经验来对情境进行理解和建构。同时要求专业群课程实践者必须秉持"探究"的立场,在不断地思考与行动交错中,对行动中所依据的策略、方案、理论、价值等保持探究的立场,对建设成效、主体关系、价值理念等适时进行反思。这种探究本质上是对实践过程的调适,是专业群课程改革反思性实践的重要组成部分。

第二节　职业教育专业群课程秩序的生成机制

如前所述,高水平专业群课程秩序重构的多个维度既相对独立又相互联系。如图8-1所示。事实上,当这些秩序回归行动层面寻求建设路径时,某些秩序重构的机制有所交叉。推进到实践场域,价值秩序、结构秩序、制度与计划秩序、自发秩序、自然秩序分别对应于影响专业群课程建设的价值理念、市场调研、政策供给、校企合作和内部治理要素。鉴于此,高水平专业群课程秩序重构的实践机制主要有以下五种。

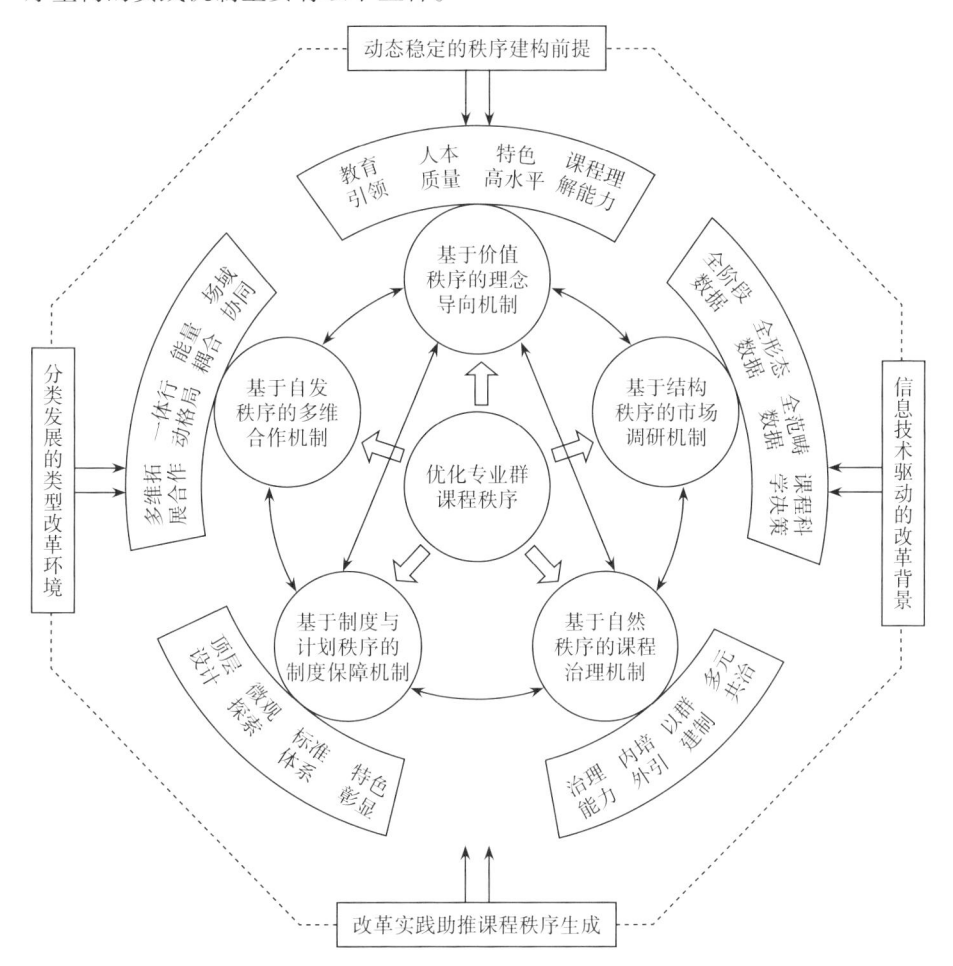

图8-1　专业群课程秩序生成条件与生成机制构造图

一、基于价值秩序的理念导向机制

我们探讨个人、历史时代、家庭、民族、国家或任何一个社会历史群体的内在本质，唯有把握其具体的价值评估、价值选取的系统，才算深入地了解了它。在专业群课程改革过程中，人们往往心存疑惑、不知所措甚至抵制变革，但事实上，并不是人们拒绝变革，而是他们根本不知道如何应对变革。对于个人……要用有关变革过程的知识来武装他们。反思现代职业教育体系建构背景下专业群建设的理路，理念导向的价值引领无疑是一个具有先导性的切入点。如图8-2所示。

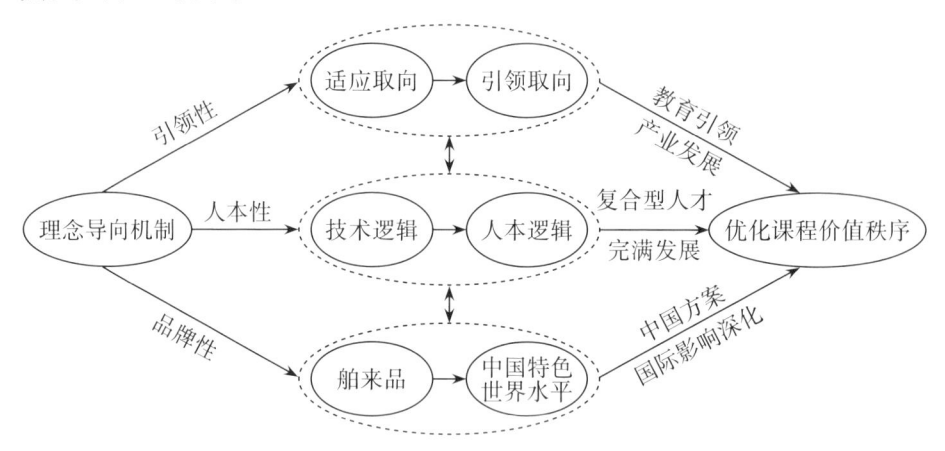

图8-2 基于价值秩序的理念导向机制

（一）从"适应"取向到"引领"取向的转变

"双高计划"要求引领职业教育服务国家战略、融入区域发展、促进产业升级。[1]其中，专业群建设的实施路径有两种，一种是"产业群→专业群→课程群→能力群→知识/技能群"的单向适应路径，一种是"产业群→专业群→课程群→能力群→知识/技能群→创新链→产业升级"的双向循环引领路径。前者作为职业教育专业群单向被动适应的建设逻辑，强调的是从社会到教育的"被动服务逻辑"，忽略了从教育到社会的"主动创新逻辑"。这两种逻辑本质上是教育"适应论"与"超越论"之争。当前，在教育发展路径当中，强调教育要为经济社会发展服务的主张占据主导地位。当然，教育作为社会的子系统理应为经

---
[1]李鹏."双高计划"的治理逻辑、问题争论与行动路径[J].高等工程教育研究,2020,182(3):126-131.

济社会的发展贡献力量,毕竟社会分工推动职业教育的发展,经济结构决定职业教育结构,技术进步制约职业教育内容。但作为技术技能人才培养的重要来源,职业教育更应该思考如何以自身的力量主动助推产业转型升级,对区域产业发展及创新驱动发展战略起支撑引领作用。要想实现职业教育对经济社会的引领作用,其发展逻辑应该遵循:

第一,职业院校的专业群课程建设要具有技术前瞻性和知识复合性。职业院校要转变基于工作岗位人才培养模式,在课程开发与设计中突出对学生岗位迁移能力、可持续发展能力的关注,以学生的工匠精神、学习能力、创新能力、复合能力等未来素养的养成实现学生在未来岗位的技术创新,进而实现教育系统对产业经济的主动助推。第二,跳出"产业—专业—就业"的单向线性建设逻辑,通过职业院校内外部双向联动机制的驱动来回应市场对技术技能人才的需求。职业院校要主动整合院内外科技研发资源,打造专业群课程建设的双向反馈互动环线,使职业院校成为人才培养标准、课程标准、专业教学标准、产业技术发展标准的输出者和引领者,实现职业教育发展对产业转型升级的助推和主动引领。第三,建设技术技能创新服务平台,实现技术的"立地式研发"和转化应用。职业院校长期以来主要专注于技术技能人才服务区域产业发展,而技术创新则处于绝大部分职业院校的视野之外。职业院校在课程建设过程中要积极建设技术技能创新服务平台,通过对技术、工艺和现有知识的改进和组合实现技术应用创新。将职业院校纳入国家的整体创新链,聚焦于中小企业的工艺、技术的创新与改进,"帮助中小企业解决所面临的技术问题,提高产品的技术附加值"[1],以技术创新反哺产业发展。技术研发和转化尤其适用于高职院校。温州职业技术学院的立地式研发模式、苏州工业职业技术学院的人工智能创新服务模式,已成为高职院校以技术创新引领专业群发展的典范。

(二)从"技术"逻辑向"人本"逻辑的转变

职业院校专业群课程秩序的有效构建依赖于行动者与参与者的认知与行动,尤其是作为专业群行动引领的价值理念。产业群→专业群的专业群建设思路,实际上是技术决定论的体现,在这种单向的技术逻辑影响下,专业群建

---

[1] 任占营.新时代高职院校强化内涵建设的关键问题探析[J].中国职业技术教育,2018(19):53-57.

设必然会出现被动适应的模式。但随着"引领"论的出现,建立"以学生为中心"的理念并服务人的生涯发展也逐渐成为职业教育发展的重要理念。关于这一点,我们也可以从国家政策文本的表述中看到这种转变的过程。从"以服务为宗旨,以就业为导向"的发展理念,到"服务经济社会发展和人的全面发展",再到"培养德智体美劳全面发展的社会主义建设者和接班人",逐渐将人的生命成长和生涯发展与经济社会发展统筹于职业教育发展的总体目标当中。随着专业群建设的逐步开展,群理念逐步被引进职业教育领域。群理念并非仅仅表征为若干专业的集群,而是体现在对人们"从有学上到上好学,从会手艺到技艺精,从可就业到能发展"价值诉求的满足。[①]这一价值诉求可归结为"人本"与"质量"的兼顾,内在向度与外在向度的融合。

其一,凸显职业教育的人本价值导向。职业教育作为一种教育类型,不应把培养岗位技术能力作为自身所追求的唯一目标,其发展的本质是通过学习者复合型能力的养成促进学习者职业能力的可持续发展和完满发展,指向主体的自我实现。因此,专业群课程秩序的建设要秉承以"人本"为核心的生涯发展理念,以学习者职业能力的可持续发展为指向,将学习者学习的价值诉求融入到满足产业需求和职业岗位群需求的建设逻辑中,不断调整和创新治理理念,坚持将学生的能力发展和生命成长放在第一位,力求实现学生的一专多能和创新发展。为此,国家层面要自上而下地通过政策、文件、会议、评估等形式不断明晰高水平专业群建设的理念导向,突出人本价值理念在高水平专业群建设过程中的基础性作用;职业院校层面要加强认识,摒弃建设过程中的功利主义思维,对专业群建设所编制的人才培养方案、课程标准等文本当中显现的价值理念进行合理评价及引领,真正发挥"高水平"的示范引领作用。职业院校要加强旨在提升教师高水平专业群课程开发理念及能力的专题培训,避免专业群课程建设过程中出现"随意拉郎配""形聚而神散""关起门造车"等乱象。职业教育科研工作者亦要加强对专业群建设问题的精细研究,不仅需要在宏观层面探讨高水平专业群建设的内涵、价值及其路径等,更需要在课程教学体系构建层面展开具有范式重构意义的理论和实践研究,增强研究的行动解释力和指导力。

---

①潘海生.中国特色高水平专业群建设的核心任务与建设路径[J].大学教育科学,2020(1):116-119.

其二，彰显职业教育的质量发展效能。当前，职业教育已经由规模扩张阶段步入了内涵建设与高质量发展阶段，高水平专业群建设已然成为提升和增强职业教育高质量内涵式发展的关键路径。专业群产生于产业集群化和岗位群聚化时代，力求通过拓宽专业口径，促进人才培养供给侧和产业发展需求侧结构要素全方位融合。实践中，学校专业群建设主体要意识到由传统的专业向专业群转变的客观诉求，特别是有权对专业建设诉求进行"定义"的各个主体，首先要明确将哪些内容列为专业群建设的对象可以提升职业教育发展的效能，解决职业教育人才供给侧与人才需求侧错位的问题。

（三）从"舶来的职业教育"到中国特色、世界水平的职业教育

"中国特色、世界水平"是高水平职业院校和高水平专业群的重要改革目标。从教育到职业教育，无论是学科构建还是理论建设，都算是"舶来品"。"双高计划"是中国职业教育走出国门、走向世界的品牌，我国职业教育要借助"双高计划"、专业群建设，积极实践，通过课程改革在政策、制度、标准等方面积极探索，将中国特色职业教育模式的制度优势转化为现实优势。

一是积极借鉴集群化课程建设模式。这意味着职业院校要充分开展跨区域、跨国界的经验借鉴，积极借鉴相关专业群课程模式实践的先进经验。尽管专业群这一概念的提出仅有十来年，但是职业院校以"群"的理念来组织专业、课程、师资及其他教学资源的实践却由来已久。20世纪90年代，美国已建构起横向体现职业生涯大类、纵向体现知识技能层级的职业生涯群（Career Clusters）以及与其相对接的课程模式，且早已将"（集）群"的理念深入地贯彻在学校的课程建设、资源整合、师资团队建设等方面，且在人才培养、社会服务等方面产生了具有广泛社会影响的实效。在教育转变为"全球共同利益"的当下，我们有必要借鉴这些先行者的实践经验，助力我国职业院校高水平专业群建设。

二是跨境开发与制定相关标准。其一，与国外领先企业合作制定国际化职业资格认证标准，引入国外专业优质职业教育教学资源，与国外企业合作制定本领域职业教育国际标准，开发一批具有国际影响力的专业教学标准、课程标准和教学资源库，提升我国职业教育的国际影响力；其二，贯彻落实"一带一路"教育行动计划，为国外本行业从业人员提供国际标准、师资和培训；其三，

每年外派相关教师到国外行业发达地区以参观考察、课程访学、交流研讨的方式学习国际先进教育理念、课程模式和教育方式,提升专业群教师的课程理解与实施能力。

二、基于结构秩序的市场调研机制

专业群对接区域产业群、职业岗位群,这是高水平专业群建设的核心要义。在实践中,"专业群对接区域产业群、职业岗位群"的宏观诉求要真正落地,离不开对市场要素、产业群要素和岗位群要素的充分了解。因此,市场调研是高水平专业群课程秩序重构的基础。如图8-3所示。

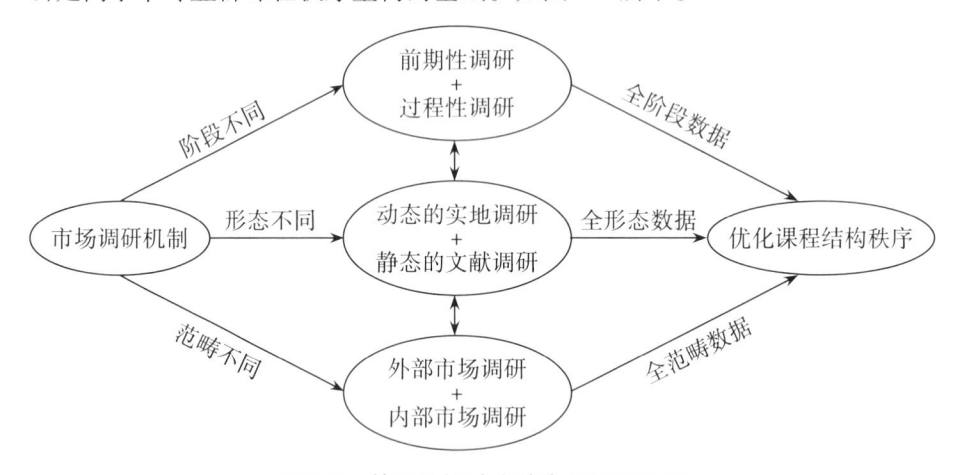

图8-3 基于结构秩序的市场调研机制

(一)前期性调研与过程性调研相结合

专业群作为一种范式改革和顶层战略设计需建立在大规模市场数据的调研基础上,如若只是基于零碎的信息,那么专业群必然是臆想出来的、不科学的。唯有在系统的市场调研基础上,专业群设置和建设才是科学的,也才是有生命力的。

市场调研是专业群建设的前提和基础。具体而言,其一,按照"专业与产业、职业岗位相对接、专业课程内容与职业标准对接、教学过程与生产过程相对接"的要求,对区域内与学校专业群密切相关的产业链和岗位群的分布情况,以及这些产业链和职业岗位群对专业人才的知识、技能和能力的要求进行充分且深入的跟踪调查。其二,要明确本地区同类学校、同类专业群的开设情况,避免区域内同类人才过度竞争而引起就业困难;同时也可通过调研了解其他学校的专业群建设情况,建立职业教育专业群建设共同体,在这个共同体内相近专业群可进行充分的资源共享和经验交流,在协同与集聚、竞争与合作中获得强劲的竞争优势,推进区域专业集群和谐有序发展。前期性调研以职业院校为调研主体,是职业院校对市场情况的初步诊断和调查。

在专业群建设过程中,要再次对市场进行认真的调查分析,认清行业的产业结构和发展趋势。如果说前期性调研的主体是职业院校的话,那么过程性调研的主体则显得更加多元。在开展专业群建设尤其是课程改革过程中,政府、企业、行业、职业院校和职业教育研究人员都参与其中。其中,行业代表便会对整个行业的发展现状、问题和趋势进行研判,企业的管理者、人力资源部门人员、技术专家同样会就专业群相对应的职业岗位群及其人才的类型、层次要求进行说明,这些都成为过程性调研的实质性数据来源,构成了课程结构安排的合理性依据。通过过程性调研,职业院校可精准地确定学校专业群的建群逻辑、组群目的以及课程内容来源、课程结构安排,确定学校专业群和课程改革的发展方向和目标定位。

(二)动态的实地调研与静态的文献调研相结合

以动态调研推动专业群课程改革与产业发展的动态衔接,实现课程模块的动态调整。专业群课程改革的调研不是一蹴而就的临时性行为,而是一项围绕专业群课程建设的长期性、经常性、动态性工作,是专业群课程改革的一种常态化工作机制。职业教育作为与经济社会发展存在高度关联的教育类型,唯有通过动态性的市场调研,才能紧跟市场发展的需要,才能有效应对高新技术的发展、产业机构的调整和职业的频繁变动,否则职业教育的人才培养必然会严重滞后于市场发展的需要。因此,职业院校通过动态调研,监测产业链、职业岗位群的结构、技术标准、操作流程以及对专业人才的素质、能力的要求变化,及时地将新技术、新流程、新工艺、新知识、新方法、新材料等纳入到课程和学习内容当中,适时调整课程结构和课程内容,优化课程资源的配置,及时调整专业群的课堂教学和实训实习,保持专业群课程改革与产业链、职业岗位群的动态耦合和有效对接。"双高计划"指出,职业院校要面向区域或行业重点产业,依托优势特色专业,健全对接产业、动态调整的专业群建设发展机制。因此,高水平职业院校要及时追踪产业发展与行业需求最新动态,实现专业建设与产业发展的动态衔接。

以文献调研推动专业群课程改革的二手资料收集,实现对课程经验的有效借鉴。除了到行业、企业的实地调研之外,还需要结合对相关文献、资料和数据的收集来进行课程改革。文献调研是实地调研的补充形式,主要通过网络、政策文本、文献、书籍等对二手资料进行收集、整理和分析。其目的,一是通过大量文献数据的阅读和学习获得对专业群课程建设的基本认识,保证专业群课程改革理论方向的正确和建设路线不偏航;二是通过对政策文本的分析和整理,集中领会政府的行动方略,更好地指导职业院校专业群课程改革;三是通过专业群申报材料、人才培养方案等相关资料的学习,为专业群课程改革寻求基本的行动范本和可资借鉴的经验。

(三)外部市场调研与内部市场调研相结合

职业教育作为横跨教育域和职业域的教育类型,高水平专业群课程建设的市场调研可据此分为外部市场调研和内部市场调研。就教育域而言,专业群课程改革的核心是依托学校这一载体开展教学、管理和学习,专业群课程改革在教育域的调研需要对学校既有的专业和课程进行充分了解;就职业域而言,其核心是职业,在广泛意义上可以等同于行业,专业群对职业域的调研需要对产业链、职业岗位群及其对人才的职业能力要求进行充分了解。

外部市场调研即对区域经济市场的调研,这也是市场调研的重点所在。在外部市场调研的方法和途径选择上,职业院校可借鉴美国的"职业群基础—职业群途径—职业详细指导—职业群课程框架"的建设框架开展市场调研和专业群课程组建。[①]在市场调研过程中,首先找到学校专业所对应的产业领域中最具有生命力的产业链和职业岗位群,摸清其对技术技能人才能力、规格的需求及趋势,形成"职业群→职业→职业岗位→岗位能力"链式结构对接"专业群→专业→专业方向→课程组建"的专业群课程建设链式结构。在外部市场

---

① 陈晶晶.面向就业的美国职业群课程模式探析[J].职业技术教育,2006,27(31):78-81.

调研的基础上,职业院校还需要对同行专业群建设情况进行内部市场调研,详细了解本地区同类学校专业分布及专业群建设情况,避免区域内职业院校专业群建设和课程安排的同型化,防止由于专业趋同带来的人才过剩。

三、基于自发秩序的多维主体合作机制

高水平专业群课程自发秩序的形成只有各层面、各方面合作到位,才能以和谐的秩序达成课程目标。高水平专业群课程自发秩序的建立势必要求多方位调动多方力量共同参与课程建设,建立有效合作共赢的课程建设互动联合体。如图8-4所示。

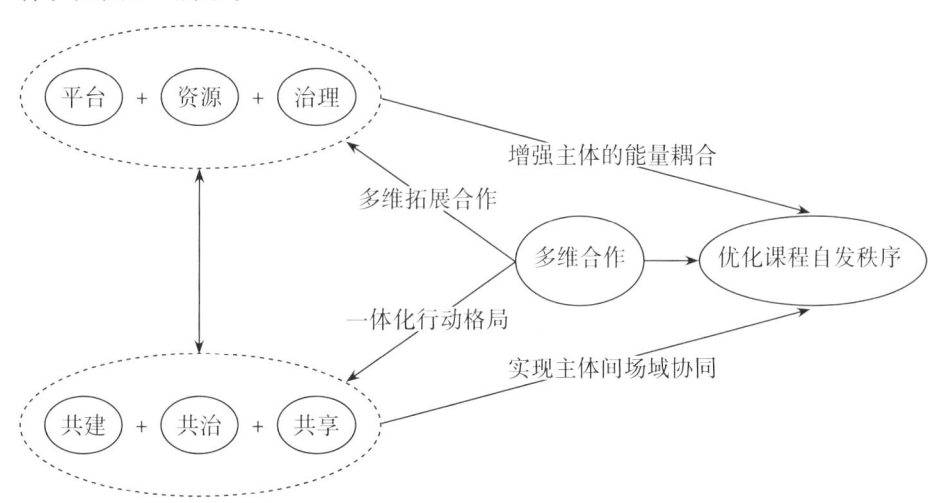

图8-4 基于自发秩序的多维合作机制

(一)基于"平台—资源—治理"的多维拓展合作

高水平专业群建设要求打破割裂的、单一的课程建设模式,立足多层面、多维度、多元主体的课程建设模式实现课程资源的有效整合和深度互融。能量系统理论认为所有系统均可视为能量系统,能量在不同系统之间进行有效传递的过程中可以发生能量耦合效应。[①]政府、企业、行业、学校等多元主体的多方整合,能够促进专业群课程建设的能量释放和耦合增长。为此,专业群课

---

①李梦卿,邢晓."双高计划"背景下高等职业教育人才培养方案重构研究[J].现代教育管理,2020,358(1):107-114.

程建设就要打破闭门造车的格局,拓宽与政府、企业行业合作的路径。

课程建设平台方面,一是校企联合成立"技术协同创新平台"。"双高计划"明确提出,打造技术技能服务创新平台,促进创新成果与核心技术产业化,重点服务企业特别是中小微企业技术研发和产品升级。[1]在专业群课程建设过程中,职业院校应围绕国家创新驱动发展战略,依托高水平专业群建设,与同领域的技术研究中心、科研平台、知名企业、一流高校、科研院所等强强联合,打造协同创新平台,建设引领行业发展的技术创新工作站,通过开展跨专业的技术研发项目,为复合型技术技能人才创新能力的培养提供平台支撑,实现科研创新进课程、进教材、进课堂、带实习实训、带创新创业。二是政校行企联合成立"专业群课程研发平台",组建跨界、跨专业、跨领域研究团队,聘请知名职业教育专家、全国行业专家、大中型企业高管、高级人力资源管理人员、职业教育研究机构研究人员、专业带头人等负责论证课程建设方案、人才培养方案、课程标准等,指导课程建设的全过程,评价课程改革的成效。

课程资源层面,一是校企联合重建实训基地,职业院校应与企业、行业、优质教育集团共建实习实训基地,拓展职业院校专业群课程实施和实践育人的教学场域;二是多主体联合建设专业群教学资源库,依据学校专业群课程改革的需要,通过解构与重构的方式建设职业学校教学资源库;三是校企合作共同研发科学规范、可借鉴可示范的教学标准,开发融合纸质教材、电子教材、网络教材为一体的立体化教学资源包;四是多主体联合创新教师成长渠道,联合培养教学名师、专业群建设带头人、骨干教师,使之成为专业群建设、课程开发、课程研发、新技术推广的核心力量。

课程治理层面,一是政校行企共建专业群课程改革工作小组,建立高水平专业群课程改革智库联盟,政校行企联合制定专业群课程改革的相关制度、标准和规范;二是要形成多方参与的专业群课程建设质量评价机制,实现内部评价向由企业行业主导的外部评价转变,构建定期开展专业群课程诊断与改进的常态化建设机制,以体制机制改革强化课程标准、课程资源、课程团队、实训基地等方面的联合共建,构建专业群课程改革的运行机制和专业群课程改革的治理机制。

---

[1] 匡瑛."双高计划"背景下高职高等性意涵及其实现[J].高等工程教育研究,2020(1):148-152.

(二)构建"共建—共治—共享"的一体化行动格局

自发秩序出现在职业院校、政府、行业、企业、课程专家等自愿行动的平等主体当中,是不同的主体以自发自愿的协同方式建立起来的秩序,是人们通过交往自然形成并遵守的规则状态。政校行企这四个主体在场域上彼此独立且在空间上开放、在利益诉求上相互关联,共同构成了整个专业群课程建设的主体场域。政校行企的场域协同,需要从政校行企的共建、共治和共享三个层面进行理解。

首先,共建是高水平专业群课程建设的基础。职业院校可通过组建职业教育集团、职业教育联盟的方式将政府、企业、行业等统筹纳入专业群课程建设共同体内。其中,企业要积极参与职业院校专业群建设中的典型工作任务与职业能力分析,详细描述相关的职业岗位群、工作任务与复合能力要求;行业要主动参与制定本行业职业资格标准、职业技能鉴定和证书颁发工作,参与制定培训机构资质标准和从业人员资格标准,为专业群课程设计、课程内容的开发提供有效依据;政府要主动协调不同主体的课程建设行为,发挥其在现代社会治理体系中的宏观调控作用,促成政校行企联合"培养人"、联动"孵化人"、联合"使用人"和联合"成就人"[1]。

其次,共治是高水平专业群课程建设的关键。专业群课程建设作为一个跨界的复杂系统行为,要求职业院校应树立"大治理观",打破场域边界,通过组建职教集团等形式统筹构建复合型技术技能人才培养的共同体,将中央政府总揽全局、协调各方的资源整合优势与企业的市场竞争优势、行业的主体协调优势、学校的教育资源优势有机结合起来,打造多主体民主参与、合作共赢的专业群课程建设格局。为此,要充分调动政府、行业、企业、专家等多方力量共同参与到市场调研、课程开发、资源建设等具体的课程建设工作当中。此外,高水平专业群建设要与区域产业集群保持动态耦合匹配,这意味着将哪些专业建构成"群"、如何建构成"群"、建构成为哪种形态的"群"从根本上取决于学校面向的区域产业集群,更具体地说,取决于企业行业的发展样态及其对技术技能人才的需求。因此,企业专家也可为职业院校专业群课程设置提供真

---

[1] 林克松,袁德桔.人才振兴:职业教育"1+N"融合行动模式探索[J].民族教育研究,2020,31(3):16-20.

正有价值的建议,真正将职业岗位所需要的工作知识、职业知识等融入到职业院校课程内容当中。

最后,共享是高水平专业群课程建设的目标。一是要积极建立课程资源整合共享机制。集群化的发展模式要求高水平专业群课程建设强化资源整合的内在驱动力,确保优质课程资源库、实训基地、平台与机制等的互联互通与共享;二是在资源共享过程中提升专业群课程的集成发展力,专业群课程改革过程中要把握好政校行企各个主体参与专业群课程建设的"投入—产出""权利—义务""责任—利益"关系,将复合型技术技能人才培养作为加强政校行企深度合作的价值追求,让专业群课程建设成果真正惠及政府、企业、行业、职业学校及产业的技术创新。

四、基于制度秩序与计划秩序的政策保障机制

制度如果跟不上时代发展的需要,死死抱住上个时代的观念,只具有短暂意义,也是不可取的。回归到专业群课程建设上来,不仅要强化政府在专业群课程改革过程中的顶层设计和战略制定地位,还需要加强学校的特色化课程制度建设。如图8-5所示。

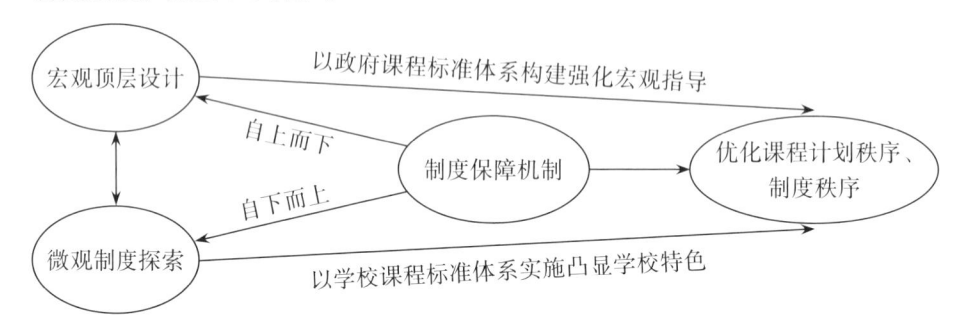

图8-5 基于计划与制度秩序的政策保障机制

(一)加强顶层设计,确立课程标准体系建设的战略地位

高水平专业群发展的动力来源于两个方面,一是职业院校专业内在发展的内生需求;二是政府自上而下的顶层设计的外在推动。事实上,专业群的出现源自职业院校多年的实践探索,但最终是以政府顶层设计的方式开始实施

的。"顶层设计"原本是一个工程学名词,它通过运用系统论的方法,从全局的角度,对某项任务或某个项目的各方面、各层次、各要素统筹规划,集中有效资源,高效顺畅地实现所要达成的建设目标。对促进变革制度化真正重要的不是人们对变革的热情和技能,而是变革管理者规划和管理变革的能量(capacity)[①],由此可见顶层设计对于专业群课程改革的意义所在。我国高水平专业群是在国家建构示范性高职院校和"双高计划"的政策框架下得以实施的,二者均是在职业教育深化改革背景下为实现职业教育高质量、内涵式发展而进行的自上而下的政策实践。这种自上而下的政策设计规定了高水平专业群课程秩序的建构"坚持中国特色""扎根中国大地""产教融合"的行动框架,要求专业群适应产业需求,提升技术技能人才供给和技术创新服务水平,担当时代使命,扎根中国大地、回应中国需求、彰显中国特色,努力打造国际品牌。但是国家课程制度由于其自身所具有的宏观性,势必要求课程制度给予动态匹配,唯有专业群内的每一门课程在课程目标、课程内容、课程资源、课程实施以及课程评价等每一个要素上彰显"引领改革、支撑发展、中国特色、世界水平"的顶层设计,理想的高水平专业群建设方有可能实现。

其一,确立课程标准体系在专业群建设中的战略地位。专业群课程制度的顶层设计体现的是国家关于培养复合型技术技能人才和全面发展的人的基本意志,其表现形式为国家教育行政部门颁布的专业教学标准、课程纲领、课程方案、课程计划、课程标准等相关的标准建设文件。这些文件可对专业群建设背景下课程改革的意义目标、价值取向、体系结构、内容选择与实施路向等做出总的要求和质的规定,对于专业群背景下职业院校的课程改革具有宏观的指导意义。事实上,作为专业群建设核心的课程,却并没有实现从"教育规划"到"政府法案"的实质性转变。只有落实并保障课程发展的政策不可侵犯,课程改革才能得到全社会的实质性支持。[②]此外,高水平专业群的建设既向课程标准体系构建提出了挑战,同时也是课程标准体系确立的良好时机。为此,要充分认识到高水平专业群专业教学标准、课程标准体系在职业教育现代化这个行动纲领中的战略意义。

---

① 尹弘飚.再论课程变革的制度化——概念内涵与分析框架[J].高等教育研究,2014,35(4):66-71.
② 刘坚.新世纪课程变革:亲历者的视角[J].北京大学教育评论,2013,11(4):2-19.

其二,允许部分职业院校开展"摸着石头过河"的实践探索。尽管职业院校专业组织模式的群集化已成为不可阻挡的必然趋势,但事实上,专业群作为一项新兴事物,在我国的实践探索刚刚起步。对于专业群课程如何组织、教学资源如何运用、师资团队如何组建等问题,职业院校普遍一片茫然、不知所措。在这种情况下,高水平专业群的建设在进行系统化的顶层设计时,要适当留白,允许职业院校、企业、教师、学生等结合自身所处区域和学校的历史与现状进行一定程度的实践探索和改革创新,待一线实践者掌握规律和积累相当的经验后,再向更大范围内推行和推广。这种"局部试点"与"系统化实施"相结合的方式不仅有利于在更大程度上实现课程标准的实践创新,还可有效降低改革的风险和成本。

其三,做好课程标准体系建设的"渐进调试"准备。任何改革都不可能是完美的设计和执行过程。高水平专业群课程秩序的建构在强调顶层设计和系统推进的同时,也要根据经济社会发展、教育实践等实际情况,做好课程标准"渐进调试"的准备。因此,系统、深入开展课程标准体系建设对于提升专业群建设水平、增强职业院校内涵式发展能力意义重大。

(二)彰显特色风格,增强学校课程制度构建的实践探索

政府层面的课程制度主要是国家以及地方政府以指令性文件的形式对职业教育课程改革的总体性、统一性部署,并不一定能很好地适应不同层次、不同类型、不同特色职业院校的课程改革实践,这就势必要求各个职业院校根据学校课程改革的需要制定课程改革实施的行为规则。职业院校层面的课程制度探索能够进一步强化课程制度的可操作性、适应性和创造性,大大增强课程制度对职业院校具体校情的适应,有助于逐步形成课程自主更新的机制。学校层面在课程制度建设上的实践探索能有效凸显学校特有的办学理念与发展目标,其文本表现形式为学校课程选择、课程决策、课程开发与课程实施的一系列价值规范和行动规范等文件。与政府课程制度的政策指导性意义不同,学校层面的课程制度更倾向于动态的课程实施方面。好的学校课程制度需要做到:执行国家课程标准有刚性,落实地方课程有弹性,开发校本课程有灵性。为此:

其一，依托大数据，彰显课程标准实施的技术理性，助力课程标准实施从"有限个案"走向"数据决策"[1]。理念层面的"专业群对接区域主导产业群和职业岗位群"的诉求要想切实得到实施，离不开课程标准编制者对外部市场发展样态、产业链与岗位群发展现状与趋势、区域经济对技术技能人才需求状况以及同类职业院校专业群建设情况的充分了解。长期以来，囿于资源的有限性，职业院校专业建设的市场调研主要是基于有限个别数据进行的普遍广泛治理推测。随着大数据的发展及其在教育领域的运用，高水平专业群的建设有了更为精细化的数据来源和科学化的决策基础。如此，课程标准的编制和实施可以基于海量、动态、及时、准确、全面的大数据进行深入和精准的"全样本"分析。

其二，职业院校在课程标准实施监控过程中可推行以"下达指标、分解任务、量化考核"为特点的技术治理手段[2]，通过"痕迹"印证"实绩"，呈现课程标准实施的自然痕迹，如调研方案、调查问卷、访谈提纲、市场调研报告、建设方案、论证报告、工作任务分析会影音等来反映专业群课程标准建设的实际进度和成绩。值得注意的是，在实践中，要极力避免"为邀功而造痕"和"为避责而造痕"的痕迹主义行为，这种行为极易导致一线专业群建设者对工具理性的过分关注，将原本作为目标的"实绩"置换成作为手段的"痕迹"。要让人们更加关注课程标准实施本身的行动是否正当，而非更多关注如何让课程标准体系实施更有效率。

五、基于自然秩序的课程治理机制

我国职业教育发展迈入了"双高"时代。围绕"双高计划"建什么、怎么建的核心问题，职业院校展开了多样化探索。在"建什么"的问题上，专业群作为人才培养的基础单元及管理服务的基本载体，是完成"双高"建设计划的重中之重。但是，高水平专业群课程建设绝非只是课程结构重构、课程资源共享的技术问题，还需要相应支持系统的变革，尤其需要治理层面的重新塑造予以支

---

[1] 姚松.大数据时代教育治理转型的前瞻性分析：机遇、挑战及演进逻辑[J].现代远程教育研究，2016(4)：32-41.
[2] 颜昌武,杨华杰.以"迹"为"绩"：痕迹管理如何演化为痕迹主义[J].探索与争鸣，2019(11)：111-121.

撑，否则专业群建设难以达成预期目标。在这个意义上，针对"怎么建"的问题，专业群课程秩序的建构唯有落实和贯彻到治理层面方有可能实现根本性的突破。

现代意义的课程是和民族国家的建立联系在一起的，是国家对公民进行治理的技术。职业院校专业群课程秩序的养成不能仅仅通过课程内容、课程结构等的变革来进行，需要从课程治理入手。因此，职业院校专业群课程建设的深化应着眼于课程治理。课程治理的主体包括了教师、专业带头人等个人以及学校、行业、企业等组织，个体的治理能力、组织的治理效能决定了专业群课程治理的质量。[①]如图8-6所示。

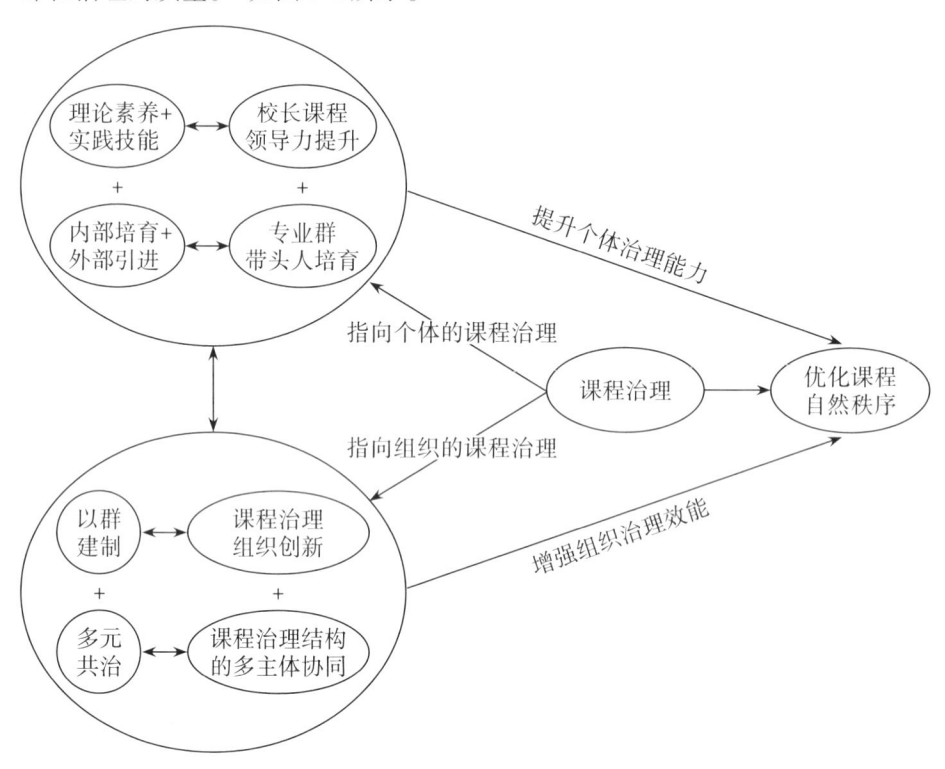

图8-6 基于自然秩序的课程治理机制

(一)理论素养与实践技能并重，内培与外引兼顾：提升专业群课程参与者治理能力

一直以来，校长被认为是学校的管理者，但随着时代的进步，校长被赋予

[①]辛自强.社会治理中的心理学问题[J].心理科学进展,2018,26(1):1-13.

了更多的统筹规划和指导规划的引领作用。同时,在传统观点中,教师对课程治理的参与主要局限在课程实施环节,随着课程改革的深化,教师必然会通过自身的专业化发展实现对课程治理的更深层、更多维度的参与。如何通过提升校长的课程领导力和培育专业群带头人来加强其参与课程治理的力度,成为个体赋权层面课程治理的重要突破点。

1."理论素养"和"实践技能"并重,实现校长从"行政权威型"到"专业学习型"的转变

在学校层面,校长变得越来越重要,校长是变革的守门人,决定着变革的命运。校长的课程领导力关乎专业群课程改革的前景。职业院校的校长是课程改革的启发者、引领者和课程研发的合作者、推动者,关乎着先进课程改革思想的引领和课程规划方向的把控,关乎校内外课程资源整合和课程建设团队的凝聚。为此,一是要通过校长培训和自我学习,提升校长课程领导的专业素养。课程领导的专业素养包括课程设计原则、课程内容架构、课程实施过程、课程评价方法等。如果校长对这些理论层面的内容毫无所知,那么学校的课程改革将难以有效推进。为此,要在校长培训过程中综合运用案例教学、理论讲授、研讨互动等方式,让校长在学习过程中提升自身的课程领导素养。此外,与校长"教而优则仕"的专业成长路线不同的是,校长尚需增强自身在反思中学习的能力,通过书籍阅读、专家咨询、参与培训等方式提升自身的专业素养,实现从行政权威到专业权威的转变。二是在行动中学习,提升校长的课程领导实践技能。领导意味着责任,校长只有亲身参与到工作任务与职业能力分析、人才培养方案研讨、课堂观察、校本研修等实际环节中,并积极对专业群课程改革进行理念引领、方案指导、人员关系协调和课程实施监督,才能更好地在行动中提升自身的课程领导力。当然,这并不意味着单靠校长个人就可以实现专业群课程的提质增效,相反,脱离课程建设团队,校长的课程领导力乃是空中楼阁无从发挥。尤其对于职业教育而言,课程研发必须面向岗位群和复合型人才组建跨专业、跨领域的研发团队,在这个团队中校长发挥着"枢纽"和"舵手"的作用。

2."内培"与"外引"相结合,实现"专业带头人"向"专业群带头人"的转变

专业带头人是职业院校专业建设的领导者,在专业发展、专业课程规划、专业资源整合、专业教学组织、专业团队打造等方面发挥着不可替代的重要作用。在课程方面,专业带头人既是人才培养方案的设计者,也是课程建设的主要负责人、课程实施的关键监督者和课程评价的重要参与者。在高水平专业群建设背景下,专业群带头人的培育,是一个从"如何上好课"的新手教师到"掌握课程开发能力"的骨干教师,再到"如何站在专业发展的高度思考专业建设方向"的专业带头人,再到"如何通过不同专业的有效知识整合实现专业群协同高效发展"的专业群带头人的发展过程。在"双高计划"建设背景下,专业群带头人就显得更加重要,专业带头人向专业群负责人发展是专业群建设的必然趋势。为此,第一,"走出去"与"引进来"相结合,实现职业院校专业群带头人的内部培育。一方面,职业院校要积极推行针对性较强的专业群带头人培训计划,鼓励和资助专业带头人"走出去",到高校、企业行业、科研院所乃至国外学习培训,提升其课程开发能力。另一方面,还可将高水平职业院校和高水平专业群的名师、师资团队"引进来"交流合作。同时,职业院校还可以与企业、行业和科研院所紧密配合,通过产、学、研、用相结合的方式,充分发挥不同培育主体在人才、设备和财力方面的互补优势,协同培养专业带头人。通过跨界的实践和学习及学术交流、技术创新的途径让专业群带头人掌握行业发展趋势、企业需求、课程设计原则、课程实施原则等,增强专业群带头人的课程改革能力和胜任力。第二,采用从企业行业聘用的方式培育专业带头人,实施专业群带头人引进计划。"双高计划"明确提出要"培育和引进一批行业有权威、国际有影响的专业群建设带头人"。因此,如果能够从企业聘用在专业上有权威、在行业中有影响,且能够掌握专业发展方向的技术精英担任校外专业群带头人,无疑可推动专业群课程改革迈向更高的水平。

(二)以群建制,多元共治:增强专业群课程治理组织的治理效能

课程的治理本质决定了课程变革必然会涉及课程治理变革,且走向课程治理变革是课程有效实施的必然要求。在课程改革中落实专业群,不能仅仅

通过课程理念的改观、课程结构重塑来进行,而是需从课程治理的组织创新和结构优化入手,否则专业群课程改革愿景只能是画饼充饥。

1."以群建制",探索职业院校基层课程治理组织的创新

一是破立结合,重构职业院校治理结构。"双高计划"明确提出要"优化内部治理结构,扩大二级院系管理自主权,发展跨专业教学组织"。职业院校应该以专业群课程建设为重点,探索并实施"以群建制""以群建院",以专业群为单位直接对接市场,从体制机制层面加强专业群课程建设的协同性、开放性与系统性,这是实现职业院校治理能力现代化的重要抓手。二是责任下移,激发专业群课程改革活力。"以群建制"所构建的"学校—专业群学院—专业负责人"的扁平化治理框架,有利于精简职业院校的管理层级,简化专业课程建设的程序,赋予了专业群学院在专业群建设和课程改革方面的人权、事权、财权和物权,实现了权责利的下移,可有效激发基层办学单位的活力。三是打破壁垒,提高专业群课程治理的效能。专业群学院的组建模式打破了课程建设过程中存在的专业与专业之间、不同院系之间、不同部门之间原有的直线式、科层式的管理体制机制制约,形成了交互开放的治理体系,有利于从治理层面高效地实现对课程建设各项资源的有效整合。重要的是,将专业群学院作为课程建设和资源配置的基本单位,有助于保持专业结构与区域经济发展的吻合,课程结构与职业岗位的耦合,实现专业群课程的动态管理。为此,要基于专业群,并以课程秩序重构为抓手,以产教融合的办学理念和集群发展的专业治理理念为指导,完善职业学校课程治理机制,提高职业院校课程自治能力。

2."多元共治",构建职业院校课程治理结构的多主体协同

有效的课程治理要求职业院校必须通过开放的治理结构充分包容利益相关者,在伙伴关系的框架下,通过各利益相关者的积极参与、治理主体结构的建立和精细化治理体系的完善来实现职业院校高水平专业群建设的内部治理。为此,一是要加快完善由校长、教师、技术专家、课程专家、课程管理人员、教育行政人员、课程专家代表、企业行业等组成的专业群课程治理主体结构,服务于专业群课程的规划、咨询、协商、组织、实施、监督、指导和评价。其中,教师是课程开发和实施的主体,技术专家决定了职业院校课程与产业结构的

对接程度,课程专家决定了专业群课程改革的理论合理性,校长的课程领导力决定了课程建设的方向,行政管理人员影响着课程的组织与实施,企业行业在职业教育课程开发中扮演着异质跨界合作、供需适应合作、资源互补合作和培养衔接合作的主体角色。因此,在专业群课程建设过程中应充分听取这些主体的声音,明确各个治理主体在职业院校专业群课程建设内部治理事务中的参与权和话语权,充分彰显民主性,克服"泛行政化"和"过度行政化"。二是要将原有的教研、教务等部门重组,组建成专业群课程发展委员会,下设组建专业群课程审议组、专业群课程规划组、专业群课程研发组、专业群课程实施组、专业群课程保障组、专业群课程评价组等职能部门。同时,赋予每个课程改革发展组织以常态化的工作内容和发展资源,负责在不同层面推进专业群课程建设。专业群课程审议组主要是对课程建设方案的科学性进行审议;专业群课程规划组则负责在市场调研、工作任务与职业能力分析的基础上,拟定和修订职业院校的课程方案;专业群课程研发组的职责则在于结合1+X证书制度和典型工作任务分析结果对每个模块的课程内容进行研发和组织;专业群课程实施组的任务是将理论化的课程设计转化为课堂教学层面的教学内容;专业群课程保障组主要负责及时协调专业群课程建设中遇到的困难和问题,为专业群课程建设提供资源保障;专业群课程评价组则负责建立一套内容指标化、步骤程序化、考核数据化的课程改革指标体系,对每个环节的课程改革行动进行评价,并提出相应的改进意见。

结论

当前,专业群建设正在成为强化职业院校内涵式发展的着力点、增强职业院校吸引力的驱动点和促进职业院校服务区域经济的支撑点。专业群建设不仅可以有效满足产业集群化发展对复合型技术技能人才的迫切需要,推动职业院校人才培养实现从"一技之长,单人单岗"到"多人多岗,一岗多能"的人才供给模式转变,而且可以通过专业的整合、协同与提升,建立专业间共生共赢、共建共享、互动互助的良性关联结构。最为重要的是,专业群建设还可有效推动职业院校从"学校—学院—系—教研室"的管理层级转向"学校—专业群—专业"的治理结构。凡此种种,通过专业群建设职业院校都可以有效实现提质培优、增值赋能的内涵式发展,增强自身适应产业结构不断调整变化的能力,进而在新的经济业态下实现以质图存。事实上,专业群并非单一专业的简单相加,它与传统专业有着性质、形态尤其是范式上的根本不同。专业群是基于所服务区域产业集群上不同岗位群的相互关联而建构的能够实现跨界、协调、合同而又一贯的人才培养新载体,是要通过相关专业之间的有机整合、协同、共享激发专业内部的原生发展活力,延长专业发展的生命周期,进而实现"1+1+1>3"的专业建设效益,是从"群"的层面对职业院校传统专业建设的一种范式"革命"。专业群建设的核心是以"群"为范式,在资源配置上共建共享,在治理体系上优化改革,但关键的是以"群"为口径,重构课程体系。为此,如何合理地组织某一专业群之下的不同类型知识,如何处理不同专业群的课程内容与结构以科学对接岗位群需要,都是产业集群化发展背景下职业教育专业群建设迫切需要解决的难题,而这些问题的本质即课程秩序问题。由是,专业群建设的本质是课程秩序的重构,课程秩序主导了专业群改革的内在进路。

本书遵循文献分析—模型建构—实践验证—理论归结的逻辑理路,借助文献研究法、访谈调查法、田野考察法等,从前提性阐释、过程性建构和整体性保障三大层面,围绕两条主线对职业教育专业群课程秩序展开研究:一条是围绕"秩序"搭建研究的明线,从内容之维、主体之维和实践之维将职业教育专业群课程秩序解构为职业教育专业群课程秩序的内容表征、主体参与和实践标准三个二级维度和九个三级维度。然而,本书最终还是要回归到课程层面,因此,本书同时围绕"课程"建构研究的暗线,分别回答课程建设需要什么样的价值引领、结构安排、制度保障、主体参与、配套评价等,在此基础上对职业教育专业群课程秩序进行系统探究。围绕这两条主线,本书主要得出了以下结论:

第一,确立了职业教育专业群课程秩序研究的立论基础,明确了专业群课程秩序的分析框架。立论基础层面,借鉴秩序理论、自组织理论和集群理论,笔者认为:其一,秩序存在多维整合结构,秩序是由结构、体系、制度、主体和状态等构成的综合体。其二,职业教育专业群课程建设是一个从无序到有序,再到多类型、多层次秩序的过程。其三,"集群"这一概念在职业教育领域的出现,不仅仅是一个概念的引入,专业群还是一种基于资源整合的行动范式变革。在专业群的课程建设过程中,必须以"群"为基础和抓手,从群理念、群生态、群制度、群逻辑、群治理等多个方面,实现专业群课程建设的整体范式变革,达成高水平专业群的建设目标;分析框架层面,综合秩序研究的维度和课程研究的维度,职业教育专业群课程秩序大体包含内容表征、实施主体、实践标准三个向度,各个向度又涵括具体维度。其中,秩序内容包括价值秩序、结构秩序和制度秩序;秩序主体由计划秩序、自发秩序和自然秩序构成;实践标准内含一致性状态、结构性状态以及约束性状态。

第二,确立了专业群课程"价值秩序",明确了专业群课程改革的价值引领。课程问题并不是一个中立客观的视野,它往往涉及利益、价值与意识形态问题。因此,课程的研究不仅要关注"什么知识最有价值",更要关注"谁的知识最有价值"。一般来说,课程的来源主要有三个方面,一是原生性来源——知识,二是内生性来源——学生,三是外生性来源——社会。价值主体按照自身认识水平,以一定的客观价值标准为依据,在价值实践过程中表现出心理与行为趋向。依据对课程建设中对人、知识和社会三要素的侧重不同,职业教育专业群教师在课程的目标、内容、组织、方法、评价等方面表现出不同的倾向性,呈现出强调专业知识的掌握、突出社会经济发展的需要、重视学生的自我实现和完满发展、以高效的技术型教学策略来达成课程目标、立足于工作情境来设计课程内容等不同倾向,不同价值取向的教师在行为上也会表现出不同的倾向性。每一种取向都与专业群课程改革有着内在的某种程度的契合性,能有效指导专业群课程改革的顺利开展,但都属于"片面的深刻"。专业群课程价值秩序是多重因素驱动的实践活动,遵循复杂性的价值视角是专业群课程价值秩序形成的逻辑起点,从割裂的单一主体到多元协同的主体构建是专业群课程价值秩序的主体性要求,课程建构过程中科学性的价值行动是专业群课程价值秩序形成的关键性因素。在高水平专业群建设中,理想的课程价值应是实效尺度的多元综合,是个人尺度与社会尺度的有机融合,是内在尺度与外在尺度的统一。倘若片面迎合产业发展需求而漠视学生发展需求,抑或单纯满足学生发展需求(如升学的需求)而无视产业发展需求,又或忽视课程群自身的合理建构需求,那么,高水平专业群建设必将成为空谈。

第三,建立了职业教育专业群课程"结构秩序",建构了凸显职业教育特色的专业群课程结构。课程结构既包括依据什么目标、组织什么内容的问题,也包括以何种形式来组织课程的问题。专业群课程改革的核心就在于,通过课程结构的合理安排,即课程结构秩序的达成来实现"1+1+1>3"的协同效应。结构主义认为,结构是系统变革的着眼点,专业群建设背景下课程结构的改革既包括对构成比例和组合方式的改变,也包括构成要素的种类性质的转型,是一种深层次的范式变革;经济发展需求侧从"一技之长,单人单岗"到"一人多岗,一岗多能"的转换,势必要求职业院校人才供给侧开展基于"复合型技术技能人才—整体性课程观—工作过程系统化"的课程结构改革;1+X证书制度作为一项长期实施的制度性改革可有效助推包括课程在内的人才供给侧改革,能为专业群课程改革过程中形成"纵向层次化、横向复合化"的集成化新课程结构提供制度依据。协调的结构促进秩序的形成,而紊乱的结构则会导致失序。在专业群建设过程中,如何将不同专业、不同性质、不同形态的课程进行有机组合,使其发挥合力实现人才培养目标,既是实践要点也是技术难点。而这其中暗含的就是课程结构的问题,亦即各类课程及课程内部各成分间如何组合的问题。从理论层面来看,基于工作过程系统化的课程结构是一个多层次、多维度、多方面的综合结构,一般包含三个层次:一是宏观课程群结构,即课程群的门类结构;二是中观课程群结构,即课程群内部的科类结构;三是微观课程群结构,即课程单元结构。从实践层面来看,专业群课程改革一是要基于市场调研和专业调研来明确"专业群定位";二是要以典型工作任务分析和理论前沿为依据确立包含"底层共享、中层分流和高层互选"三个层面,包括公共基础课程、专业群基础平台课程、专业方向课程模块、专业群拓展课程模块在内的"课程整体内容框架";三是要以1+X证书制度为依据,实现对课程内容的纵向分层与横向分类;四是要以国家文本规定和专业群共同素质要求为依据构建"底层共享"的基础平台课程;五是要以专业群各典型工作任务专项能力为依据建立"中层分流"的专业方向模块课程;六是要以各专业的拓展通用能力为依据构建"高层互选"的专业群拓展课程模块。

第四,确立了职业教育专业群课程"制度秩序",明确了专业群课程改革的制度基础。课程改革过程中有一个错误的倾向,即认为只要课程价值取向正确了,结构明晰了,课程便可以顺理成章地得到实施。事实上,对于课程改革来说,健全有效的课程制度必不可少。要使这些课程价值观念和结构转化为实践层面的行动方式,就需要课程制度来保障其得以实施。在这个意义上,课程所涉及的不仅仅是教什么、如何教的技术问题,更是制度方面、系统方面的问题。可以说,任何一场真正意义上的改革,都往往伴随着制度的重建。一方面,课程制度与课程改革是同步共演的关系,专业群课程变革为制度体系的完善赋能增效,课程制度建设可以为专业群课程改革的开展提供行动保障,专业群背景下课程改革的推进对课程制度的配套性变化提出了迫切要求。另一方面,顺应现代教育治理体系建设的需要,专业群课程建设作为一个全息性的复杂系统和公共领域,呼唤公共理性的回归,而制度是公共理性的文本化表达,是基于共识的规范性说明,专业群课程改革亟须建立基于"重叠共识"的制度体系。当前,关于制度与秩序的关系可以归结为三个观点:一是制度即秩序,二是制度是秩序的重要组成部分,三是制度促进秩序的生成。凡此种种,本质上都在强调制度与秩序的密不可分,这构成了制度秩序存在的合理性论据。

为此,要充分重视制度在秩序形成中的重要作用,制度有不同的类型,秩序的生成需要不同制度的协同作用。建构制度秩序的前提是对制度或制度结构进行剖析。从结构层面看,课程制度涉及理念、载体、规则与对象四大要素,需要我们将关注"人的成长"作为课程制度建设的中心,充分彰显专业群建设背景下"群"的价值观;推进包含职业院校治理体系重塑在内的系统"范式"变革,逐步转向重视"权益导向"的课程制度,以"权力"和"权益"为核心明确专业群课程建设的主体角色,并从行为规则层面引导专业群课程建设的行动。从类别角度看,课程制度包含了正式制度、非正式制度和实施机制,课程制度秩序的形成需要正式制度、非正式制度以及实施机制的互嵌共生。从过程与结果的层面来看,专业群课程制度的制度化,不仅意味着课程制度的规模化,专业群课程建设需要建立起系列的完善的制度加以规范和引导,而且意味着课程制度的可持续性和常规化,专业群课程制度建设的成效应该在更长的时间范畴内得以验证,且应该内化和深入到师生的学习日常中。落实到行动层面,需要以国家资历框架为指导,增加顶层设计的系统性与深层性;以国家专业教学标准为依据,促进培养内容的精细化与融通性;以课程标准为基础,促进课程设置的规范化与灵活性。

第五,明确了职业教育专业群课程"主体秩序",确立了层次清晰、分工明确的专业群课程的多主体参与。职业教育课程秩序的存在离不开主体的参与,专业群课程建设主体及彼此间的关系,必将引发课程秩序的变化与更替。作为专业群和课程建设的实施主体,职业院校是专业群课程建设的最直接利益相关者和受益者,是"顶层设计"的直接践行者和"教化育人"的最大受益者。企业是职业教育专业群课程建设的重要参与者,应依法履行实施职业教育的义务,实现其培养有"真才实学"的人才并获得"真实有效"收益的诉求。政府是职业教育专业群课程建设的间接利益相关者,其主要利益诉求是通过专业群课程建设培养一专多能的复合型人才实现社会公共效益最大化。行业是劳动力市场的"鉴定师",通过参与专业群课程改革可以满足行业技术创新的需求。关于这些主体间关系的认识,要坚持主体性与主体间性的统一。主体性明确了课程建设参与者作为主体参与,能够保证课程建设的每个主体对自身的角色与任务有明确认识;主体间性则能保证课程建设主体间通过对话、交流与合作，最终建立一个共同认可的行为模式。坚持主体性与主体间性的统一，旨在追求更高层次的课程建设主体合理性。我们从主体性与主体间性的角度来解读政府、企业、行业和职业院校等利益相关主体在专业群课程建设中的作用，并非要为他们当中的任何一个"正名"。事实上，职业教育专业群课程建设主体身份是在持续的实践过程中得以"确证"的，主体地位的确立取决于他们主体性发挥和主体间关系的有序安排，也就是主体秩序。课程秩序是在不同主体的多元参与和胶着互动中得以维系的，专业群课程秩序的主体之维包括了以政府顶层设计为核心的计划秩序、以多主体中层合作为核心的自发秩序和以职业院校自组织底层探索为核心的自然秩序。其中，计划秩序的实现要求政府完善从"国家资历框架"到"专业教学标准"的标准体系，提供从"需求侧数据"到"课程开发团队"的资源支撑，践行从"规范制定"到"实践纠偏"的元治理身份；自发秩序的生成要求政校行企要在个体和组织层面多维合作拓展，以行动自觉来助推不同主体间的"能量耦合"效应和"场域协同"效应；自然秩序则要求职业院校构建差异化、特色化的专业群课程体系，建立课程建设动态耦合机制和可持续发展机制。

第六，理清了职业教育专业群课程"实践秩序"，确立了专业群课程改革的评价依据。从不同维度解答课程秩序在多大意义上是趋好的秩序，目的在于确立专业群课程秩序的评价标准。这一问题的另一种表达，即如何评价职业教育专业群课程建设的成效。对于专业群课程建设的成效评价，一是要衡量专业群课程建设的科学性。为此，一方面专业群课程建设要反映职业岗位群的基本需求，保持与产业链的全面对接，保持专业群课程知识基础的一致，基于技术基础的相近性等，通过专业群课程组群逻辑与市场需求的对接性，来保证组群逻辑的科学性。另一方面要具有高度共享、密切关联和彼此互补的教师团队、实训基地和课程资源库，这些不仅是支撑专业群课程改革深入推进的重要基础，而且是高水平专业群课程改革成效的外在表征。二是要关注其作为一个独立跨界形态的协同性。一般来说，专业群课程的变化集中体现在课程建设主体之间和课程内容方面的结构性变化，课程其他方面都会因为这种结构性关系的变化而变化。为此，其一要基于课程内容结构，评价课程结构的合理性；其二要基于产教融通的深度，评价课程主体结构的协同性，评价建设机制的协同性。三是要从职业院校发展的治理体系高度考察其发展的贡献度,也就是考察职业教育专业群课程建设能在多大程度上促进复合型技术技能人才的养成。对高水平专业群建设而言,课程秩序建构的最终目标指向的是学生"一专多能"复合型能力素养的养成,其核心目标指向的是职业院校专业群课程品牌特色的形成。为此,一方面要基于人才培养目标,评价课程制度对办学质量的贡献度;另一方面要基于品牌辨识,评价课程制度对课程特色的贡献度。

第七,明确了职业教育专业群课程秩序生成的条件,构建了专业群课程秩序的机制。本书分别从外部的生成条件和内在的生成机制回答专业群课程秩序"怎么办"的问题,其目标就是提出职业教育专业群课程秩序的优化对策。所有的课程改革都离不开外部环境所给予的条件支撑,即外部环境条件不仅影响课程改革,而且在一定意义上也构成了课程改革的重要组成部分。认识论层面,"职教20条"从国家顶层设计层面肯定了职业教育是与普通教育不同的教育类型,这构成了中国职业教育类型化改革的理论出发点。在类型化改革背景下,职业教育专业群课程改革不能采用"一刀切"的评估标准,而应该积极探索分层分类的改革验收标准,充分考虑职业院校所处区域、行业、学校的现有基础,结合职业院校自身特色进行考量。方法论层面,课程改革的方法、工具的选择影响职业教育专业群课程改革的开展,专业群课程改革的方法和工具选择也是提高职业教育专业群课程改革实效的重要前提条件之一,职业教育专业群课程建设必须考虑信息技术和教育的高度融合给课程带来的便利和挑战。本体论层面,秩序不仅构成了本书的方法论指导,而且是职业教育专业群课程改革的应然图景,课程秩序应当与动态的稳定性联系在一起,尤其是职业院校由传统的专业建设模式向专业群建设模式的转型背景下,只有动态的、稳定的、可持续的课程改革才能带来与之协同的课程秩序。实践论层面,课程秩序是在实践中不断生成的,但专业群课程改革也不是一蹴而就的,现实的实践情境必然是丰富且复杂的,课程秩序需要在充满复杂性和不确定性的实践情境加以重新建构。要重构高水平专业群课程秩序,一是要基于价值秩序构建理念导向机制,力求实现从"适应"取向到"引领"取向,从"技术"逻辑向"人本"逻辑,从"舶来品"到"中国特色、世界水平"的理念转变。二是要基于结构秩序构建市场调研机制,将前期调研与过程调研,动态的实地调研与静态的文献调研,外部市场调研与内部市场调研有机结合。三是要基于制度秩序与计划秩序构建政策保障机制,不仅要加强顶层设计,确立课程标准体系建设的战略地位,而且要增强学校课程制度构建的实践探索,彰显课程特色。四是要基于自发秩序构建多维合作机制,开展基于"平台—资源—治理"的多维拓展合作,构建"共建—共治—共享"的一体化行动格局。五是基于自然秩序的课程治理机制,坚持理论素养与实践技能并重,内培与外引兼顾,提升专业群课程参与者治理能力;以群建制,多元共治,增强专业群课程治理组织的治理效能。

职业教育专业群课程秩序是一个复杂、难度大且极具挑战性的选题,本书对专业群课程秩序的研究只能是在笔者能力所及范围之内尽量接近理想的研究结果,但也难免存在着这样或那样的局限。期望本书既能初步阐明职业教育专业群课程秩序的丰富复杂性,又能够引起人们对这种丰富复杂性的进一步探索与思考。笔者也将在日后的实践探索和理论研究中进一步深入求索。

附录

附录1　专业群课程建设访谈提纲(院校版)

尊敬的_____:

您好！为了深入了解职业院校专业群课程建设情况,提升专业群课程改革的成效,西南大学教育学部"专业群课程改革课题组"在全国中高职学校开展了本次半结构式访谈调研。该调研信息仅供本课题组职业院校专业群课程改革的研究使用,绝对不会用于其他商业用途。希望您在百忙之中支持并配合本次调研,谢谢！

1.根据您的观察和判断,您认为职业院校进行专业群课程改革的必要性和可行性如何？

2.您认为目前职业院校专业群课程改革取得了哪些成效与经验？

3.您认为当前职业院校开展专业群课程改革的主要困难是什么？

4.您如何看待当前职业院校专业群课程改革的发展走势？

5.您认为企业、行业在专业群课程改革过程中扮演着什么样的角色？

6.请描述贵校专业群课程改革的大体流程及参与人员。

7.请描述贵校在专业群课程建设方面所做的改革工作,尤其是原有课程之间协同发展、资源共享所做的创新性工作。

8.您如何评价当前贵校所进行的专业群课程改革实践？

9.您是否有其他补充？

附录2　专业群课程建设访谈提纲(企业行业版)

尊敬的＿＿＿＿＿＿＿＿：

您好！为了深入了解职业院校专业群课程建设情况,提升专业群课程改革建设的成效,西南大学教育学部"专业群课程改革课题组"在全国开展了本次半结构式访谈调研。该调研信息仅供本课题组职业院校专业群课程改革的研究使用,绝对不会用于其他商业用途。希望您在百忙之中支持并配合本次调研,谢谢!

1.您认为当前企业对职业学校学生的岗位、任务和能力有什么新的要求?

2.根据企业对职业院校人才需求的变化,您认为职业院校进行专业群课程改革的必要性和可行性如何?

3.您认为企业、行业在职业院校专业群课程改革过程中扮演着什么样的角色?

4.当前您所在企业/行业与职业院校的合作主要包含哪些方面?

5.您所在企业参与职业院校专业群课程建设时所做的创新性工作有哪些?

6.您认为当前职业院校进行专业群课程改革取得了哪些成效与经验?

7.您认为当前职业院校开展专业群课程改革的主要问题是什么?

8.您如何评价当前职业院校所进行的专业群课程改革实践?

9.您是否有其他人才培养或课程改革方面的建议或者补充?

参考文献

中文文献

安桂清.整体课程论[M].上海:华东师范大学出版社,2007.

柴福洪,陈年友.高等职业教育与名词研究[M].北京:高等教育出版社,2012.

龚咏梅.现代国家建设的制度秩序——兼论中国早期现代化进程中的权力与社会:1927—1937[M].长春:吉林人民出版社,2004.

哈佛燕京学社,三联书店.公共理性与现代学术[M].北京:生活·读书·新知三联书店,2000.

侯作亭.高等职业教育课程改革研究[M].长沙:国防科技大学出版社,2008.

黄甫全.现代课程与教学论学程(上)[M].北京:人民教育出版社,2012.

黄忠敬,等.课程政策[M].上海:上海教育出版社,2010.

纪宝成.转型经济条件下的市场秩序研究[M].北京:中国人民大学出版社,2003.

姜大源.职业教育学研究新论[M].北京:教育科学出版社,2007.

李政涛."生命·实践"教育学研究(第一辑)[M].上海:上海教育出版社,2017.

廖哲勋,田慧生.课程新论[M].北京:教育科学出版社,2003.

刘春生,徐长发.职业教育学[M].北京:教育科学出版社,2002.

刘德恩,徐国庆.职业教育原理[M].上海:上海教育出版社,2007.

潘懋元,王伟廉.高等教育学[M].福州:福建教育出版社,1995.

瞿葆奎,等.教育学文集:智育[M].北京:人民教育出版社,1993.

施良方.课程理论:课程的基础、原理与问题[M].北京:教育科学出版社,1996.

石伟平,徐国庆.职业教育课程开发技术[M].上海:上海教育出版社,2006.

宋林飞.西方社会学理论[M].南京:南京大学出版社,2004.

万建华,戴志望,陈建.利益相关者管理[M].深圳:海天出版社,1998.

汪波.利益共容体、比较制度优势与制度变迁[M].哈尔滨:黑龙江人民出版社,2008.

汪洪涛.制度经济学:制度及制度变迁性质解释[M].上海:复旦大学出版社,2003.

王伟廉.高等教育学[M].福州:福建教育出版社,2001.

王一军.当代大学课程秩序论——在"高深学问"和"个人知识"之间[M].北京:教育科学出版社,2014.

吴彤.自组织方法论研究[M].北京:清华大学出版社,2001.

肖磊.课程改革的制度化研究[M].重庆:西南师范大学出版社,2017.

辛鸣.制度论——关于制度哲学的理论建构[M].北京:人民出版社,2005.

邢建国,汪青松,吴鹏森.秩序论[M].北京:人民出版社,1993.

徐国庆.从分等到分类——职业教育改革发展之路[M].上海:华东师范大学出版社,2018.

徐国庆.职业教育课程、教学与教师[M].上海:上海教育出版社,2016.

徐国庆.职业教育课程论[M].上海:华东师范大学出版社,2015.

徐国庆.职业教育项目课程:原理与开发[M].上海:华东师范大学出版社,2016.

杨敏.社会行动的意义效应——社会转型加速期现代性特征研究[M].北京:中国人民大学出版社,2005.

杨晓猛.经济秩序的制度理性——以转型国家为例[M].北京:经济科学出版社,2007.

杨雪冬.风险社会与秩序重建[M].北京:社会科学文献出版社,2006.

叶澜."新基础教育"论——关于当代中国学校变革的探究与认识[M].北京:教育科学出版社.2006.

叶澜.教育学原理[M].北京:人民教育出版社,2007.

赵文华.高等教育系统论[M].桂林:广西师范大学出版社,2001.

赵志群.职业教育工学结合一体化课程开发指南[M].北京:清华大学出版社.2009.

周建松.高等职业教育专业建设理论与探索[M].杭州:浙江大学出版社,2010.

朱德全.教学研究方法论[M].北京:人民教育出版社,2012.

朱芝洲,蔡文兰.失序与重建:社会转型中的职业教育秩序研究[M].杭州:浙江大学出版社,2015.

爱德华·弗里曼,等.利益相关者理论:现状与展望[M].盛亚,李靖华,等译.北京:知识产权出版社,2013.

奥斯特罗姆,等.制度分析与发展的反思——问题与抉择[M].王诚,等译.北京:商务印书馆,1992.

伯顿·克拉克.高等教育新论——多学科的研究[M].王承绪,等译.杭州:浙江教育出版社,2001.

大冢丰.现代中国高等教育的形成[M].黄福涛,译.北京:北京师范大学出版社,1998.

道格拉斯·C.诺斯.经济史中的结构与变迁[M].陈郁,等译.上海:上海三联书店,1994.

弗雷斯特·W.帕克,埃里克·J.安科蒂尔,戈兰·哈斯.当代课程规划(第8版)[M].孙德芳,译.北京:中国人民大学出版社,2010.

弗里曼.战略管理——利益相关者方法[M].王彦华,梁豪,译.上海:上海译文出版社,2006.

格尔哈德·帕普克.知识、自由与秩序:哈耶克思想论集[M].黄冰源,等译.北京:中国社会科学出版社,2001.

格特·比斯塔.教育的美丽风险[M].赵康,译.北京:北京师范大学出版社,2018.

哈贝马斯.公共领域的结构转型[M].曹卫东,等译.上海:学林出版社,1999.

哈耶克.致命的自负[M].冯克利,等译.北京:中国社会科学出版社,2000.

哈耶克.自由秩序原理(上册)[M].邓正来,译.北京:生活·读书·新知三联书店,1997.

柯武刚,史漫飞,贝彼得.制度经济学:财产、竞争和政策[M].2版.柏克,韩朝华,译.北京:商务印书馆,2018.

柯武刚,史漫飞.制度经济学:社会秩序与公共政策[M].韩朝华,译.北京:商务印书馆,2004.

联合国教科文组织.教育——财富蕴藏其中[M].联合国教科文组织总部中文科,译.北京:教育科学出版社,1996.

联合国教科文组织国际教育发展委员会.学会生存——教育世界的今天和明天[M].华东师范大学比较教育研究所,译.北京:教育科学出版社,1996.

马克思·舍勒.爱的秩序[M].林克,等译.北京:生活·读书·新知三联书店,1995.

迈克尔·W·阿普尔.意识形态与课程[M].黄忠敬,译.上海:华东师范大学出版社,2001.

迈克尔·富兰.教育变革新意义[M].3版.赵中建,陈霞,李敏,译.北京:教育科学出版社,2005.

诺思.制度、制度变迁与经济绩效[M].杭行,译.上海:格致出版社,2008.

皮亚杰.结构主义[M].倪连生,王琳,译.北京:商务印书馆,1984.

韦伯.经济与历史:支配的类型[M].康乐,等译.桂林:广西师范大学出版社,2004.

韦森.社会秩序的经济分析导论[M].上海:上海三联书店,2001.

韦森.文化与秩序[M].上海:上海人民出版社,2003.

沃尔夫冈·布列钦卡.教育科学的基本概念—分析批判和建议[M].胡劲

松,译.上海:华东师范大学出版社,2003.

约翰·罗尔斯.正义论(修订版)[M].何怀宏,何包钢,廖申白,译.北京:中国社会科学出版社,2009.

詹奇.自组织的宇宙观[M].曾国屏,等译.北京:中国社会科学出版社,1992.

高峰.社会秩序论——本质及相关问题的总体性研究[D].北京:中共中央党校,2007.

黄芳.社会秩序理论——一种政治思想史的考察[D].杭州:浙江大学,2014.

李超.当代中国社会秩序研究[D].北京:中共中央党校,2011.

李晓艳.建构当代中国社会发展新秩序——一种哲学研究[D].北京:中共中央党校,2016.

孙阳春.教育制序论——我国学校教育发展理路研究[D].长春:东北师范大学,2006.

唐正玲.职业教育国家专业教学标准开发技术方案研究[D].上海:华东师范大学,2015.

王一军.从"高深学问"到"个人知识"——当代大学课程的秩序转型[D].南京:南京大学,2012.

杨鸿.教师教学知识的统整研究[D].重庆:西南大学,2010.

张梅俊.交叉学科复合式教学体系的理论与实践研究[D].武汉:武汉理工大学,2008.

常轶军,元帅."空间嵌入"与地方政府治理现代化[J].中国行政管理,2018(9).

陈晶晶.面向就业的美国职业群课程模式探析[J].职业技术教育,2006(31).

陈丽,郑勤华,谢浩,等.国际视野下的中国资历框架研究[J].现代远程教育研究,2013(4).

陈寿根.高职院校专业建设的内容与方法探析[J].职业技术教育,2011(11).

陈文娇.教育生态位与高等教育分流[J].大学(研究与评价),2007(11).

陈先哲.我国高等教育发展转型与秩序建构[J].江苏高教,2015(6).

陈先哲.我国社会第二次转型与高等教育秩序重建[J].高等教育研究,2012(1).

陈云涛.高等职业教育价值观研究[J].中国高教研究,2012(3).

刁伟涛.制度、自组织与秩序——兼论中国社会的制度变迁[J].江苏社会科学,2006(3).

范守信.试析高校课程群建设[J].扬州大学学报(高教研究版),2003(3).

方灿林,张启明.资源库:高水平专业群的建设基础、要求和表征[J].现代教育管理,2019(8).

方飞虎,潘上永,王春青.高等职业教育专业群建设评价指标体系构建[J].职业技术教育,2015(5).

冯海英,李江源.教育秩序:教育制度建设的价值追求[J].清华大学教育研究,2009(5).

冯建军.公共人及其培育:公共领域的视角[J].教育研究,2020(6).

付雪凌.从"无序"走向"规范"——高职院校课程管理探析[J].职教通讯,2007(2).

高峰.社会秩序的本质探析[J].学习与探索,2008(5).

龚放.现代大学课程哲学的新见解——评《当代大学课程秩序论》[J].清华大学教育研究,2014(6).

郭必裕.对高校课程群建设中课程内容融合与分解的探讨[J].现代教育科学,2005(3).

郭福春,徐伶俐.高职院校专业群视域下的专业建设理论与实践[J].现代教育管理,2015(9).

郭元祥.学校课程制度及其生成[J].教育研究,2007(2).

郝天聪,石伟平.从松散联结到实体嵌入:职业教育产教融合的困境及其突破[J].教育研究,2019(7).

和学新,张丹丹.论学校课程制度[J].全球教育展望,2011(2).

姜大源.结构问题是课程开发的关键[J].世界教育信息,2018(11).

姜大源.跨界、整合和重构:职业教育作为类型教育的三大特征——学习《国家职业教育改革实施方案》的体会[J].中国职业技术教育,2019(7).

姜大源.论高等职业教育课程的系统化设计——关于工作过程系统化课程开发的解读[J].中国高教研究,2009(4).

姜大源.论职业教育的重点专业建设与品牌战略[J].职教通讯,2002(1).

姜大源.世界职业教育课程改革的基本走势及其启示——职业教育课程开发漫谈[J].中国职业技术教育,2008(27).

姜大源.学科体系的解构与行动体系的重构——职业教育课程内容序化的教育学解读[J].教育研究,2005(8).

姜大源.职业教育教学思想的职业说[J].中国职业技术教育,2006(22).

靳玉乐,罗生全.中小学教师的课程取向及其特点[J].课程·教材·教法,2007(4).

康红芹,庞学光.职业教育秩序:失范与重建[J].国家教育行政学院学报,2014(2).

匡瑛,井文.健全国家职业教育制度框架是实现职教现代化的需要——基于国际比较的视角[J].教育发展研究,2019(7).

匡瑛."双高计划"背景下高职高等性意涵及其实现[J].高等工程教育研究,2020(1).

李登样,郭玉英.略论教育秩序的构成因素[J].教育评论,1990(5).

李慧仙.高校课程群三论[J].煤炭高等教育,2006(4).

李慧仙.论高校课程群建设[J].江苏高教,2006(6).

李立国.什么是好的大学治理:治理的"实然"与"应然"分析[J].华东师范大学学报(教育科学版),2019(5).

李立国.现代大学治理形态及其变革趋势[J].高等教育研究,2018(7).

李梦卿,邢晓."双高计划"背景下高等职业教育人才培养方案重构研究[J].现代教育管理,2020(1).

李鹏."双高计划"的治理逻辑、问题争论与行动路径[J].高等工程教育研究,2020(3).

李仁贵.增长极理论的形成与演进评述[J].经济思想史评论,2006(1).

李润洲.完整的人及其教育意蕴[J].教育研究,2020(4).

李运昌,王中军.课程发展的秩序困境与可能路径[J].教育发展研究,2012(6).

李政涛.当代教育发展的"全社会教育"路向[J].教育研究,2020(6).

李政涛.中国社会发展的"教育尺度"与教育基础[J].教育研究,2012(3).

廖辉.学校课程制度建设的三重向度[J].教育理论与实践,2013(29).

林建华.面向未来的中国高等教育[J].教育研究,2019(12).

林克松,许丽丽."双高"时代高职专业群建设与治理体系改革的共同演进[J].高等工程教育研究,2020(5).

林克松,袁德梽.人才振兴:职业教育"1+N"融合行动模式探索[J].民族教育研究,2020(3).

刘坚.新世纪课程变革:亲历者的视角[J].北京大学教育评论,2013(4).

刘鹏,陈晓端,李佳宁.教师育人能力的理论逻辑与价值澄明[J].教育研究,2020(6).

刘炜杰.1+X证书制度下职业教育的课程改革研究[J].职教论坛,2019(7).

刘霞.基于产业链的高职专业群建设研究[J].中国职业技术教育,2012(3).

刘晓.高职学校高水平专业群建设:组群逻辑与行动方略[J].中国高教研究,2020(6).

刘志军,徐彬.教育评价:应然性与实然性的博弈及超越[J].教育研究,2019(5).

刘志军.课程价值取向的时代走向[J].教育理论与实践,2004(10).

龙春阳.课程群建设:高校课程教学改革的路径选择[J].现代教育科学,2010(3).

陆国栋,周金其,金娟琴,等.从"制器"到"成人"的系列核心课程建设[J].高等工程教育研究,2014(3).

马云鹏.国外关于课程取向的研究及对我们的启示[J].外国教育研究,1998(3).

潘海生,周柯,王佳昕."双高计划"背景下高职院校战略定位与建设逻辑

[J].高等工程教育研究,2020(1).

潘海生.中国特色高水平专业群建设的核心任务与建设路径[J].大学教育科学,2020(1).

祁占勇,王志远.经济发展与职业教育的耦合关系及其协同路径[J].教育研究,2020(3).

钱红,张庆堂.高职院校专业群建设的实践与思考[J].江苏高教,2015(1).

任占营.高职院校专业群建设的变革意蕴探析[J].高等工程教育研究,2019(6).

任占营.新时代高职院校强化内涵建设的关键问题探析[J].中国职业技术教育,2018(19).

沈剑光,叶盛楠,张建君.多元治理下校企合作激励机制构建研究[J].教育研究,2017(10).

石伟平.我国职业教育课程改革中的问题与思路[J].中国职业技术教育,2006(1).

孙存昌.论高校课程群"四级体系"建构[J].大学教育科学,2008(5).

孙峰.专业群与产业集群协同视角下的高职院校专业群设置研究[J].高等教育研究,2014(7).

孙毅颖.高职专业群建设的基本问题解析[J].中国大学教学,2011(1).

覃川.1+X证书制度:促进类型教育内涵发展的重要保障[J].中国高教研究,2020(1).

唐世平.国际秩序变迁与中国的选项[J].中国社会科学,2019(3).

童世骏.关于"重叠共识"的"重叠共识"[J].中国社会科学,2008(6).

王洪才,汤建.国家资历框架建设:内涵·目的·要点[J].华中师范大学学报(人文社会科学版),2019(4).

王嘉才,杨式毅,霍雅玲,等.课群及其质量检查评估指标体系的研究[J].高等工程教育研究,1999(S1).

王亚南,成军.高职院校高水平专业群建构:内涵意蕴、逻辑及技术路径[J].大学教育科学,2020(6).

王亚南,石伟平.职业知识概念化的内涵意蕴及课程实现路径——麦克·

杨职业教育思想的述评及启示[J].清华大学教育研究,2017(4).

王一军,龚放.从"高深学问"到"个人知识"——当代大学课程的秩序转型[J].高等教育研究,2014(3).

王一军.大学课程作为秩序的存在[J].大学教育科学,2013(4).

温辉.高等职业教育校际专业集群发展研究[J].教育与职业,2014(17).

温贻芳,苏益南,苏华.新技术新经济背景下高职专业升级的战略思考——制造类专业随动产业升级系统方案应对挑战的方略[J].高等工程教育研究,2018(5).

吴康宁.个案究竟是什么——兼谈个案研究不能承受之重[J].教育研究,2020(11).

吴南中,夏海鹰.以资历框架推进职业教育1+X证书制度的系统构建[J].中国职业技术教育,2019(16).

吴升刚,郭庆志.高职专业群建设的基本内涵与重点任务[J].现代教育管理,2019(6).

吴雪萍,李默妍.法国国家资历框架:架构、特点与启示[J].中国高教研究,2020(4).

项贤明.教育学知识及其辨治[J].教育研究,2021(2).

肖凤翔,史洪波.从无序到有序:我国现代职业教育协同共治之理[J].教育发展研究,2015(13/14).

谢幼如,尹睿,谢虎.精品课程群支持的专业综合改革与实践[J].中国电化教育,2013(8).

熊川武.论后现代主义观照的教育主体现代化[J].华东师范大学学报(教育科学版),1998(4).

徐国庆,伏梦瑶."1+X"是智能化时代职业教育人才培养模式的重要创新[J].教育发展研究,2019(7).

徐国庆,唐正玲,郭月兰.职业教育国家专业教学标准开发需求调研报告[J].职教论坛,2014(34).

徐国庆.工作结构与职业教育课程结构[J].教育发展研究,2005(8).

徐国庆.国家专业教学标准建设是实现职业教育现代化的基础[J].中国职

业技术教育,2019(7).

徐国庆.基于知识关系的高职学校专业群建设策略探究[J].现代教育管理,2019(7).

徐国庆.开发技术知识:"双高计划"背景下高职院校课程建设的突破点[J].教育发展研究,2020(9).

徐国庆.论职业教育项目课程体系的设计[J].职教论坛,2009(12).

徐国庆.我国职业教育课程的核心价值取向:基于历史与文化的分析[J].职业技术教育,2012(4).

徐国庆.新职业主义时代职业知识的存在范式[J].职教论坛,2013(21).

徐国庆.职业知识的工作逻辑与职业教育课程内容的组织[J].职业技术教育,2003(16).

徐国庆.智能化时代职业教育人才培养模式的根本转型[J].教育研究,2016(3).

徐国庆.作为现代职业教育体系关键制度的职业教育高考[J].教育研究,2020(4).

徐继存.学校课程建设的价值自觉[J].西北师大学报(社会科学版),2018(6).

许慧清.大学外部治理视野中的社会监督[J].中国高教研究,2013(1).

薛成龙,邬大光.中国高等教育质量建设命题的国际视野——基于《高等教育第三方评估报告》的分析[J].中国高教研究,2016(3).

薛二勇.我国建设现代职业教育体系的政策路径——兼谈《职业教育法》修订的思路与建[J].高等教育研究,2016(10).

亚当·普热沃斯基,晓健.制度起作用吗?[J].经济社会体制比较,2005(3).

颜昌武,杨华杰.以"迹"为"绩":痕迹管理如何演化为痕迹主义[J].探索与争鸣,2019(11).

杨成明.欧洲学徒制质量建设的推进策略及特点探究[J].比较教育研究,2017(12).

杨叔子.是"育人"非"制器"——再谈人文教育的基础地位[J].高等教育研究,2001(2).

杨志成,柏维春.教育价值分类研究[J].教育研究,2013(10).

杨子舟,龚云虹,陈宗富.学校到底教什么:职业知识的知识观探析[J].中国高教研究,2016(7).

叶澜.终身教育视界:当代中国社会教育力的聚通与提升[J].中国教育科学,2016(3).

叶澜.转化融通在合作研究中生成——四论教育理论与教育实践的关系[J].教育研究,2021(1).

尹弘飚.再论课程变革的制度化——概念内涵与分析框架[J].高等教育研究,2014,35(4).

俞慧刚.政府介入下校企合作的利益博弈与利益分配格局演化[J].高等工程教育研究,2020(5).

袁贵仁.深化教育领域综合改革,加快推进教育治理体系和治理能力现代化[J].中国高等教育,2014(5).

袁洪志.高职院校专业群建设探析[J].中国高教研究,2007(4).

袁祖社.社群共同体之"公共善"何以具有优先性——"实用主义"政治伦理信念的正当性辨析[J].厦门大学学报(哲学社会科学版),2011(4).

岳伟,王坤庆.主体间性:当代主体教育的价值追求[J].华东师范大学学报(教育科学版),2004(2).

詹先明.高职院校专业建设内涵及其策略[J].职业技术教育,2010(4).

张栋科,李园园,冯瑞.职业生涯导向下高职院校专业群建设路径研究[J].高等工程教育研究,2019(5).

张栋科,闫广芬.高职专业群建设:政策、框架与展望[J].职业技术教育,2017(28).

张栋科.高职院校专业群建设的行动逻辑反思与重构——基于功能结构主义的视角[J].教育发展研究,2019(1).

张红.高职院校高水平专业群建设路径选择[J].中国高教研究,2019(6).

张欢.高职院校专业群课程体系构建方法探讨[J].中国职业技术教育,2014(5).

张康之.道德化的政府与良好的社会秩序[J].社会科学战线,2003(1).

张新民,罗志.高职专业群建设的机理、理论、动力和机制[J].职教论坛,2016(27).

赵冬臣.教学价值取向的表征、差距与归因——对北方两省中小学教师的调查分析[J].中国教育学刊,2020(7).

赵慧臣.网络课程群知识建构研究:促进跨课程的网络学习[J].现代远程教育研究,2014(2).

赵蒙成.高职院校专业群建设的偏误及其纠正:微观组织变革的视角[J].教育发展研究,2020(9).

郑炜君,王顶明,王立生.国家资历框架内涵研究——基于多个国家和地区资历框架文本的分析[J].中国远程教育,2020(9).

周洪宇,胡佳新.知识视域下的实践育人及其意义向度[J].教育研究,2018(8).

周建松.精准把握中国特色高水平高职学校和专业建设的要义[J].中国高等教育,2020(12).

周作宇.大学治理行动:秩序原理与制度执行[J].清华大学教育研究,2020(2).

朱德全,熊晴.技术之器与技术之道:职业教育的价值逻辑[J].教育研究,2020(12).

朱德全,许丽丽.技术与生命之维的耦合:未来教育旨归[J].中国电化教育,2019(9).

朱小斌,林庆.中小企业集群竞争优势来源的演化差异——基于浙江绍兴纺织业集群的案例研究[J].管理世界,2008(10).

朱小虎,张民选.教师作为终身学习的专业——上海教师教学国际调查(TALIS)结果及启示[J].教育研究,2019(7).

庄西真.教育政策执行的社会学分析——嵌入性的视角[J].教育研究,2009(12).

邹红军,柳海民.斯蒂格勒论教育的本质、危机及其拯救[J].教育研究,2020(4).

外文文献

Davids A I R, Van den Bossche P, Gijbels D, Garrido M F. The Impact of Individual, Educational, and Workplace Factors on the Transfer of School-Based Learning into the Workplace[J]. Vocations and Learning, 2017(10).

Hargreaves A. Sustainability of Educational Change: The Role of Social Geographies[J]. Journal of Educational Change, 2002(3).

Batistic S, Tymon A. Networking Behaviour, Graduate Employability: A Social Capital Perspective[J]. Education & Training, 2017(4).

Berger J L, Girardet C, Vaudroz C, Crahay M. Teaching Experience, Teachers' Beliefs, and Self-Reported Classroom Management Practices: A Coherent Network[J]. SAGE Open, 2018(1).

Bjornavold J, Coles M. Governing Education and Training: The Case of Qualifications Frameworks[J]. European Journal of Vocational Training, 2007(3).

Boelens R, De Wever B, Voet M. Four Key Challenges to the Design of Blended Learning: A Systematic Literature Review[J]. Educational Research Review, 2017(22).

Ennis C D, Zhu W M. Value Orientations: A Description of Teachers' Goals for Student Learning[J]. Research Quarterly for Exercise and Sport, 1991(1).

Cheung D, Ng P H. Science Teachers' Beliefs about Curriculum Design[J]. Research in Science Education, 2000(4).

Cheung D, Ng P H. Teachers' Beliefs about Curriculum Design: Evidence of a Superordinate Curriculum Meta-Orientation Construct[J]. Curriculum and Teaching, 2002(2).

Chhinzer N, Russo A M. An Exploration of Employer Perceptions of Graduate Student Employability[J]. Education & Training, 2018(1).

Cheung D, Wong H W. Measuring Teacher Beliefs about Alternative Curriculum Designs[J]. Curriculum Journal, 2002(2).

Cheung D. Measuring Teachers' Meta-Orientations to Curriculum: Application of Hierarchical Confirmatory Factor Analysis[J]. Journal of Experimental Education, 2000(2).

Eisenhardt K M, Graebner M E. Theory Building from Cases: Opportunities and Challenges[J]. Academy of Management Journal, 2007(1).

Gedye S, Beaumont E. "The Ability to Get A Job": Student Understandings and Definitions of Employability[J]. Education &Training, 2018(5).

Konczak L J, Stelly D J, Trusty M L. Defining and Measuring Empowering Leader Behaviors: Development of an Upward Feedback Instrument[J]. Educational and Psychological Measurement, 2000(2).

Lecat A, Beausaert S, Raemdonck I. On the Relation Between Teachers' (In)-formal Learning and Innovative Working Behavior: The Mediating Role of Employability[J]. Vocations and Learning, 2018(3).

Marks G N. Issues in the School-to-Work Transition: Evidence from the Longitudinal Surveys of Australian Youth[J]. Journal of Sociology, 2005(4).

Kraft M A, Blazar D, Hogan D. The Effect of Teacher Coaching on Instruction and Achievement: A Meta-Analysis of the Causal Evidence[J]. Review of Educational Research, 2018(4).

Nylander E, Österlund L, Fejes A. Exploring the Adult Learning Research Field by Analysing Who Cites Whom[J]. Vocations & Learning, 2018(1).

Reichert F, Lange D, Chow L. Educational Beliefs Matter for Classroom Instruction: A Comparative Analysis of Teachers' Beliefs about the Aims of Civic Education[J]. Teaching and Teacher Education, 2021(2).

Jenkins S B. Measuring Teacher Beliefs about Curriculum Orientations Using the Modified- Curriculum Orientations Inventory[J]. Curriculum Journal, 2009(2).

Smith S, Smith C, Taylor-Smith E, et al. In Search of Graduate Employability: An Exploration of Student Identity[J]. Asia-Pacific Journal of Cooperative Education, 2017(1).

Sorensen E. Metagovernance: The Changing Role of Politicians in Processes of Democratic Governance[J]. American Review of Public Administration, 2006(1).

Adesope O O, Trevisan D A, Sundararajan N. Rethinking the Use of Tests: A Meta-Analysis of Practice Testing[J]. Review of Educational Research, 2017(3).

Wenner J A, Campbell T. The Theoretical and Empirical Basis of Teacher Leadership: A Review of the Literature [J]. Review of Educational Research, 2017(1).

Cai Y Z. From an Analytical Framework for Understanding the Innovation Process in Higher Education to an Emerging Research Field of Innovations in Higher Education[J]. Review of Higher Education, 2017(4).

Zhang F J, Liu Y B. A Study of Secondary School English Teachers' Beliefs in the Context of Curriculum Reform in China [J]. Language Teaching Research, 2014(2).

后记

当我提笔写下这篇后记时,心中不禁涌起诸多感慨。本书是我学术生涯的第一部著作,这本书见证了我博士生阶段所上的每一节课,所读的每一篇文章,所做的每一个笔记,所进行的每一次反思,所跨出的每一次尝试,不仅承载着我博士生生涯的学术成长,更是对我博士生生涯学术探索的总结与反思。本书是在我博士论文基础上进行的深度挖掘与再创作,在修改完善过程中,我不断地与导师、编辑、同学和同行进行交流与讨论,他们的宝贵意见和建议让我受益匪浅。

本书凝结着恩师朱德全教授与其妻陈小艳老师的深切关怀。朱老师有着严谨的思维,宽广的胸怀,慈爱的人格,他对学生从来都只有鼓励而无否定,对每一位学生都视若自己的孩子,倾心呵护。关于文献综述应该如何写,论点应该如何表达和组织,文章的框架应该如何建构,文章的思路应该如何清晰,文章应如何创生新的概念等,朱老师都给了非常深入的讲解。朱老师不仅在学业上给予了我们无可替代的指引,还从人生观、世界观和价值观等方面给我们做出了很好的榜样。他时刻教导我们谦虚、低调、团结,他从来都是设身处地地为学生考虑,他在做人、做事、做学问上从来都是真正的正能量。这样的导师,值得我们用一生去感恩、爱戴和学习!每个朱老师的学生,虽不能至,心向往之。而这么好的朱老师离不开其妻陈老师的协助,她总是在背后默默地帮助和关注着每一位学生的生活和学习。女子当如陈老师般善良、美丽、优雅,夫妻当若朱老师与陈老师般恩爱、同心同德、互助精诚,已然成为我们的共识!

本书的顺利完成离不开我的老师侯怀银教授的教诲与指导。侯老师虽然严厉，却是真心疼爱学生。尽管远隔千里，但他从未疏于对我的关心和帮助。从本科、研究生再到博士阶段，他不仅关心我的学业和工作，更是操心着我的感情关怀着我的家人。他时常督促着我们进步，帮助我们在人生的每一个关键节点做出正确的选择。我能如愿上研究生、读博士并顺利毕业，都与侯老师的教诲和影响密不可分。同样感谢将我们称作"孩子""自己家孩子"的孙杰教授，遇到困惑和难解却又不知找何人诉说的时候，孙老师总是既像一位朋友倾听我的诉说，又能像一位长者为我指导，还能像一位老师给我教诲，他总是最亲切和温暖的。这些年，我对孙老师一直都是心存感激满怀感恩的，谢谢您！

本书的写作范式与实证数据源于林克松师兄的指导与帮助。在我为选题而苦恼时，是他不厌其烦地与我讨论，帮我梳理思路，找到研究的突破口。当我局限于书本知识无法打开思路时，是他带我去职业学校调研做项目，是他提供机会让我去武汉、襄阳、广州、顺德等地的中职、高职、企业、行业调研和学习，也是他提供机会让我亲身参与到了工作任务与职业能力分析等活动中，这些都是十分宝贵的体验，为本书的系统思考和顺利成稿注入了全新的实践要素。

本书的完成离不开"近朱者赤"团队的肥沃土壤。感谢李鹏师兄，他自信、勤奋、博学广识，但从来都是非常谦虚地对待师弟师妹们。初入学时有诸多的不适应和不知道，他总是给我提供学习的机会，最初在课题和论文上的进步大多是源自于李鹏师兄的指导，对于研究工具的重视得益于他。感谢吕鹏师兄、彭敏师姐、马新星师兄、徐小容师姐、吴虑小师姐、黎兴城、马鸿霞、石献记、王志远、熊晴、蒋成飞、曾欢、杨磊、沈家乐、王官燕、张丹、冯丹、彭洪莉等一众师弟师妹，能与你们同门，得你们无数次帮助，何其有幸！

本书的出版离不开众多学术功底深厚的老师们的精心指导！感谢靳玉乐教授、谢长法教授、徐学福教授、赵伶俐教授、陈恩伦教授、兰英教授、张家军教授、张学敏教授、张学文教授、杨九诠教授、叶赋桂教授、于发友教授、黄旭东教授，各位教授在开题、预答辩、答辩过程中所提出的建议可谓见微知著、一针见血，令我获益颇多；感谢李佳、秦荣芳、杨亮、陈菊恋等老师在行政事务方面给予的各种帮助和支持。

本书的顺利完成还得益于一大批友人的鼎力相助！感谢黔江职教中心的撒韶峰老师，感谢昭信教育研究院的卜波波、李雄、张孝皇、田琴，没有你们，就没有实践调研，就没有一手的专业群课程调研数据与真实认知；感谢姜文静博士、赵凌澜博士、金燕博士，那些一起前往健身房、一起吃饭、一起谈天说地的快乐给原本枯燥的写作带来了太多的色彩；感谢张晓文博士、陈雪强博士、尚瑞茜博士，你们都为我的书稿写作提供了很多灵感！

感谢西南大学教育学部对本人学术出版的大力支持与资助，并让拙作有幸得以在西南大学出版社出版。同样，衷心感谢西南大学出版社的尹清强老师、曾文老师，是你们的认真审稿、细致修改，让本书得以更加完善，本书出版的每一个环节都凝聚着你们的智慧和汗水，衷心感谢！

把最特别的感谢献给我最伟大的父亲母亲和婆婆，他们都是中国大地上最朴实的老百姓，却用自己宽厚的爱滋养着我们成长的道路，他们牺牲着自己支持我们的学业事业。感谢我的妹妹，替我分担了不少家里和父母方面的事务，让我更专注于学业事业，希望她能够拥有更好的未来，遇见刚刚好的幸福。

感谢我的爱人元帅，我们互为铠甲，相扶相持，感谢乐多和多乐，无论乖巧懂事，抑或调皮灵动，你们都是幸福的源泉，是生长的希望！

书稿写作过程中，有疑惑、有困惑、有喜悦，也有满足，尽管我竭尽全力，但也难免存在这样或那样的纰漏。学术永无止境，我将在未来的学术道路上继续深化与完善。

许丽丽

2024年6月